本书系中南民族大学中央高校基本科研业务费专项资金

U0665816

社会心理与应用系列

群体过程
理论解析与实证研究

The Process of Group

Theory Analysis and Experiments

王　磊　著

科学出版社

北　京

内 容 简 介

　　本书从群体过程的理论梳理入手，结合大学生群体行为的实证研究，对群体过程进行了较为深入的分析，对今后群体心理学的发展和推进具有积极意义。

　　本书既采用了实验法、问卷法等量化研究，又采用了访谈法、观察法等质性分析方法，以确保研究方法的综合性；既有群体内部过程的研究，又对群际关系进行了分析，从而保证了研究的生态效度；既包含现实生活情境中的群体行为研究，又包含网络环境下的群体行为研究；主要对情绪、认知、媒体报道等因素的作用，以及对大学生群际关系的特点和规律进行探讨。

　　本书适合心理学、教育学、社会学等专业的本科生及研究生，以及对心理学尤其是群体心理学感兴趣的读者参阅。

图书在版编目（CIP）数据

群体过程：理论解析与实证研究 / 王磊著. —北京：科学出版社，2018.3
ISBN 978-7-03-035101-2

Ⅰ.①群…　Ⅱ.①王…　Ⅲ.①大学生-群体社会学-高等学校-教材
Ⅳ.①G645.5

中国版本图书馆 CIP 数据核字（2018）第 032975 号

责任编辑：付　艳　崔文燕 / 责任校对：何艳萍
责任印制：徐晓晨 / 封面设计：润一文化
编辑部电话：010-64033934
E-mail：edu_psy@mail.sciencep.com

科　学　出　版　社出版
北京东黄城根北街 16 号
邮政编码：100717
http://www.sciencep.com

北京凌奇印刷有限责任公司印刷
科学出版社发行　各地新华书店经销

*

2018 年 3 月第 一 版　开本：720×1000　1/16
2019 年 4 月第二次印刷　印张：12　1/2
字数：230 000

定价：72.00 元

（如有印装质量问题，我社负责调换）

目　录

第一章

大学生群体过程概述

第一节　群体研究：内涵和必要性

一、群体的内涵

有学者认为："不借助个体心理学，也许不能明白有人为何要杀人如麻；没有群体心理学，则人们永远无法理解，为何仍会有那么多人认为他不但做得正确，并且伟大无比。"（冯克利，2013）。个体思维的复杂性很难直接从已知的个体信息预测其下一步的行为，而由个体行为组成的群体行为却有着很强的模式，基于群体行为的社会事件有着类似于物理变化的规律（曾大军等，2008）。因此，群体具有不同个体的内涵，它不是个体的简单累积，而是一个"1+1>2"的反应。

布朗（Brown）认为，群体应该包含三个特征：第一，群体成员具有共同命运的体验；第二，存在某种正式的或者含蓄的社会结构：比如群体成员具有不同的地位，扮演不同的角色；第三，他人知道该群体的存在（布朗，2007：1-2）。

以往研究者对群体的界定包含以下七种类型：①群体是为了同一个目标而加入在一起的一群个体；②群体是在一些方面相互依赖的一群个体（Fiedler，1967）；③群体是彼此交往的一群个体；④群体是一个社会联盟，由两个或两个以上组成，这些人都感觉自己属于这个群体（Bales，1950）；⑤群体是一群交往的个体，但这种交往是有结构的，受一套规范的约束（Sherif，1956；McDavid, et al., 1969）；⑥群体是彼此影响的一群个体（Shaw，1981）；⑦群体是一群为了某些个人的需要得到满足从而联结在一起的个体（Bass，1960）。

仔细分析各个定义可以发现，共同目标、相互依赖和需要满足可以看作共同命运体验的表现；归属感、结构性交往、规范约束可以看作群体具有社会结构；彼此影响可以看作他人知道该群体的存在。因此，我们对群体的定义是包含两个或两个以上个体，为了实现共同目标，相互依赖，相互影响，在彼此的交往中形成规范和分工，并为他人所熟悉。

二、群体类型

（一）正式群体和非正式群体

根据组织的严密程度，群体可以分为正式群体和非正式群体。正式群体是指由组织结构界定的、工作分配明确的群体。在正式群体中，个体的行为由组织目标规定，并且指向组织目标。

非正式群体是那些既没有正式结构、也不是由组织指定的联盟关系，它们是个体为了满足社会交往的需要自然形成的或者是出于某种共同利益需求临时形成的。

（二）网络群体与现实群体

网络群体是指在网络中形成的群体，如贴吧、论坛、网络社区等，其特点是"纯文本对话"、地位的平等化、身份的可变性及可隐匿性等都是网络群体的特性。

现实群体就是在实际生活中，由于共同生活在同一环境中，共同的生活经历形成的群体，这些群体可能是长期存在的，也可能短暂存在。

当然，网络群体也可能会转化为现实群体，现实群体也可以转化为网络群体。

（三）利益型群体和兴趣型群体

在利益型群体中，大家为了某个共同关心的具体目标走到一起。比如，为了支持获得个人权益保护，或为了改善生活条件，以进一步实现他们的共同利益。这个群体持续的时间是有限的，因为一旦利益获得满足，或者无法获得满足，该群体就很可能解散。

还有一些群体之所以能够形成和发展，往往是因为其成员拥有某种或某些共同特点，我们把这种构成类型的群体称为兴趣型群体。这种社会群体常常跨越了工作情境，它的形成可以基于各种特点。这个群体持续时间比较长，但人员流动性也比较大，因为人的兴趣可能会发生改变。

（四）内群体、参照群体和外群体

按照归属感强弱，可以分为内群体、参照群体和外群体。内群体是成员身份所属的群体。它规定着成员的身份及其日常活动。

参照群体是指某些人或群体被当成自己的参照对象，作为自己模仿、学习的榜样，参照群体一般是与所属群体同类的群体。它对个体还是具有一定吸引力的。

外群体又称为他们群体，简称他群，泛指内群体以外的所有社会群体，是人们没有参与也没有归属感的群体。

（五）松散群体与组织严密的群体

按照严密程度，可以分为松散群体与组织严密的群体。松散群体是群体成员之间的关系不以共同活动的内容、目的、意义和价值为中介的共同体，是一种临时组建成的群体。群体性事件中的参与群体应该就属于松散群体。

组织严密的群体是指具有明确的角色分工，存在群体结构，具有共同认可的规范制约的群体。

三、群体研究的必要性

格式塔学派的一个核心观点是整体大于部分之和，即 1+1>2。这就意味着对个体心理规律的揭示并不能得出群体的心理发展规律。勒庞（Le Bon）在《乌合之众：大众心理研究》一书中明确提出，人群集时的行为本质上不同于人的个体行为，群集行为有其独特性（勒庞，2016）。梁实秋也说过："在这股洪流中没有人能保持冷静，此之谓群众心理……我深深感觉群众心理是很可怕的，组织的力量如果滥用也是很可怕的……人多势众的时候往往是不讲道理的。学生会每逢到了五六月的时候，总要闹罢课的勾当，如果有人提出罢课的主张，不管理由是否充分，只要激昂慷慨一番，总会通过。"（宋益乔，2005）以研究群体动力著称的勒温也曾经说过，人类不是独立的个体，人人都生活在社会群体中，因此，群体工作很快将成为最重要的理论和实践领域，如果缺乏对群体生活其本质更深入的科学洞察，创建美好世界将成为空谈。也有研究者认为，如果没有群体，人类会做得更好（Buys，1978）。当然，后者是一个半开玩笑的话，这来源于心理学对群体研究的现状。群体的研究现状是重视个体层次，忽略群体，即使研究群体行为，也更多涉及其消极或不受欢迎的方面，如去个性化、歧视、社会惰化、群体极化等，而不是重视团队精神、群际合作、群体效能等这些更为积极的方面。与积极心理学的影响一样，研究群体正面的、向上的意义，必然会带动群体心理学的另一种繁华。

实际上，我们一直生活在群体环境中，从未离开。发展心理学家 Bronfenbrenner（1980）的生态系统理论（ecological systems theory）就充分说明了这一点。该理论认为，发展个体嵌套于相互影响的一系列环境系统之中，在这些系统中，系统与个体相互作用并影响着个体发展。个体生活的生态系统分为以下四个系统：微观系统、中间系统、外层系统、宏观系统。其中，微观系统包含了家庭、学校，以及同伴群体和社区玩伴之间的交往，微观系统的人会影响个体，同时个体也会影响微观系统的其他人。2010 年某项对中小学生的研究发现（共涉及 12 所小学、18 所初中、5 所高中，回收有效答卷 4383 份），学生遇到心理困惑时，选择"把它闷在心里，进行自我调节，不对外人说"的学生最多，占 42.7%，有 37.2% 的学生愿意将心中困惑与伙伴交流，尤其是关于娱乐问题，以及与异性关系问题；有 16.8% 的同学愿意向父母敞开心扉；只有 4.4% 的学生愿意同老师交流其心事[①]。这一结果表明，同伴或者伙伴在中小学生发展中的作用越来越大。中间系统是指家庭、学校、同伴群体之间的密切程度。如果它们之间的关系密切，则会实现个体的最优化发展。比如，家庭、学校之间联系密切，对孩子的成绩有积极影响；如果同伴群体不支持学业成绩的提高，则有可能学生成绩会出现下降。外层系统指的是儿童并未直接参与却对他们的发展产生了影响的系统，如父母的工作环境、学校的整体发展计划等。宏观系统是指文化环境，包含了文化、亚文化、社会阶层等内容，这对个体行为也会产生重要影响。这四个系统中，每一个系统，从小到大，都是属于一种群体环境，因此，个体的发展离不开群体。那么，对于群体规律的探讨就必不可少。

（一）个人的人格特质变量对个人行为预测的有效性的制约

人格特质对个体行为具有预测力，这是毋庸置疑的。同时人的行为会随环境发生改变，这也就意味着除了人格特质因素之外，还存在其他的外在影响因素。但在实际工作中，我们往往容易强调特质，忽略外在影响因素，比如招聘，在大多数企业里，甄选员工都十分强调个人特质的作用。在招聘过程中过于强调个人特质会产生两个问题：①组织环境是一种强环境，它会对员工行为产生巨大的影响；②个体是极具适应性的，个体特质会随着组织情境的变化而发生相应的变化。

---

① 左岸的博客. 某区中小学生思想道德状况的调查报告. 2010 年 12 月 16 日. http://blog.sina.com.cn/s/blog_68781c800100nusi.html

用特质来解释行为时，在相对较弱的情境下效果最好，而在相对较强的情境下效果最差。组织中存在各种规则以及其他非正式的规定，它们会定义出什么是可接受的行为，并对有偏差的行为进行惩罚。这些正式和非正式的限制会削弱个体特质对行为的影响。相比之下，野餐、聚会和其他类似的非正式组织环境就是弱环境，在这些条件下，特质可以帮助我们准确预测人们的行为（Robbins，et al.，2008）。

因此，我们需要关注人格特质之外的变量，或者说需要关注个人层面之外的影响因素，这就是群体层面的因素。

1）教师组织公民行为的研究结果。对教师的组织公民行为研究表明，教师教学效能感、组织承诺对教师组织公民行为具有强预测力（张静，2007），组织公平与组织公民行为之间存在显著相关，组织公平会正向影响组织公民行为（Moorman，1991）。也有研究显示，组织支持感与组织承诺有显著的相关（Kim，et al.，2006）。教师组织支持感和教师组织公民行为存在显著相关，相关系数 p 为 0.239。以教师组织支持感为预测变量对教师组织公民行为进行回归分析，教师组织支持感对教师组织公民行为有显著预测力（赵树雕，2008）。不同学校等级教师对组织公民行为的知觉，经单因素方差分析后，存在显著差异（$F=20.823$，$p<0.001$）。采用 Scheffe 法进行事后比较分析，结果表明：省一级学校教师得分显著高于市一级和区一级学校教师，而市一级学校教师得分显著高于区一级学校教师（曹科岩等，2007）。学校中教师的组织公民行为与学校氛围有着积极的相关。教学效能感和组织承诺属于个体层面，组织支持感、组织公平、学校层次及学校气氛则属于群体层面。因此，教师的组织公民行为既和个体层面的特质有关，也和群体层面的特点有关。仅仅关注个体层面的特质，有可能会得出让我们难以解释的结果。

2）企业团队建设的研究结果。在研究内容上，团队建设的关注点也出现了从个体到团队水平的改变：从大五人格和绩效上升到团队人格和团队绩效。个体具有自己的人格特质，多个个体组成群体后也会形成一种群体人格，或者称之为团队人格。以大五人格为参照，研究者认为团队人格的也包含了五个特征：团队情绪稳定性、团队外倾性、团队经验开放性、团队随和性、团队责任心。1997 年，Barry 和 Stewart 掀起了团队水平研究的热潮，他们主要研究团队人格与团队绩效之间的关系。另有研究显示，团队心理授权对组织公民行为存在显著的正向影响，除满足员工需要外，与员工有关的心理授权计划使员工产生对组织的义务感和高水平的组织承诺，这会使员工产生组织公民行为（王国猛等，2010；Baron，et al.，

1986）；研究发现，群体讨论时，人格（使用 CPI 和 MBTI 测量）和问题解决的绩效存在相关，但个体单独解决问题时，两者相关度不高，受反馈条件影响（Bouchard，1969）。同时，研究者发现，团队过程变量（协作、信念、凝聚力）在团队人格组成（外向性、宜人性、神经质）与团队有效性之间起中介作用（林绚晖等，2008）。研究者更关注对团队人格的测评问题：Barrick 等首次系统论述了团队特征的整合方法及其依据（Mount, et al., 1998）。他认为，常用的整合方法有三种，其操作方法和隐含假设各不相同。第一种是均值法，用所有成员特质表现的均值作为团队特征。第二种为方差法，将团队特征定义为所有成员特质表现的方差。这两种方法隐含的假设是，每一个成员都会同等重要地影响团队运作。第三种是极值法，分最优表现和最差表现两种形式。前者把表现最优的成员的特质表现当作团队特征，后者则采用表现最差的成员的特质得分。

从心理学研究的发展趋势看，研究者越来越关注群体层次的变量，无论是教师的组织公民行为影响因素，还是团队业绩/绩效上。从个体到群体，这是一个必然的发展趋势，对于揭示事物之间的真实联系有着极为重要的意义。

（二）从众行为的启示

从众是指根据他人而做出的行为或信念的改变（迈尔斯，2016：186）。这种改变是真实的或是想象的群体压力的结果，也就意味着个体行为的改变来源于群体压力。

Thurber 曾经用一段文字来描述人的从众心理：突然，一个人跑了起来。也许是他猛然想起了与情人的约会，现在已经耽搁了很久。不管他想了些什么，反正他在大街上跑了起来，一直向东跑去。另一个人也跑了起来，他可能是个兴致勃勃的报童。第三个人，一个有急事的胖胖的绅士，也小跑起来……十分钟之内，这条大街上所有的人都跑了起来。嘈杂的声音逐渐清晰了，可以听清"大堤"这个词。"决堤了！"这充满恐怖的声音，可能来自电车上一位老妇人喊的，或许来自一个交通警察，也可能来自一个男孩子。没有人知道是谁说的，也没有人知道真正发生了什么事。但是两千多人都突然奔跑起来。"向东！"人群喊叫了起来。东边远离大河，东边安全。"向东去！向东去！……"（宏远，龙湘涛等，2013：123）。

可以看出，上述文字中的每个人奔跑的原因不一样，本来都有自己的目的，但同样的行为出现后，相当于出现了群体行为，就会出现意料不到的结局。群体行为会形成一种无形的压力，导致个体出现和自己平时不一样的行为。

1952 年，美国心理学家阿希设计实施了一个实验，来研究人们会在多大程度上受到他人的影响，而违心地进行明显错误的判断。他选择了大学生作为他的被试，并告知被试实验的目的是研究人的视觉。被试进入实验室中，就会发现已经有 6 个人先坐在那里，他只能坐在空置的位置上。而那 6 个人是实验者的助手。

阿希要大家做一个非常容易的判断——比较线段的长度。他拿出一张画有一条竖线的卡片，然后让大家比较这条线和另一张卡片上 3 条线中的哪一条线等长。判断共进行了 18 次。事实上这些线条的长短差异很明显，正常人是很容易做出正确判断的。然而，在两次正常判断之后，6 个假被试故意异口同声地说出一个错误答案。于是许多真被试开始迷惑了，他是坚定地相信自己的眼力呢，还是说出一个和其他人一样、自己心里却认为不正确的答案呢？

从总体结果看，平均有 33%的人判断是从众的，有 76%的人至少做了一次从众的判断，而在正常的情况下，人们判断错的可能性还不到 1%。当然，还有 24%的人一直没有从众，他们按照自己的正确判断来回答（迈尔斯，2016：192）。

研究显示，群体规模、情境模糊性都会影响个体的从众行为。而个体的从众行为在独自一人的时候出现的可能性非常小，因此，群体如何影响个体的行为必须得到关注，其中的内在规律必须加以探讨。

（三）心理咨询有效性的启示：必须纳入环境，个体所处的周围环境对其行为的影响

心理咨询的效果如何才能保持？如何让来访者真正实现自我成长？单纯的改变来访者是否有效？诸如此类的问题你如何回答？

解决来访者的内在心理问题离不开梳清各种关系，这种关系属于不同的群体。家庭治疗的兴起也反映了这一问题。家庭治疗的理念是治疗对象不只是病人本人，而是通过在家庭成员内部促进谅解，增进情感交流和相互关心的做法，使每个家庭成员了解家庭中病态情感结构，以纠正其共有的心理病态，改善家庭功能，产生治疗性影响，达到和睦相处，向正常发展的目的。家庭治疗的三个基本原则：①针对整个家庭成员，进行集体治疗，纠正共有的心理病态；②"确诊的病人"所存在的问题只不过是症状而已，其家庭本身才是真正的"患者"；③家庭治疗医生的任务在于使每个家庭成员了解家庭病态情感结构，改善和整合家庭功能。同时，治疗者还要介绍学校方面对孩子应负什么责任，做哪些工作等。因此，我们可以发现，整个治疗过程是一个系统的，不是个人的。只有解决系统的问题，个人问题才会迎刃而解。

（四）群体效能感的提出

班杜拉提出自我效能感后，得到了大量研究结果的支持。随着社会的发展，不仅要求对个体行为进行管理和控制，也需要对群体行为进行监督和管理。因此，在20世纪80年代中期，班杜拉又提出了集体效能的概念。

班杜拉之所以在自我效能的基础上提出集体效能，既是完善其效能理论的要求，也是社会发展的必然（郭本禹，姜飞月，2008：319-321）。

1）自我效能不是个人主义，不是与集体主义相对立。自我效能强调个人的努力产生的影响，不等于忽略集体。问题解决不只靠个人努力，社会系统的影响也需要关注。因此，集体效能的提出就不可避免。

2）如何解释团体行为。比如，个人自我效能感水平高，但他们组成的群体工作效率不一定高。中国古典故事"三个和尚"就是一个典型的例子。

3）随着团体成为心理学的研究对象，团体行为的影响因素也越来越受到重视，个人层次的自我效能能不能发展到团体水平？如何做到这一点延伸？集体效能的产生就水到渠成。

4）现代社会中的激烈竞争需要团体协作，需要共同解决面临的问题，如何使大家协同工作，使行为更有效？对这一问题的解决也为集体效能的提出提供了契机。

群体效能的提出既能为团体研究提供理论依据，也是心理学研究群体的趋势所导致，因此，必须关注群体。

（五）统计技术的发展和应用

教育和心理研究中，调查得来的数据往往具有层次性，如关于学业成绩影响因素的研究中，我们可以考虑的预测变量有学生的入学成绩、学生性别、学生的社会经济地位、班级氛围、班主任和教师的管理方式、教室环境、学校类型等，这些变量中有的是学生个体变量，有的是班级层次变量，有的是学校层次变量。如果数据之间存在不同水平，比如，学生属于一个水平，同时学生属于班级，班级又属于学校，这时我们将它称为分层数据。

对于分层数据，如果使用传统回归方法，一般会进行如下两种处理：①将所有的更高一层的变量都看作第一水平的变量，直接在学生个体水平上对数据进行分析。

这种方法的问题是，班级变量对同一个班级内的学生有相同的影响，而不区分班级对学生的影响，假设同一班级的学生间相互独立是不合理的，同样对不同班级的学生和同一班级的学生作同一假设也是不合理的。②将第一水平的观测直接合并为第二水平的观测，然后直接对班级做分析，这样做的主要问题是丢失了班级内关于学生个体间的差异的信息。而在实际中，这一部分的差异有可能占总差异中很大的一部分。这两种处理方法可能得到不同的结果，从而导致结果解释上的不一致。因此，需要更适合分层数据的处理方法，多层线性模型得以出现，它专门处理不同水平数据的分析问题。多层线性分析，简而言之，就是"回归的回归"（刘红云等，2005）。

以两水平模型为例，如学生数据和班级数据，我们可以假设第一水平为学生，第二水平为班级。我们先建立第一水平的回归模型，这一模型与传统的回归模型类似，不同的是，回归方程的截距和斜率不再假设为一个常数，而是一个随机变量，不同的班级回归方程的截距和斜率是不同的。每个班级回归方程的截距和斜率都直线依赖于第二水平变量（如教师的管理方式、班级气氛），这样就构成了一个两水平分层模型。两水平分层模型可表示如下：

对第一层：

$$Y_{ij}=B_{0j}+B_{1j}X_{ij}+e_{ij}$$

对第二层：

$$B_{0j}=\gamma_{00}+\gamma_{01}W_j+U_{0j}$$
$$B_{1j}=\gamma_{10}+\gamma_{11}W_j+U_{1j}$$

合并的模型为：

$$Y_{ij}=\gamma_{00}+\gamma_{01}W_j+U_{0j}+（\gamma_{10}+\gamma_{11}W_j+U_{1j}）X_{ij}+e_{ij}$$

其中，Y_{ij}表示第j个学生因变量的观测值（学生层次的，如学生的攻击性），X_{ij}表示第j个班级第i个学生自变量的观测值（如学生的自我控制水平），W_j表示第j个班级特征变量（第二水平的变量，比如班级气氛、集体效能感）。B_{0j}和B_{1j}分别表示第j个班级自我控制水平对学生攻击性回归直线的截距和斜率，e_{ij}表示第j个班级第i个学生的测量误差。对于第二层模型，γ_{00}和γ_{01}分别代表截距B_{0j}对于班级变量（班级气氛、集体效能感）W_j的回归直线的截距和斜率，U_{0j}表示由第j个班级的班级变量带来的截距上的误差。γ_{10}和γ_{11}分别表示斜率B_{1j}对于班级变量W_j的回归直线的截距和斜率，U_{1j}表示由第j个班级的变量带来的斜率上的误差。这样两层变量对于最终的因变量——学生的攻击性的影响就可以显现出来，这样既能得到学生水平的自变量对于因变量的影响，也可以得到班级水平的自变量对于因变量的影响。

多层线性统计分析方法的发展，促使心理学研究者关注群体层次的变量如何影响个体行为，从而可以发现变量之间真实的关系，进而实施有效措施，操纵控制某些变量，从而使心理学的研究有更高的外在效度、更广的推广价值，群体规律的研究成为可能。

（六）社会发展的需求

随着管理的科学化，团队取代了个体成为组织的基本单位。因此，影响组织成员最直接的环境即为团队（Hoegl，et al.，2003）。因此，对于团队的规律必须加以研究。团队—组织—社会这是一个环环相扣的链接，这都是属于群体层面的，必须加以了解。

按照心理学界已有的认识，一个国家的人均 GDP 达到 3000 美金时，就会产生剧烈的社会心理变化，其社会心理矛盾冲突最为严重。挑战的一个来源在于贫富差距的拉大。这种收入的差距会让个体产生群体意识，按照相对剥夺理论的解释，我们不在乎自己拥有多少，而在乎别人比我们多多少，因此，很容易形成群体之间的敌视，产生群体性事件。

心理学必须满足社会发展的需要，必须解决社会发展进程中出现的一些新问题，从而为和谐社会做出心理学科应用的贡献。群体性事件需要了解群体规律，了解群体之间的互动规律。

第二节　大学生群体过程：方法和影响因素

一、群体的基本过程

群体是如何形成的？这也是研究者关注的一个方面。一般认为，群体形成包括以下过程。

（一）成为群体成员

在这个过程中，个体要勘察群体，研究发现人们希望加入那些为之提供最大报酬、付出最小代价的群体（Levine，et al.，1994）。这在某种程度上解释了群体性事件中为什么参与人数较多，因为代价较少。在群体招募成员时，要求越严格越苛刻，个体对群体的积极评价就越高，群体凝聚力越强。其原因在于加入群体经历了令人不快的过程，降低了对群体低于预期的失望情绪：期望高，现实很差——失望；加入群体时痛苦，实际群体生活差，差别不大——接受。从这个角度看群体性事件，群体加入其实非常容易，几乎没有设置门槛，因此群体成员的凝聚力和归属感不会太强，解决群体事件的难度也相对降低。

（二）相互依赖

在群体形成中，群体成员之间会形成两种依赖：命运相互依赖、任务相互依赖。命运的相互依赖，类似于"同舟共济"，比如在飞机上的游客几乎不能称之为群体，因为他们之间的相互依赖性很低，但是一旦有劫机事件发生，他们的命运就连在一起，这个时候就成为一个群体了。任务的相互依赖是指群体成员在目标上的相互依赖。研究发现，当根据群体表现决定个人成绩的时候，即个人成绩取决于自己所属群体与外群体的比较时，群体成员内部就形成了积极的相互依赖，如果说个人成绩取决于自己在群体内的表现，表现最好的将得到最好成绩的时候，群体成员之间就会形成消极的相互依赖。结果表明，积极的相互依赖情境下群体成员之间的合作行为更多，交流频率更高，对他人的喜欢程度也更高，攻击性较少（Deutsch，1949）。同样的道理，在群体性事件中，群体成员之间形成的依赖关系是一种积极的相互依赖，他们需求的满足取决于群体努力而不是个人努力，在这一点上，群体凝聚力反而会增强。

（三）完成任务与维持关系

群体的形成离不开任务的共同解决。当然，除了完成任务能够增强群体成员的接纳外，情感交流也是必需的。研究发现，小组学习的效果既与任务有关，也与情感交流有关，应用心理学本科生的合作性要高于辅修应用心理学专业的学生，原因在于除了课程学习之外，在相互之间的沟通和交流方面存在差别，而这种交流和沟通也是增强群体认同的必要条件（王磊，2011）。

（四）形成群体凝聚力

在完成任务和相互依赖之后，群体成员的凝聚力就会出现显著变化。凝聚力指的是群体成员对群体观念、对群体共识性原型意象、典型的成员特征与行为的喜爱（布朗，2007：29）。群体凝聚力的影响因素包括空间接近性、群体目标容易实现的容易程度，以及共同任务的成功合作。同时，任务失败不一定降低群体凝聚力，失败对凝聚力的影响取决于对群体的选择是主动还是被动：群体是自己主动选择的，失败后凝聚力增强；群体是被动选择的，失败后凝聚力降低。

（五）群体规范的习得与发展

群体成员千差万别，因为群体的维系离不开群体规范。群体规范可以充当个体解释世界的参照框架，并且协调群体成员的活动，保障群体目标的顺利实现。群体规范也能让群体成员更认同群体。在参与群体过程中，时间会对个体行为产生影响，但更重要的因素是对群体规范的认可。在这一点上，群体过程的群体规范是微弱的，因此，整个群体的维系并不稳定。

二、群体过程的研究方法

（一）观察法

观察法分为现实中观察和网络观察两类。现实观察是指直接关注实际生活中个体的行为反应。网络观察是指通过对网络留言如微博、博客、QQ 签名等进行分析。下面我们以 2012 年的雾霾事件为例，阐述如何进行现实观察和网络观察。

现实观察以周围人的反应为观察对象。在 2012 年 6 月 11 日早上，天空雾蒙蒙的，能见度确实不高，一开始我们都很惊讶，因为也没有下雨，也没有特别冷、特别热。没过多久，白色的雾变成了黄色的雾霾，这时大家开始害怕了，各种猜测来了：有说世界末日来了，哪里哪里爆炸了，哪里哪里出什么事情啦，各种不靠谱的猜测此起彼伏，反映了大家还是相当担忧的，因为以前没有经历过类似的事情。出去后发现人们都戴上了口罩，在武汉市以前很少有人戴口罩的。空气里弥漫着刺鼻的气味，这样的天气持续了一整天。

6 月 11 日 11：32，湖北省武汉市气象局发布雾霾天气快讯，告知民众武汉市的大雾已转为雾霾天气并将持续。除武汉外，南京、扬州、无锡等地近期也将陆续出现雾霾天气，并被认为或许与秸秆焚烧有关。这样的澄清貌似大家都不甚相信，有的觉得很可笑，有的觉得这是随便找个理由搪塞，有的还是半信半疑。官方的澄清出来后，不管周围人的态度如何，这种对恶劣天气的担忧及恐惧感似乎下降了许多，这件事被人们逐渐淡忘。

因此，现实观察的结果是：雾霾事件后，大部分人都戴了口罩，而且各种小道消息在传递，官方澄清没有引起大众信服，但民众心态在变化，忧虑感下降。

在网络观察中，选取了2012年6月11—12日的部分原创微博，统计网民在那天的情绪状态。在新浪微博的高级搜索中，关键词是"雾霾"，时间是2012年6月11日8点到12日18点，地点是湖北武汉。笔者仔细阅读了前100条微博，统计其情绪状态，结果如下（表1-1）。

表1-1　情绪分布表

情绪	恐慌	紧张	害怕	无所谓
数量	22	43	11	24

这些情绪都是根据微博中透露的感情总结出来的。可以看出情况发生后紧张的占大多数，因为这涉及个人的安危与切身利益；其次是恐慌，又害怕又慌张，不知道怎么办，但是这也只是心里的一种感受，对自己有一定的防护，但是也没有过激的行为；无所谓的人态度比较中立，有的只是简单陈述一下事实，有的陈述了自己的态度。由此可以大致地看出雾霾事件发生后公众的情绪状态。

上网检索到南方周末（2012年6月11日）早晨关于雾霾的新闻，对于政府应急办的解释［"受东北风与下沉气流共同影响，当日在我省中东部（含武汉）形成大面积雾霾天气。据环保部门监测，雾霾天气颗粒物成分中植物性有机碳（如燃烧秸秆等）含量增加，其他成分未见异常。经安监、环保部门核实，我市未发生爆炸和有毒气体泄漏事故，也未发生大面积燃烧秸秆现象"］，大多数网民持怀疑态度，不太相信，只有小部分人持完全赞同的态度。新闻后面25条评论，有效评论22条，其中对于专家辟谣，表示怀疑的有11条，完全赞同的有2条，中立的评论有5条，4条评论表达出网民的担心、压抑和恐慌。

当然，这些统计只是一小部分，但是其中折射出来的公众的态度还是显而易见的。不管公众对于官方的一些解释相信与否，讨论有多激烈，最终也不得不相信这件事情的结果。到最后整件事情的结果就是官方所澄清的，事情也慢慢被淡化了，公众的情绪也恢复正常。

可以看出，网络观察的资料更为翔实，因为有言语资料可以利用。因此，在未来研究中，应该侧重对网络资料的利用。特别是云数据时代，如何从大规模数据中找到发展的规律和模式，是未来必须关注的焦点。

（二）访谈法

访谈法是指对被试进行采访，利用结构性、半结构性或者发散性的访谈提纲，就自己关心的问题询问被试，从而发现事件的可能规律。

为了便于理解，我们同样以雾霾事件为例，看一下访谈法的操作程序。

我们访谈的对象是三名在校大学生和两名工作人员，访谈时间是在雾霾事件发生一周年后。访谈目的是了解公众在雾霾事件发生后情绪变化的规律。访谈大致围绕以下几个问题展开：①描述一下上一年发生的影响很大的那次雾霾事件；②刚开始看到那样的情景是什么心情；③对官方的解释的态度；④最后对这件事情的看法。

访谈进行得比较顺利，结果和预期大同小异。大家对事件的描述多少有点主观意识。刚看到那么大的雾霾时首先是很惊讶、奇怪，然后是担心、紧张，再然后有的会觉得大家都在这样的环境中，大家的处境都是一样的，无所谓；有的却开始焦虑起来，觉得身处这样的环境会给自己的身体生活带来坏处，想早点离开这样的环境。当官方的解释出来后，有的人会觉得这只是官方为了稳定大众的情绪才这样说，觉得很荒谬，对此表示质疑，紧张、焦虑的情绪继续；有的相信官方的解释，焦虑感也随之消失，很快投入生活、工作，尽管这样的环境给自己带来不便，但还是忍过去了。

可以看出，访谈法的优点是和具体的人进行互动交流，更容易就一些问题进行深入探讨，缺点就是访谈的人代表性不强，不能代表民众的普遍心态。因此，在研究中，可以把访谈和观察结合起来。

（三）问卷法

观察和访谈的一个共同特征就是被试比较少，相对而言代表性就不强。因此，一般观察法和访谈法是作为研究的前奏，如何真正发现事件内在规律，问卷法是一种常用方法。

问卷法一般是指采用问卷的形式，编制一定数量的题目（大部分问卷题目类型是选择题），对感兴趣的对象进行施测（施测人数一般以30人为界限，问卷法的施测人数不能低于30人），从而发现民众的真实心态。

问卷法的有效性取决于以下方面：①问卷题目的数量，太多或太少题目都不能发现问题，题目的页数不要超过3页为最佳。②题目的质量。能够让被试把真实想法选取出来是衡量题目质量的重要依据，因此，如何设计题目是一个重要工作。③被试的代表性。选取被试的数量，被试的同质性程度都是一个重要考核指标。经验上，如果以大学生为被试，整班选取是一个比较可取的方式。

（四）内容分析法

该方法主要是针对问卷法的不足设计的。其主要形式就是对被试的发表言论进行分析，从而发现民众的真实想法。为了更清楚地说明这一方法，我们以某事件为例。

2013年4月26日，某机构针对24日一则《中国×××会社会监督委员会拟重新启动针对某事件调查》的新闻在新浪微博上发出澄清，澄清内容如下：机构没有任何人说要重查该事件，社会监督委目前也没有开会作出决定要重查该事件。真实情况是监督委两位委员的个人提议。一些媒体记者见风就是雨，报道成了机构决定要重查该事件。这样的乌龙新闻真是让人哭笑不得。这样的澄清发出后，立刻在网上掀起了轩然大波。这个澄清被转发了数万次，评论有数万条，有网友提出新闻要连起来看：4月24日，该机构：下月重新调查该事件；4月25日，该事件当事人：谁敢动我一根毫毛，就立即公布内幕，资料已寄美国，有胆放马过来。4月26日，其代理人在某论坛发布第一批视频。当天，人人影视论坛被封。4月26日，该机构负责人：机构没有任何人说要重查该事件当事人。

人力、物力的限制，涉及评论数目之大，不可能将所有评论作为ROST分析的研究材料，因此在结合自己研究目的的基础上，分别截取4月26日、27日、28日及其以后的微博评论进行分析。在进行ROST分析前，先对资料进行一些基本处理，最后将格式由WORD文档转换为TXT文件格式。

在对资料进行分词后，进行词频分析，然后进行简单筛选，选取60个高频词汇。高频词汇具体情况见表1-2。

根据表1-2结果，我们可以得知，26日网民发表的微博当中所涉及的高频词主要有名词、动词和形容词。名词有30个，占总数的50%，名词当中主要包括主体名词，如当事人姓名、当事机构名称、中国、种子、毫毛和美国等。该事件当事人和该机构位居榜首，这反映了此次事件主要是以当事双方为中心而展开的，对于网上流传的当事人拥有视频的流言，在高频词汇当中"种子"就是最好的体现。动词有15个，占25%，主要有澄清、调查、贪污、监督、公布、捐款、发出和听说等。从这些动词中，我们可以得知网民对红会重查该事件主要关注点不仅仅是当事人个人方面，而且由她的事件引发了公众对于该机构是否涉及贪污，信息的公布，相关监督方面的思考。形容词有7个，占总数的11.6%，如哭笑不得、不为人知、有胆、乌龙和薄纱等，由此我们可以知道网友对于王××发澄清这一件事大家哭笑不得，在当事双方存在不为人知的事情。"不敢"排在除了当事双方等特有名词之后，排名第七，这说明网民大多数认为王××发出的这则澄清不是没有重查当事人这件事，而是认为该机构由于当事人发出的所有证据而不敢重查该事件。

表 1-2　4 月 26 日高频词汇统计表

特征词（频次）	词性	特征词（频次）	词性	特征词（频次）	词性	特征词（频次）	词性
当事人姓名（637）	名词	贪污（56）	动词	央视（35）	名词	紫荆（24）	名词
当事机构名称（325）	名词	监督（53）	动词	辟谣（35）	动词	好人（24）	形容词
秘书长（179）	名词	公布（52）	动词	任何人（32）	代名词	手里（23）	形容词
中国（148）	名词	此地（52）	名词	乌龙（31）	形容词	律师（23）	名词
求种（116）	名词	内幕（50）	名词	薄纱（31）	形容词	意思（21）	名词
声明（110）	动词	银三百（46）	名词	听说（31）	动词	证据（20）	名词
不敢（97）	副词	新闻（46）	名词	人家（29）	名词	没说（20）	形容词
王××（97）	名词	捐款（45）	动词	决定（29）	动词	事情（20）	名词
立即（85）	动词	过来（44）	动词	害怕（28）	动词	机构（20）	名词
澄清（84）	动词	有胆（44）	形容词	重新（27）	动词	会长（19）	名词
种子（79）	名词	不为人知（43）	形容词	作出（25）	动词	收到（19）	动词
哭笑不得（77）	形容词	发出（43）	动词	互联网（24）	名词	秘书（18）	名词
调查（67）	动词	美事（39）	名词	相信（24）	动词	先生（18）	名词
毫毛（66）	名词	难道（39）	副词	领导（24）	名词	地震（18）	名词
美国（64）	名词	委员会（36）	名词	查查（24）	动词	一生（18）	形容词

进行社会网络和语义网络分析，得到如图 1-1 所示的语义网络模型。

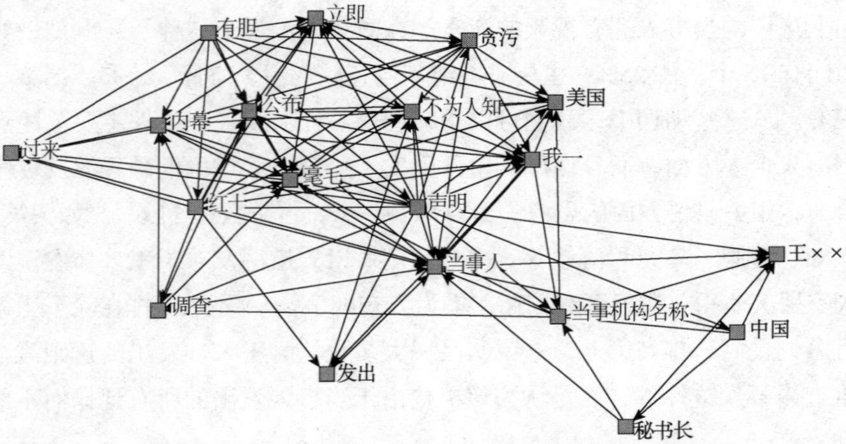

图 1-1　2013 年 4 月 26 日社会网络分析和语义分析图

从图 1-1 可知，毫毛、公布、不为人知和声明处于模型当中的中心部分，当事双方处于右下角。由此我们可以看出网民主要由该机构是否重查这一事件而引发了一系列的思考。

澄清发表后的第二天，即 4 月 27 日，高频词汇的统计分析表，见表 1-3。相关社会网络和语义分析图，见图 1-2。

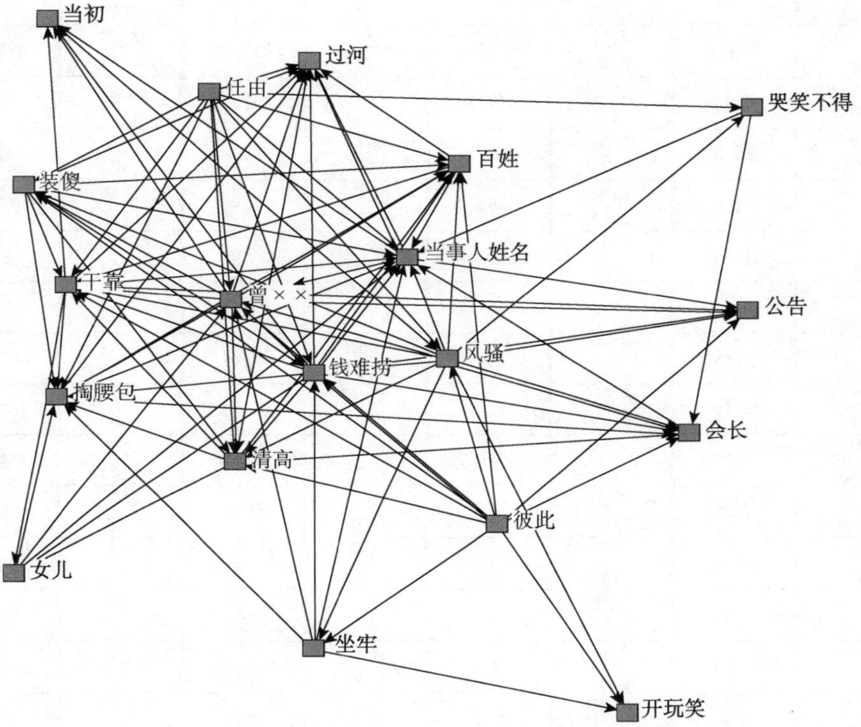

图 1-2　2013 年 4 月 27 日社会网络及语义分析网络图

由表 1-3，我们可以知道，60 个高频词汇中，名词有 24 个，占总数的 40%，和澄清刚发布当天，相比名词数量下降了 10%，表 1-2 排在前五位的高频词都是名词，但是表 1-3 当中，前五位当中出现了两个形容词，哭笑不得和彼此，由此我们可以看出，网民在澄清发出后第二天，微博发帖内容开始转向对这件事的态度和看法。表 1-3 当中动词有 10 个，占总数的 16.6%，相比事件发生当天比率下降了 8，4%，这些动词具体是坐车、滚、澄清、调查、说话、公布和相信等，在动词内容方面也有很大的不同，特别是动词当中的一个"滚"字，表现了网民的极度愤怒情绪。和表 1-2 相比，表 1-3 高频词当中的形容词大幅增长，60 个中有 22 个，约占总数的 36.6%，增长了 25%，由此也可以看出在这一阶段，网名的情绪表达相比于第一阶段更突出。从图 1-2 当中我们可以得知，以当事人为中心，四周围绕着风骚。钱难捞，清高，百姓，在这一阶段当中，更多的是关于当事人自身方面的一些形容词。

表 1-3 2013 年 4 月 27 日高频词汇统计表

特征词 （词频）	词性	特征词 （词频）	词性	特征词 （词频）	词性	特征词 （词频）	词性
当事人 姓名（744）	名词	开玩笑 （87）	形容词	感动 （20）	动词	捐款 （12）	动词
哭笑不得 （119）	形容词	当初 （87）	形容词	没事 （20）	形容词	纠结 （12）	形容词
当事机构 名称（138）	名词	公告 （87）	名词	语录 （20）	名词	此地 （12）	名词
彼此 （106）	形容词	坐车 （87）	动词	感言 （19）	名词	网友 （12）	名词
会长 （105）	名词	滚滚 （76）	动词	对白 （19）	名词	清楚 （11）	形容词
女儿 （96）	名词	人字 （51）	形容词	放开 （18）	动词	任何人 （10）	名词
百姓 （92）	名词	托儿 （51）	形容词	搞笑 （15）	形容词	组织 （10）	名词
清高 （88）	形容词	澄清 （36）	动词	说话 （15）	动词	银三百 （10）	形容词
装傻 （88）	形容词	秘书长 （34）	名词	姑娘 （14）	名词	热门 （10）	形容词
掏腰包 （88）	名词	王** （34）	名词	本身 （13）	形容词	去年 （10）	名词
干靠 （88）	名词	调查 （28）	动词	公布 （13）	动词	媒体 （10）	名词
风骚 （88）	形容词	种子 （26）	名词	相信 （13）	动词	重新 （10）	形容词
过河 （88）	名词	问题 （26）	名词	独立 （13）	形容词	到底 （10）	副词
钱难捞 （88）	形容词	不敢 （24）	副词	新闻 （13）	名词	无耻 （9）	形容词
任由 （88）	介词	中国 （22）	名词	要么 （13）	副词	存在 （9）	动词
开玩笑 （87）	名词	经典 （22）	形容词	公开 （13）	形容词	反正 （9）	副词

与表 1-2、表 1-3 相比，表 1-4 中有 29 个（占总数的 48.3%）与表 1-2 的比率相当，但是对比高频词汇中名词的内容，我们可以发现，4 月 28 日及其以后出现的名词当中，牵扯出一些前面两天未曾出现的词汇，如李××和帐篷等，开始牵扯其他相关事件，网民不再只讨论这一个话题，开始牵扯和该机构其他相关的事件。表 1-4 当中的动词有 17 个，占总数的 28.3%，比表 1-2 和表 1-3 都要多，且高频词的内容和前面有很大不同，"滚"字荣登动词榜首，排在高频词汇的第三名，其中还有坐牢，"过河拆桥"当中的"过河"，掏腰包等，这些反映了网民情绪的进一步激化。形容词有 14 个，占总数的 23.3%，相对于表 1-3 高频词中的形容词比例有所下降，"哭笑不得"仍然占形容词的榜首，与表 1-2、表 1-3 的结果一致。

网民对这一事件是感到讽刺的。

表 1-4　2013 年 4 月 28 日及其以后高频词汇统计

特征词(词频)	词性	特征词(词频)	词性	特征词(词频)	词性	特征词(词频)	词性
当事人姓名(338)	名词	彼此(36)	代名词	当事人姓名(19)	名词	先生(12)	名词
当事机构名称(222)	名词	任由(36)	副词	中国(19)	名词	帐篷(12)	名词
滚滚(222)	动词	清高(36)	形容词	打油诗(18)	名词	主任(12)	名词
哭笑不得(57)	形容词	杜××(35)	名词	问题(17)	名词	种子(11)	名词
会长(45)	名词	装傻(35)	形容词	独立(17)	名词/形容词	领导(11)	名词
女儿(43)	名词/形容词	曾××(33)	名词	人民(17)	名词	贪污(10)	形容词
百姓(38)	名词/形容词	干靠(32)	形容词	质疑(16)	动词	清白(19)	形容词
坐牢(38)	动词	调查(26)	动词	证明(16)	动词	认证(10)	动词
当初(38)	形容词	王××(25)	名词	澄清(15)	动词	报告(10)	动词
过河(37)	动词	捐款(24)	动词	美事(13)	形容词	声明(10)	动词
开玩笑(36)	形容词	秘书长(23)	名词	解释(13)	动词/名词	去年(9)	名词
公告(36)	名词	机构(22)	名词	决定(13)	动词	就要(9)	副词
掏腰包(36)	动词	相信(20)	动词	老百姓(12)	名词	李××(9)	名词
钱难捞(36)	形容词	字会(28)	名词	不敢(12)	动词	存在(9)	动词
风骚(36)	形容词	网友(20)	名词	委员(12)	名词	态度(9)	名词

　　通过图 1-3 可以得知，当事双方名称的两个词汇和图 1-1 一样，位于图中接近右下角的地方，图中心为"百姓"、"开玩笑"和"风骚"，这些和高频词汇当中出现的"哭笑不得"是相对应的，进一步反映了网民对这一件事情认为讽刺和不信任的态度，也是该机构公信力下降的一种反映。

　　可以发现，内容分析法主要依据网络资料，通过对资料的整理，比如，以时间轴为线，可以发现事件发生过程中民众心态的变化规律。这种方法的优点在于个体在网络发言时态度会更为真实，这种方法的有效性取决于对资料的整理和分类，比如可以时间为轴线，也可以发帖人所在地域为分类依据，以顶帖数量为分类标准等。

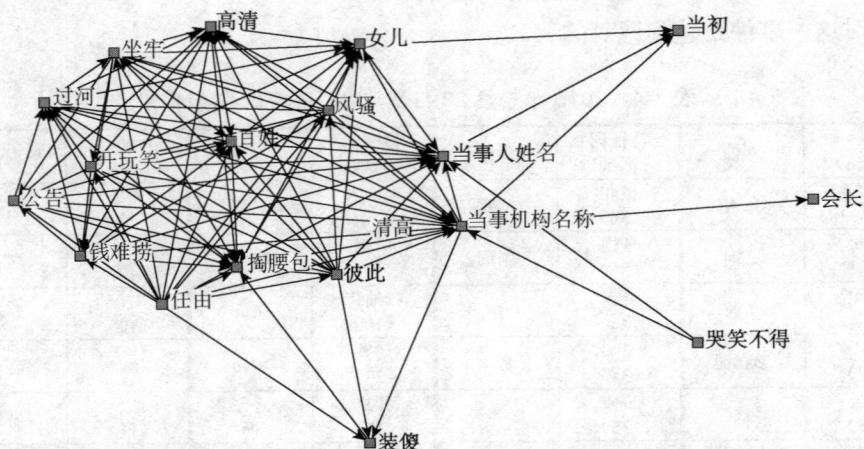

图1-3　2013年4月28日及其以后的社会网络及其语义分析模型图

（五）实验法

实验法是发现事物因果关系最有效的方法，也是心理学所有研究方法中最有心理学的研究方法。它是通过操纵自变量，控制额外变量，观看因变量的变化规律，从而得出自变量与因变量的因果关系证明。我们以比利时政府提高学费的事件为例，说明实验法如何实施。

比利时政府大幅度提高大学学费，导致大规模的示威活动。迪伽默（Di Giacomo）进行了相应的研究（迪伽默，1980）。他以天主教大学的在校学生为对象，从社会表征的视角，探讨学生群体参与该示威活动的可能性。

首先，研究者挑选了9个与此次示威抗议活动有关的核心词：示威委员会（示威活动组织者）、极端左翼（示威活动的政治立场）、极端右翼（作为极端左翼的控制词）、罢课（示威活动的策略）、工人（示威委员会希望得到的联盟）、学生（观看学生对自己群体的表征）、主管（学生未来会成为主管）、权力（示威活动的目的就是反抗政府的权力）、学生联盟（示威委员会的对立面）。

被试对每一个核心词进行自由联想，然后在7点量表上评定每一个核心词和其他核心词的临近度（即相似程度）。结果发现，学生对自己的社会表征明显不同于示威委员会的立场和策略，学生并不把示威活动视为传统的"极端左翼"或"极端右翼"。学生将自己最靠近"主管"的位置，他们对"主管"的认同高于对"工人"的认同。尽管他们现在可能没有权力，但他们向上层社会流动的可能性使他们向"权力"靠近。因此，根据这些结果，委员会无法成功组织学生对抗政府上涨学费的决策（黎岳庭等，2010：207-208）。

在群体过程中，旁观者是一个非常庞大的群体，这些群体的态度和行为直接导致群体行为的严重程度，对这些人员态度的了解非常关键。因此，未来的研究中应该采取类似的方法，把群体过程中的各个组成主体进行细分，然后让未参与的人员进行类似的联想测试，从而可以准确预测和控制群体行为。

三、群体过程的影响因素

在群体过程中，存在哪些影响因素？我们主要从内在和外在两个维度对影响因素进行了划分。

（一）外部影响因素

1. 经济因素

按照心理学界已有的认识，一个国家的人均 GDP 达到 3000 美金时，就会产生剧烈的社会心理变化，其社会心理矛盾冲突最为严重（傅宏波，2005）。

心理学研究发现，当我们被他人拒绝后，会产生社会性疼痛。为了缓解这种疼痛，我们会有两种选择：一种是找好朋友聊聊天，宣泄自己的情绪，从而加深与他人之间的关系；另一种是花钱，如去喝酒，去逛商场，这种方式就是借助金钱去缓解疼痛。第一种方式会导致人际信任的增加，因此接触频率可以导致合作行为的增多（王磊，2011）；第二种方式则会导致人际信任的下降，因为它更多地依赖于金钱，忽视了人的作用。从这个意义上讲，当一个地方的经济越来越发达的时候，个体可能会越来越多迷恋金钱，导致人际关系的恶化和群体行为的增多。

因此，从某种程度上讲，经济因素本身不会导致群体行为的发生，而是经济发展导致的心态变化是群体行为发生的主因。

同时，一个不可忽视的现象是，即使在同一地方，也不是所有人都会参与群体行为，一个潜在原因可能是人与人之间存在着不同，因此有学者提出了社会心理版图的概念。

2. 社会心理版图

气候和财富影响和塑造着人类文化。有研究者认为，文化可以分为三种类型：生存型文化、自我表达型文化和亲和型文化（时勘，2010：52）。

生存型文化的特征是自然资源缺乏、气候条件恶劣塑造而成。这种文化中社会成员整体不快乐且自私，工作目的是挣钱、雇佣童工、专制型领导、裙带关系盛行。

自我表达型文化的特征是自然资源充足、气候条件恶劣造成的。这种文化中社会成员整体注重开心和快乐，重视合作，工作目的是自我进取、民主型领导、专家和职业人盛行。

亲和型文化的特征是气候条件温和造成的，与自然资源关系不大。这种文化中成员自杀率较低，成员重视传统和宗教信仰。

不同文化背景中人与人之间的关系质量不同，个体的幸福程度也有差异，这些也会导致群体行为发生频率的差异。

（二）心理因素

1. 群体情绪

积极情绪会拓宽个人的视野，使人更具开放性和灵活性。积极情绪促使个体使用更具包容性的社会分类方式，使用更高一级的群体表征，这让个体把原先的外群体知觉为涵盖范围更广、规模更大的新内群体的一部分，从而之前被知觉为"他们"的外群体，现在也被知觉为"我们"（吴小勇，黄希庭，2011）。

持有积极情绪的人会认为一切都很好，环境也不错，他们会采用松散的信息加工模式，整合性地自上而下地进行信息加工，进行发散性思维。积极情绪导致个体注意力范围增大，获得更丰富的信息，增加认知宽度，促使个体形成对信息的完整解读，做出的决策和行为也更趋于理性。积极情绪能够激活个体记忆的信息，提供更多认知材料，增加个体认知灵活性，促使个体考虑更多的范畴问题，使得不同范畴的认知成分相互关联的概率增大。

消极情绪会促使人们首先处理当前的问题，采用的加工策略是自下而上，用细节导向的分析方法理解情境，促使人们更加聚集在当前的信息。

2. 风险认知

朝平静的湖面丢一颗石子，会发生什么？

我们可以发现，湖面会出现涟漪，但仔细观看一下，涟漪由内到外形成一系列的同心圆。这就意味着同一个石子形成的影响是不一样的，离中心越近，影响越大；离中心越远，获得的真实信息越少。

涟漪水波的深度和广度取决于风险事件本身的性质，也取决于公众在涟漪波及过程中如何获得相关信息，如何知觉和解释这些信息。研究发现，公众的认知脆弱性与聚众行为显著相关（Kahneman，Tversky，1992），同时，对风险事件的知觉会极大地影响自己的情绪状态，进而影响态度与行为（Covello，et al.，2001）。

在获得信息的渠道上，研究者发现，公众很难理解采用概率方式所播报的危机事件，而采用频率播报，在一定程度上能促进民众的理解（Gigerenzer，2005）。负面信息对个体的影响力更为深远（科万罗，1988）。采用不同的沟通渠道产生的效果是不同的（Spencer，1992），风险焦虑高的被试更信赖大众媒体和人际关系，专业媒体的效果最佳（Griffin，1999）。

政府发布的正性消息可以起到稳定并降低风险人知的作用，来自朋友家人的臆测和网络流传的小道消息会非理性地增大消极的风险认知（时勘，2003）。如果民众不信任或不满程度过高，这种信息的不对称性会加剧小道消息的盛行、泛滥，导致民众严重的心理恐慌，引发突发事件。

3. 社会心态

网络群体行为往往是对社会存在的真实反映，它打破了时间和空间的局限，成为民众思想和诉求表达的新平台，可以说网络中的心态是现实心态的聚集和放大。众多研究表明，在心态失衡的情况下，人们会更倾向于从消极角度对社会现象进行认知和判断，从而产生严重的社会认知偏差，激发消极否定的情绪和情感，再加之群体的影响，很容易会激发参与现实社会群体的冲动。

社会运动研究专家霍弗曾在《狂热分子》中指出，群体运动起初以自愿参加追随的失意者居多。即使没有外界的煽动游说，失意者本身的失意感也足以使其产生"忠实信徒"所需的大部分人格特征。心态失衡对于社会整体的稳定和谐发展是十分不利的，所以说对于人们社会心态失衡的把握是十分重要的，很多学者提出网络社会是现实社会的延伸，所以我们有理由相信社会心态的失衡在网络群体行为中同样有所体现，网络群体行为的社会心态研究是必不可少的。

从社会心理学角度来看，民意、舆论等这些都是社会心态的表达和表现。我们可以透过传闻、"段子"、网上帖子和博客、手机短信、流行词汇等了解社会心态。社会心态并不是一个个个体意见的简单相加，通过研究个体的意见整合起来以后对社会和个体产生影响和作用。所以说我们有理由相信网络群体与社会心态存在着一定的关系，而这具体的关系则需要我们进一步的实证研究来发现。

此外，我们还可以看到，心态是行为产生的一个基础，但是具体的应对处理方式还与其他因素有关，以往大量研究表明作为一种认知风格，归因方式也会影响个体的应对方式。不同的归因方式会产生不同的应对方式。比如，敌意性归因会导致更多的攻击性行为，而攻击性行为往往是越轨和犯罪的有力预测因素。不过，与个体攻击行为有着更为直接关系的则是内外归因。郑建君和杨继平针对犯罪青少年的归因方式进行调查发现，犯罪个体比普通个体更倾向于使用外在归因，并且内外在归因能够有效预测其应对风格。

另外，社会心态与归因方式可能也存在着一定的联系，如2013年1月中国社会科学院社会学研究所的《社会心态蓝皮书》调查发现，我国农民工社会公平感偏低，而其分析认为这与归因倾向等因素有关。此外，也有学者指出"在社会心态无可避免地镶嵌进个人生活中的同时，个人也通过大众化过程成为"大众人""（李红艳，2011）。这样的个人与社会的联系，并不一定是通过生产、分配、交换和消费建立的，而是一种心理联系。更确切地说是心态联系，在这样的联系中，个人被社会心态化，社会心态也被个人化（王俊秀等，2011）。

4. 群体相对剥夺

相对剥夺是指与参照群体（reference group）相比，个体对自身不利地位的感知。相对剥夺感来源于社会比较的结果，这种社会比较的参照群体既可以是个体也可以是群体。据此，相对剥夺感可分为个体相对剥夺感和群体相对剥夺感。大量社会心理学研究表明，相对剥夺感能够导致群体行为，群体相对剥夺感比个体相对剥夺感更易导致群体行为，但是相对剥夺感只是群体行为产生的必要条件而非充分条件。然而，仅有群体相对剥夺的存在，尚不足以立刻引起广泛的反抗（张书维等，2010）。个体可以通过多种途径或方式去缓解此种被剥夺的感受，如改变参照的群体，调节认知方式或是通过努力改变自己的地位等。因而，相对剥夺感只是作为群体行为的一个重要前因变量。

5. 群体认同

群体认同源自社会认同，指个体与群体基于群体成员身份意义的心理联系，即个体将群体成员身份整合到自我概念的程度。群体认同对群体行为的预测作用已在多种社会运动及有关实验室生成群体的研究中得到证实，群体认同可以调节其他变量与群体行为之间的关系，也可以受到其他变量的调节作用。

6. 群体愤怒

群际情绪理论指出群体愤怒等群体情绪具有明确的指向性，容易导致对外群体的侵害行为，而且情绪具有感染作用。情绪感染不仅可以通过直接的交互作用实现，而且可以通过间接的方式完成对周边人的交互影响，如愤怒者的情绪不仅能够被发泄对象所感知，而且对于过路人或其他的目击人具有感染效应（王潇等，2010）。结合已有的研究，可知基于高群体认同的成员在评价来自外群体的威胁时更容易体验到愤怒情绪。而愤怒情绪大大增加了群体行为的冒险性，使群体成员采取更为激进的行为（Rydell，et al.，2008）。周洁和王二平（2009）的研究表明群体愤怒情绪在发动群体攻击行为中具有核心作用。另外，情绪聚焦取向研究者认为，情绪（主要是愤怒）在不公正感知与群体行为的参与意愿之间起到了中介的作用，如张书维、周洁和王二平（2009）对地震灾区民众的调查结果证实了情感成分在被试相对剥夺的认知和群体行为参与意愿中发挥了中介调节作用。群体愤怒作为群体水平的变量，用以研究群体行为中的个体情绪体验极为合适。

7. 群体效能

群体效能是指群体成员对通过共同努力能够实现群体目标的信念。群体效能感的存在，使得群体成员感受到了集体力量，受这种力量的驱使，群体成员也更加愿意做出行动来改变群体困境。众多研究表明，即使是在其群体认同感不凸显的时候，群体效能能够直接影响个体的群体意愿。

第三节　本书的内容框架和主要观点

本书主要分析了两个方面的内容：大学生群体行为规律、大学生群际关系的特点。群体不同于个体，不是简单的个体行为的累加。群体氛围、群体文化、群体规范等因素都会对个体行为产生影响。考虑到媒介因素的不同，我们主要分析了大学生群体行为过程规律，包含了现实生活中的群体行为规律，以及网络环境下大学生群体行为规律。在群际关系上，主要研究了情绪对于群际关系的影响，大学生群际关系的认知如何影响其行为，媒体报道是否对群际关系产生影响等。

一、主要内容

（一）大学生群体行为研究

此项研究包括现实生活情境中的群体行为，也包含网络环境下的群体行为。它涵盖了微观层面即个人的从众、相对剥夺感等因素，中观层面即群体领导风格、群体认同、群体效能感等因素，以及宏观层面即社会心态等因素。本书尝试对这些不同层面的影响因素进行分析，探讨大学生群体行为的理论模型，从而对大学生的群体行为进行预测；为了探讨大学生群体行为的发展规律，选取了中职生群体与大学生群体进行了对比，从横向视角分析群体行为规律。

（二）群际关系

其主要探讨了嫉妒等情绪因素，民族认同、集体效能感等认知因素，以及媒体报道等外在影响因素对群际关系的影响，对大学生群际关系的特点和规律进行探讨。

二、主要观点

（一）情绪在群体行为过程中的作用不可忽视

在对事件的体验强度自评中，积极情绪唤醒组的情绪体验比消极唤醒被试更加强烈。男性在参与网络群体行为上更加积极，积极情绪唤醒组比消极情绪唤醒组参与度更高。在情感因素上，正义感、同情感等积极情感因素是主流。对于传播正能量事件，大学生具有较高的参与积极性，女生对正能量、正性事件的认同度要高于男生。

大学生嫉妒心理性别差异不明显，年级差异显著。在人际维度上，大二学生的得分显著高于大三学生的得分。在就业维度上，大二学生的得分高于大三的学生且达到显著水平。可见，大学男生更容易产生社会比较意识。

社会比较倾向与人际嫉妒维度、外表嫉妒维度、爱情嫉妒维度上相关性较高。嫉妒心理能够有效预测社会比较，族群认同对社会比较的预测效果不显著。

（二）群体领导风格、从众心理对群体行为有着极为重要的作用，群体认同、群体相对剥夺感、群体效能感、群体愤怒作用显著

群体规模的大小对群体的信息分享影响显著。具有民主型领导风格的群体比具有命令型领导风格的群体在讨论中更多地提到了为群体成员所掌握的分享和不分享信息。信息交换的次数越多，群体决策的满意程度就越高。

群体认同度越高越有可能参与到群体事件当中去。群体认同、群体事件参与意愿和实际参与行为之间可能是一种相互增强的影响机制。从众心理越明显，个体越容易参与群体行为。

中职生群体中，男生群体剥夺感水平明显高于女生，群体效能感、群体相对

剥夺感可以有效预测群体行为倾向。群体效能感、群体相对剥夺感、群体认同、群体愤怒可以有效预测群体参与度。

女大学生的群体认同度显著高于男大学生，群体相对剥夺感、群体认同能够有效预测群体行为倾向。群体效能感、群体相对剥夺感能够有效预测群体参与度。

在群体认同、群体相对剥夺感及群体愤怒等维度上，大学生得分显著高于中职生。

网络群体行为参与度存在"沉默的大多数现象"。归因方式可以较好地预测生活满意度及社会公平感。

群体认同、去个性化、匿名心理、媒体态度、政府信任、正能量等对网络群体行为的支持度作用显著。

群体认同对群体效能直接效应显著，群体效能对群体过程认知的直接效应显著，而群体认同对群体过程认知没有作用。群体效能在群体认同和群体过程认知间起中介作用。相对剥夺和群体效能在群体认同和群体过程认知间起中介作用。

（三）群际关系改善的关键：群体接触

本民族认同感与社会距离两者之间存在显著正相关。集体效能高的群体能够形成高凝聚力和高社会控制性，因此形成较强的民族认同并相互影响。

大一学生的民族认同感得分最高，大三学生的民族认同感最低。大四学生在族群态度得分上最高。对族群态度的改变主要源于不同群体接触频率的增多，促进了彼此的了解和接纳。

对本民族的认同、集体效能总分能够显著预测民族团结。集体效能、对外民族的接纳能够显著预测"我们认为各个民族之间的关系是和谐的"。

集体效能、外民族接纳都说明在群际关系质量中，群体之间的接触起了极为重要的作用。

（四）注重媒体报道对群际关系的影响

大学生群体获得信息的主要来源是互联网，对此有一定的使用年限和熟悉度。

在网络群体行为中，微博的传播功能侧重点将随事件进程而发生变化。不同等级的用户传播效果不同，相同等级的用户传播效果大致相同。

在网络群体行为认知度和群体效能因素上，网龄是一个重要影响因素。

阅读诱发不同道德情绪的负面新闻对受众的人际信任有影响。移情具有中介效应。移情水平越高，归因方式越倾向于内控性归因，人际信任水平越高。内控性归因通过高移情水平的作用，使人际信任水平上升；外控性归因通过低移情水平的作用，使人际信任水平下降。

第二章

群体过程的理论解释

国外对群体过程进行了较为详尽的分析和研究，主要形成了感染理论、循环反映理论、模仿理论、紧急规范理论、群际情绪理论和资源动员理论等。这些理论的研究对象分布较广，最主要的还是罢工、游行、示威等与政治、经济联系密切的群众骚乱方面，并从心理学、政治学、社会学等方面，对群体行为的发生机制、形成条件、造成的后果等进行了深入研究。这些理论立足非理性或理性等视角，展现了各种群体行为，引发了研究者对它们的争论。

第一节　经典群体理论

一、群体动力理论

群体动力理论由勒温提出，他认为，群体并非个体的简单集合，而是一个以个体为基础的"格式塔"（张文俊，2001）。群体不是由某些个体的特征所决定的，而是取决于群体成员之间相互依存的内在互动关系。群体行为虽然由构成群体的成员来实现，但是群体本身具有独特的整体性，极大地影响个体的行为过程，通过改变整体而影响个体比直接改变个体更有可能实现。

群体动力学产生的标志是勒温—利皮特—怀特对群体气氛的研究。在勒温的指导下，1937 年利皮特在艾奥瓦大学进行了一项研究。他把一些 11 岁的小学生分成两组，每组学生的数量是 5 名，一共进行 11 次聚会。这两组学生的年龄、性别、学习成绩和家庭状况都比较类似，他们放学后会来艾奥瓦大学的观察室做面具和其他一些活动。两组小学生的实验者都是利皮特，一组小学生接受的是民主型领导，一组小学生接受的是专制型领导。5 名观察者对不同组别的小学生的行为进行记录。结果发现，在专制型领导的小组中，孩子们经常争吵，互相怀有敌意；民主型领导的小组中，孩子之间和睦相处，气氛比较友好，人际互动和谐。1938 年，怀特、勒温和利皮特一起进行了一项实验研究，实验主题是领导方式和群体气氛。他们把 20 名 11 岁小学生分成了 4 组，这些小学生放学后在一个成人领导下进行一些娱乐活动。与利皮特 1937 年的实验相比增加了一个维度——放任型领导，并且在实验采取了被试内设计，即每个孩子都可以接受三种领导方式——民主型、专制型和放任型。结果发现：民主型领导方式可以提高工作效率，成员的创造性更大，工作动机更强；专制型领导方式可以提高工作产出，同时造成潜在的不满情绪，引发公开的敌意和攻击。人们表现出较强的依赖性，缺少个性和独立性，具有更高的群体意识；放任型领导方式下人们对活动漠不关心，常处于一种无组织状态，工作效率低，产品质量差（乐国安，2009）。因此，勒温认为需要研究群体生活潜在动力，由此群体动力学的研究全面展开。

目前群体动力学的研究主题主要有以下方面：群体凝聚力、群体压力和群体规范、个人动机与群体目标、领导与群体性质、群体结构。这些群体的特征是固定群体，对于临时性群体的动力机制比较缺乏，这也是今后研究应该关注的地方。

二、社会表征理论

表征是指代某种东西的信号，它代表某种事物，并传递某种事物的信息（彭耽龄等，2004）。同一事物，其表征的方式不同，对它的加工也不相同。因此，表征具有个体差异性。

群体是否也具有类似特点？即群体存在共同表征，从"人以群分，物以类聚"这句话可以发现，群体是具有某种特性的，而这种特性是具有区分度的，因此，群体表征应该存在。涂尔干在一篇名为《个体表征和集体表征》（*Individual Representations and Collective Representations*）的论文中，强调了表征的集体性特质，认为集体表征是指某一社会或社群所共享的符号化意义系统。他认为，集体表征为其成员们同质共享，并且这种表征通过社会化过程强制性地塑造着个体的思维、情感及行动。集体表征具有外在性、对个体的强制性和跨时间的稳定性。

外在性是指集体表征作为某种外部现实存在于具体的个人之外，它的存在不受个体主观意识的影响，不以个体的意志为转移。强制性是指集体表征对个体具有强制力量，集体表征不会考虑个体意愿，强迫个体就范。稳定性是指集体表征一旦形成，就具有相对的稳定性和继承性，一般不会轻易改变。

集体表征的稳定性、不变性受到研究者的质疑。莫斯科维奇论文中指出：①对摆在眼前的事情，我们视而不见；②我们的一些认知有时只是我们的错觉；③我们对于认知对象的反应，有赖于自身所处的社会对此对象的定义。他认为，集体表征具有可变性，历史、文化和宏观的社会环境会影响集体表征（臧伟玲，2009）。因此，他提出社会表征理论。集体表征更适合理解传统的、相对稳定的社会，社会表征具有变化和动力的特征，更适合理解现代社会及其急剧变化。

莫斯科维奇将"社会表征"界定为"拥有自身的文化含义并且独立于个体经验之外而持续存在的各种预想（preconceptions）、形象（images）和价值（values）所组成的知识体系"。首先，本体论意义上，社会生活是一种建构，而不是涂尔干片面强调的外在于个人的、客观的存在；其次，社会表征在个人和群体的交流和互动的过程中被创造出来的，也只有在社群互动中才能发挥其效用；再次，社会表征是一种"知识体系"或者"共有知识"，是社会群体成员对某一主题的"所共享的价值观、观念及实践系统，它有两种功能，一是为个体在特定生活世界中的生存进行定向，二是提供可借以进行社会交换及对生活世界与个体、群体历史进行明晰分类的符号，使人际沟通得以实现"；不同类别的人群所拥有的社会世界的表征不同，不同组群的人员对自己和对方是不同的表征。组群内共享表征对其建立组内认同相当重要。最后，社会心理学的任务是研究社会表征，探讨社会表征的起源、结构、内在的动力以及社会表征对社会的影响（臧伟玲，2010）。

1. 社会表征理论的具体内容

社会表征的两种心理机制，即锚定（anchoring）与客体化（objectifying）。锚定也就是将新异事物或社会刺激划归到既有类别，转化为自身所熟悉的模式并使之熟悉化。这一过程不仅是一种合乎逻辑的知识活动，也是一种与社会态度有关的运作，借由分类与命名新异事物或社会刺激，我们不但可以认识与了解它，也可以对它予以评价。客体化是一种具体化的体现，即通过接续锚定，将其内隐的抽象产物具体化为主观上自觉可见、可触、可控的"实存"现实。

同时，社会表征具有可变性和流动性。社会表征是一种共享的客体结构，但也不否认在共识架构中、在每个不同层次上存在着一定的差异性。也正是这种差异性使表征的动态本质不断在社会互动沟通中调整重构，个体和群体可以创造和改变社会表征。

社会表征的结构分为中枢系统和边缘系统。中枢系统是社会表征的核心，直接与历史的、社会的和意识形态的条件相联系并被其所决定，同时带有强烈的相关规范系统的印记。边缘系统依赖于由情境和个体特质整体的个体的经验和历史，它是灵活的，甚至是矛盾的，对即时的环境非常敏感，它反映了社会群体的现实性。

社会表征的核心——基耦。所谓基耦，是指一种稳定的和广泛传播的基本信念，是植根于集体记忆的原始观念，是社会表征的核心，也是社会表征不断衍生和形成的根源。

2. 社会表征形成的阶段

社会表征形成阶段：Wagner 提出社会表征形成的六个阶段：①个体或群体遭遇不熟悉的现象或事件；②为化解不熟悉事件的威胁而产生的应对；③以锚定和具体为途径形成社会表征；④与新事物沟通或对其深思后产生的社会表征以想象、隐喻或符号的方式透过大众媒介和人际沟通形成；⑤通过不断的沟通和使用新概念，将过去被视为陌生的现象转换为常识；⑥共同的知识表征带来群体的社会认同（黎岳庭等，2010：198）。

3. 社会表征的实证研究

内外群体的社会表征。Hewstone、Jaspars、Ialljee 探讨了对彼此之间有冲突的群体的社会表征。研究对象是英国两个具有冲突历史的社会群体：私立中学和综合中学就读的男生各 20 名。这两种教育体制之间存在社会地位的差异和长期的竞争（黎岳庭等，2010：207）。

研究者让参与人员在 20 分钟内撰写一篇文章描述私立中学男生和综合中学男生的异同。实验者对 40 篇文章进行了分析。结果显示：两个群体很少提及彼此的相似性，更多关注于本群体和外群体的差异。

两个学校的学生都认为私立中学的男生具有较好的社会背景和前景。私立中学学生较用功并受到较好的训练，具有优异的学业成绩。私立中学具有较好的结构，比如小班教学，选择多样。

私立中学学生认为自己有卓越的智能，但男女生关系不佳，他们认为综合学校的男生具有较多的攻击性，有反社会的行为，但这些学校的男女生关系较好。综合学校的学生认为私立中学男生势利，但私立中学男生语言天赋好，有礼貌，用功，但无趣。

私立学校人既能看到自己团体的积极特征，也能发现消极特征。综合学校的男生没有直接从积极特征来界定群体，却用私立中学男生的消极特征来反衬自己的群体。这是否也是社会经济地位高低的群体经常采用的表征方式？我们可以通过类似的方法对群体行为进行研究。

三、社会认同理论

塔菲尔（Tajfel）于 20 世纪 80 年代大力提倡社会认同论，他利用最简群体实验范式发现了社会认同与群体行为的关系（Tajfel，1982；Tajfel and Turner，1986）。他依据更喜欢哪个画家的作品，把男孩分成两组，然后把这些男孩单独带到独立的小隔间，要求他们把一些虚拟的货币分发给两个组的其他成员。研究者告诉被试的信息只有以下内容：哪个男孩是哪个组的，以及代表男孩身份的一个代码。结果发现，尽管被试之间互不熟悉，但还是会分给属于自己组的男孩更多的资源，出现了内群体喜好。可以发现，在实验中，群体成员之间没有发生社会互动，群体结构也没有形成，群体之间也不存在利益冲突和现存的敌意。因此，这一结果促使塔菲尔提出以下结论：人们的身份是建立在自己的群体成员身份之上的。这种分类会让我们主观上认为自己与他人同属一个群体，产生一种认同感，从而对内群体给予更多的积极评价和资源分配，对外群体给予更少的资源分配，更多的负向评价。

群体行为中，参与者之间也是互不相识的，但某种共同命运把他们联系在一起，使他们产生同是天涯沦落人的感受，形成群体认同。

社会认同理论认为，社会认同主要来源于群体成员的身份或资格，人们努力追求或保持一种积极的社会认同，以此来增强自尊，这种积极的社会认同主要来源于内群体和外群体之间的有利比较。如果没有获得满意的社会认同，人们就会尝试离开他们所属的群体，或者想办法实现积极的区分。

社会认同由三个基本历程组成：类化（categorization）、认同（identification）和比较（comparison）。类化指人们将自己编入某一社群中；认同就是认为自己拥有该社群成员的普遍特征；比较是评价自己认同的社群相对于其他社群的优劣、地位和声誉。透过这三个历程，人们可以抬高自己的身价和自尊。

社会认同理论的主要观点如下（彭凯平，2009：95）。

第一，我们有分类的需要。我们很容易把人分成不同的类型。

第二，我们倾向于认同我们所归属的团体，容易把自己与自己的团体紧密结合起来，用这种联系获得自尊，感到骄傲。

第三，我们有将自己团体与其他团体进行比较的冲动，从而产生对自己团体的偏好，以及对他人团体的蔑视甚至是敌视。

第四，我们有自我评价的需求，我们通过自己的团体成员身份来评价自己，这种心理感受强化了我们的自我概念，让我们感到舒服和骄傲。

中国是一个多民族国家，各民族有自己独特的文化，形成不同的群体，群体认同的范围、不同群体的态度可以作为群体行为的一个预测源。当我们把个人行为推广到他所属群体的时候，对于群体间关系会产生极为消极的影响。

四、群体无意识

弗洛伊德认为，个人心理学与社会心理学其实没有区别，或者说与群体/集体心理学没有区别，因为个人总是与他人发生关系，比如父母、兄弟姐妹、同一社区、同一村落的人，这也是一个人际关系网络，集体心理学是限定了具体范畴，相当于固定的人际圈子中的心理规律。集体心理学所研究的个人是一个氏族的成员、一个民族的成员、一个阶层的成员、一个行业的成员、一个机构的成员，或者是作为为某个特定的目标而在某个时间内组织起来的某群人的一个组成部分。

个人行为的预测一方面在于对个人特质的了解和分析，比如个体的情绪管理能力、个人的应对方式、个人的人格特征等；另一方面，即使了解了这些特征，我们突然发现对该个体的行为还是不能准确预测，该个体在一定特定条件下，其思想、感觉和行为会采用一种完全出乎意料的方式进行，这就意味着对个人行为预测除了个人特征之外，还有另外一些影响因素：所处的群体会影响他的行为。比如从众，一个很认真学习的人会不会逃课？个人特质层面他不会，但如果他所在的寝室成员全都逃课了，这个人会不会逃课？估计逃课的概率会出现比较大的增长，因为其他成员会给该个体一种无形的压力，个体为了和所在的成员整体（小集体）保持一致，就会表现出一致性行为——逃课。因此，对于集体对个人行为的影响规律探讨就必不可少。当前我国经济快速发展，在经济快速发展的背后，出现了一些不和谐的现象，比如群体性事件，参与群体性事件的人是不是平时都很冲动？是不是就是一个违法乱纪的个体？这个答案好像不成立，真正影响他们的，可能是当时的情境，当时的群体气氛促使他们做出了某些不理性行为，因此，群体规律必须了解，这样才能建立和谐社会。了解群体规律，需要回答下列问题：集体是什么？集体是如何对个人的心理活动产生如此大的影响的？集体对个人造成心理变化的性质是什么？第三个问题的回答就显得非常关键。

　　勒庞这样描述群体：一个心理集体表现出来的最突出的特征是——无论构成这个心理集体的个人是谁，无论这些人的生活方式、职业、个性、智力是否相似，他们已经组成了一个集体的事实便会将他们置于一种集团心理的控制之下。这种集团心理使他们在感情、思维及行动上会采取一种与他们各自独处时截然不同的方式。如果不是处在集体这种情况下，有些观念和感情是不会出现的，或者说是不会使它们自身转变成行动的。这种心理集体是一种由异质成分组成的暂时的存在，这些成分暂时地结合在一起，正如某些细胞经过重新组合成一种新的存在而构成一个生命体。这种新的存在表现了完全不同于每一细胞在单独情况下所具有的特征。弗洛伊德认为，个人组成集体，必然有一种把他们联合起来的纽带。这些纽带应该是集体特征的东西。

　　勒庞认为，心理的有意识生活比起它的无意识生活，只占有极其微小的地位。即便是最细致的分析者或最敏锐的观察者也只能发现极少量的决定他的行为的有意识动机。"我们的有意识行为是某种无意识的基质引起的。这种无意识的基质主要是由遗传影响在心理中形成的，它由无数代代相传的共同特征所组成，这些特征便形成了一个种族的天赋。在我们的行为背后有我们承认的原因，在这些原因后面无疑还有我们不承认的隐秘的原因，而在这些隐秘的原因后面依然还有许多我们自己也不清楚的更隐秘的原因。我们绝大部分的日常行为都是由我们尚未观察到的某些隐藏着的动机所造成的。"（西格蒙德·弗洛伊德，2000：95）勒庞认为，在一个集体中，个人的特殊的后天习性会被抹杀，因此，他们的个性也会消失，种族的无意识东西会冒出来，同质的东西淹没了异质的东西。几乎可以说，心理的上层结构——它在个人身上的发展显示出如此多的差别——将不复存在，而在每个人身上都相同的无意识的基础则显露出来。这和荣格提出的集体无意识有相似之处。荣格认为，"高出水面的一些小岛代表一些人的个体意识的觉醒部分；由于潮汐运动才露出来的水面下的陆地部分代表个体的个人无意识，所有的岛最终以为基地的海床就是集体无意识"（卡尔·古斯塔夫·荣格，顾良，1982：（1）：145-154）。集体无意识就是一种代代相传的无数同类经验在某一种族全体成员心理上的沉淀物，之所以能代代相传，正因为有着相应的社会结构。因此，了解集体，离不开分析社会文化对个体的影响。

　　集体情景下个体行为表现出一些异常，勒庞认为存在以下三个原因：①集体人数数量上的优势会让个体产生一种不可战胜的感觉，从而表现出一些内在的、无意识的行为。在独处情境中，这些行为是被压抑的，因为他必须为自己的行为负责，在群体情境下，这种责任感会降低。②群体其他成员的感染性，情绪具有传染性，最简单的是哈欠可以得到传染，当某个个体出现哈欠行为后，其他人会受到相应影响。③暗示感受性。

斯坦福大学心理系著名社会心理学家津巴多等人在 20 世纪 70 年代初进行了一场监狱模拟实验，最近也出现了该实验的电影版本。研究者在斯坦福大学心理系地下室建造了一座监狱，通过广告招募被试，每天给予其 15 美元的报酬，采用自愿参加的原则，然后对所有被试进行问卷施测，从中选取了 24 名相对成熟、情绪相对稳定且反社会倾向相对较低的应征者。当然，这些特征是在个人情境下表现出来的，在集体层次上，他们会不会一如既往地表现出个人特质，这也是该实验的一个重要目的。24 名被试被随机分为两组，第一组 6 人，充当监狱警卫，另外 18 人为第二组，充当囚犯。需要注意的是，充当警卫的人数很少，充当囚犯的人数是警卫的 3 倍。研究的一切处理都与真实监狱一样。实验开始时，"囚犯"被响着警笛的警车从家中带走，经搜身、换号衣、喷虱液、戴镣铐等手续后投进监狱。警卫发制服、警哨、警棍等用品，8 小时轮班维护监狱秩序。结果，原计划两周的实验到第六天就不得不终止。随着时间的推移，充当警卫与囚犯的被试无论在情绪上还是行为上，都变得越来越像真的警卫与囚犯。"囚犯"越来越显示出被动、依赖、压抑、无助、自贬等消极情绪与行为；"警卫"则显示出用污辱、威胁"囚犯"的非人道方式取乐，甚至罚"囚犯"做俯卧撑，拒绝他们上厕所的要求。被试的深层人格结构开始出现动摇。结果实验不得不提前终止。这一实验没有进行到底就结束，电影版本的结局出现了，就是场面失控，"囚犯"集体暴动，把"警卫"打败了。电影版本中有一个镜头值得深思，就是导致最终结果的是两个群体中的领袖人物之间的对抗。最后领袖人物的想法越来越多地得到群体其他成员的配合，做出的决策特别是警卫群体的决策越来越不理性，越来越极端。

到底是什么原因导致了被试发生如此大的改变？一个解释是角色模仿，被试越来越多地卷入自己扮演的角色中，形成不同的变化倾向，一方越来越像真的囚犯，另一方则渐渐成了虐囚的警卫。另外一个原因在于归因解释，即"警卫"的行为越来越恶化，但他们对自己行为的归因可能会是责任外推，认为自己之所以做出这种行为是实验的要求，和自己没有关系；"囚犯"也会这样解释自己的行为，认为自己是来扮演囚犯的，过一段时间就没有关系了，形成了群体性的压制应对风格，由于是群体性的规则，其他成员不得不遵守，尽管开始会有反抗，随着集体规范的形成，他们反抗的可能性逐渐降低。

勒庞对上述行为做出这样的解释，"今天我们已经知道，利用各种过程可以使一个人完全丧失他自己的有意识的个性，使他服从那剥夺他的个性的操纵者的所有暗示，而且还会做出完全不符合他的性格和习惯的行为。最周密的研究似乎证明，一个人在一个集体中活动了一段时间之后，很快会发现自己处在一种特殊的状态之中，它或是由该集体施加的磁性影响所造成，或是由一些我们还不知道的原因所造成。有意识的个性完全丧失了，意志和识别能力也没有了。所有的感情和思想都唯催眠师之命是从（这里的催眠师就是集体）。作为一个心理集体成员的个人，其情况与此类似。他已不再意识到自己的行为。他就像被催眠的人一样：在他的某种能力遭到破坏的同时，另外一些能力则可能得到高度的发展。在某种暗示作用的影响下，他会以不可遏制的冲动来完成某些行动，这种冲动对集体中的个人比对被催眠者显得更难以遏制。因为这种暗示对这个集体中所有的个人都有一样的作用，结果它通过成员之间的相互影响而被大大地加强了。我们发现，有意识的人格之消失，无意识的人格之占优势，情感和观念通过暗示和感染作用朝同一方向之转变，被暗示的观念之直接转化为行为的倾向，如此种种特点便是作为一个集体成员的个人身上所表现出来的主要特征。他已经不再是他自己了，而是成为一个不由自己的意志来指导的机器人。"（西格蒙德·弗洛伊德，2000：31）。弗洛伊德对勒庞的观点提出了质疑，认为他没有指出在集体中取代催眠师位置的人，这里的人应该就是领袖，或者称之为领导者。

五、群体偏见

在群体情境下，我们会认同本群体，认为自己所属群体很优秀，每个成员都很优秀，而对外群体成员一般有消极看法，这就是群体偏见。偏见的类型有民族和种族偏见、宗教偏见、文化偏见、性别偏见、地域偏见、行业偏见、能力偏见、外貌偏见、年龄偏见，这些偏见类型有一个共同特征，总是指向某个群体。我们有句古话，人以群分，物以类聚，一旦形成群体偏见，不同群体之间的分歧肯定增多，这对于群体合作必然产生不利影响。因此，摆在研究者面前的一个非常重要的问题就是，为什么会产生群体偏见？

对于群体偏见产生的原因，主要有以下解释（许靖，2010：39）。

第一种解释是现实冲突理论。该理论认为，内部人员是我们的群体成员，大家通过和平、规则、法律、政府和工业形成彼此之间的关系。而和外群体成员的关系却是一种战争和抢劫的关系。这种关系导致群体之间产生偏见，对于自己的群体要忠诚，为之牺牲；对于外群体成员要采取憎恨和污蔑的态度（Sumner，1906）。

第二种解释是群体间焦虑。所谓群体间焦虑是指在和外群体成员交流或者参与外群体成员的活动时，个体所感受的紧张、别扭甚至敌对等不愉快的体验。人们产生这种群体性焦虑，原因在于人们认为在与外群体成员交流时会给自己带来负面的影响。比如，个体常常产生的体验是：外群体成员是具有潜在的危害性；外群体成员可能会排斥或讥笑我们；内群体成员会排斥、讥笑和外群体打交道的人；我们没有掌握外群体成员的行为方式，一旦出现行为不当，自己会很尴尬；外群体对我们有偏见。个体产生上述观念，可能有以下两方面原因：一是缺乏与外群体的交流，总是以固定的观念（刻板印象）来看待外群体成员；二是个体可能之前有过与外群体交流的不愉快经历，产生了厌恶效应。

第三种解释是社会身份理论。社会身份，是自我概念的一部分，其形成和发展受到与自己有重要关系的内群体成员的影响，这些内群体涵盖了家庭、社区、学校、地域和国家等。个人会认为这些群体的形象代表自己的形象，所有群体特征加在一起，就表现出自己的人格特征。比如，别人说你所在的地方的人好，你会开心，说中国好，你会对别人的好感增强。一旦个体具有群体意识之后，他就会想方设法地寻找所属群体和外群体之间的差异，通过这种差异区分内外群体，形成对自己群体的积极评价。

第四种解释是社会支配理论。该理论认为，人类社会通常由一定的社会等级结构组成，也就出现了在资源和政治上相对占有优势的群体和劣势群体。优势群体持有的价值观代表了社会主流取向，从而表现出支配地位。劣势群体常常被忽略或者被压制，从而在社会中处于被支配地位。该理论有三个假设：人类社会存在等级现象是不可避免的；人类本身就具有产生社会等级机构的天性；社会在增强或削弱等级差异的力量中获得动态平衡。复杂的人类社会可以看作一个等级系统，处于较高地位的支配群体和较低地位的被支配群体构成了社会的基本等级结构。这种社会等级的稳固存在是由三个方面的因素造成的，分别是机构层面的歧视，指的是现存的法律制度、学校、公司等对有价值资源的不公平分配；个体层面的歧视，即支配地位的个体对被支配地位的个体的歧视；行为的不对称性，即处于支配地位的群体会更多地考虑自己群体的利益，而忽略被支配地位群体的利益。研究发现，高社会支配倾向的个体，相信并支持在个人和群体之间存在自然的等级关系，同时对提升自己的内群体地位十分感兴趣；而低社会支配倾向的个体，反对等级关系，更加支持社会公平。出现这种差异其实很容易解释：高社会支配倾向的群体在社会上处于支配地位，他们更容易考虑所属群体的利益，只有存在等级时，他们的利益才有保障；低社会支配倾向的群体在社会中处于被支配地位，他们想要得到某些利益，这一愿望的满足必须依赖于公平的机制。

六、类属性思维和相对剥夺理论

1. 类属性思维

所谓类属性思维，就是对社会群体和社会阶层的特征所做的归纳和总结。这里的特征是指特质，如身体特征、社会角色，甚至还包含某些特殊行为（黎岳庭等，2010：155）。对社会群体的类属性思维总是包含社会比较，比如，中国人勤奋指的是中国人比其他民族团体更勤奋。

例如，天堂是一个拥有美国房屋、中国食物、英国警察、德国汽车和法国艺术的地方。地狱则是拥有日本房屋、中国警察、英国食物、德国艺术和法国汽车的地方。这其实就是类属性思维的一个表现。

类属性思维的产生，遵循"评价（evaluation）—激活（potential）—正确（accuracy）"这一模式，即 EPA 理论。在评价维度上，我们对他人形成的类属性思维可能是积极的，也可能是消极的；在激活度上，可能是自动激活的，也可能是没有被自动激活的信息；在正确度上，类属性思维可能与实际情况相符，也可能与实际情况不符合（黎岳庭等，2010：169）。

当我们对其他群体形成消极的类属性思维的时候，彼此之间的合作就难以进行了。但需要关注的是这种类属性思维可能与事实不相符合，因此，加强群体之间的接触是减少群体偏见，增强群体合作的有效途径。

2. 从挫折—攻击模式到相对剥夺理论

20 世纪 30 年代，多拉德等人提出过一种关于攻击行为的理论，称为"挫折—攻击假说"。他认为，人类的攻击行为不是来源于攻击本能，而是遭受挫折所致。某些研究也证实了这一假说。但是在这一假说提出后不久，人们就提出了质疑。因为不管是人们的日常观察还是科学研究均表明，挫折并不总是导致攻击行为的发生，同时攻击的发生也并不总是以挫折为前提。一些研究发现，一些儿童在遭受挫折之后不但没有表现出攻击行为，反而经常表现出一种退缩或者放弃行为。还有一些实验研究表明，儿童在自己受挫折后或者观察过他人的努力受到挫折之后，他们不是攻击别人，而是变得更加努力。

因此，贝科威茨对"挫折—攻击假说"进行了修正。贝科威茨认为挫折并不直接导致攻击，它只为攻击行为的实际发生创造了一种状态或准备状态。攻击行为的实际发生还需要一定的外部引发线索，需要具备一定的条件。这一条件就是情绪唤醒变量。但贝科威茨并没有考虑认知过程对行为的调节作用，也没有对情绪唤醒产生的机制做出清楚的说明，因此，这个理论并不完善。

在此基础上，相对剥夺理论产生。相对剥夺论是由格尔从社会心理学的角度提出来的，使用相对剥夺感来解释人们为什么要造反。其主要是一种群体状态，指人们通过与参照群体的比较而产生的一种个人利益被其他群体剥夺的内心感受。格尔认为每个人都有某种价值期望（value expectation），而社会则有某种价值能力（value capacity）（赵鼎新，2012：78）。当社会变迁导致社会价值能力小于个人价值期望时，人们就会产生相对剥夺感。相对剥夺感越强，人们造反的可能性就越大，造反行为的破坏性也越强。他还根据价值期望和价值能力之间的关系，将相对剥夺感分为三种类型：①递减型相对剥夺感，是指如果一个社会中人们的价值期望预期没有变化，但社会提供某种资源的价值能力下降了，就会产生递减型相对剥夺感；②欲望型相对剥夺感，是指如果社会能提供的价值总量没有发生变化，但人们的价值期望变强了，就会产生欲望型相对剥夺感；③发展型相对剥夺感，是指当一个社会的价值能力和人们的价值欲望均在提高，但社会的价值能力由于某种原因而有所跌落，从而导致价值期望和价值能力之间的落差扩大时，就会产生发展型相对剥夺感。

此外，默顿（Merton）用参照群体概念描述人们在遭受剥夺时的心理感受时指出，当人们认为自己应该得到的利益而没有得到、自己期望得到的与实际得到的存在巨大落差时，就会产生被社会或他人剥夺了的心理感受。如果这种"被剥夺"的心理感受蔓延到境遇相同或相近的整个群体后，就会使更多的人产生对社会的不满和积怨，在条件具备的情况下，就可能采取集体行动报复社会。马皑（问卷调查）、张书维（实验法）等的实证研究表明相对剥夺感强烈的个体较其他个体更容易参与到集体行动中。

看下面这个问题：如果现在增加个人收入，有方案甲和方案乙两种方案。方案甲的主要内容是所有部门的工资收入都增加400元。方案乙的内容是你所属部门的人员工资增加600元，其他部门人员的工资增加800元，你会选择哪种方案？你认为其他人会选择哪种方案？结果发现，方案甲的选择比较多。为什么会这样？因为大家收入增加都一样，尽管方案乙个人收入增加了600元，但比其他人收入少了200元，所以我们宁愿选择甲方案。相对剥夺理论的核心命题是，人们经常会将自己目前的状况与自己曾经类似的状况或他人目前的状况相比较，如果发现自己得到的资源比应有的少，就会产生一种相对剥夺感，这种剥夺感导致的一个结果就是对其他群体或群体成员产生偏见，他们认为自己的不公平是外群体或外群体成员引起的，从而引起群体冲突。在美国，空军将领的工资水平以及提升的机会都比军事警察高得多，但 Stouffer 等人（1949）研究显示，相对于军事警察，空军将领对军事生活表现出更多的不满。针对这一现象，研究者提出了相对剥夺的概念。空军将领往往看到下属有更多的提升，而自己提升的可能性却相对较小，于是有了一种剥夺感，从而产生不满情绪；军事警察看到较少的人提升，他们不会产生一种剥夺感，因而满意度更高。格尔（1970）认为，相对剥夺正是集体暴乱的原动力，差距越大，越有可能产生动乱。Cantril（1965）进行了一项大规模的跨国调查，请被调查者简要说明与"理想"的生活相比，他们如何评价他们的过去、现在和未来的生活。格尔对其调查的 13 个国家中的相对剥夺平均得分（每个被调查者的真实等级和理想追求的差异即为相对剥夺的分数）与"骚动指数"关联起来（骚乱指数指的是同一国家城市暴乱事件的档案记载），结果发现，相对剥夺和内在骚乱呈强正相关。

剥夺产生反抗活动？还是偶然卷入某种集体活动带来了态度的改变？弗斯特和马瑟森 1995 年进行了一项研究，以期对其内在规律有所揭示。他们在行为问卷投放前一个月，收集了被调查者对其工作的观点（作为个人和集体的满意度或者剥夺感指标），行为问卷则调查了他们对于各种职业发展和集体抗议活动的涉入。结果发现，集体不满与罢工强相关。Kelly 与 Breinlinger1996 年的追踪研究表明，只有对女性群体强烈认同的个体，其相对剥夺和参加群体活动才稳定相关。因此，群体认同在相对剥夺转化为集体活动中发挥着重要作用。

格兰特与布朗在 1995 年进行了一项实验，被试都为女学生，要求她们想出增加女性参与高级大学职位的主意。参与这项实验她们的报酬为 10 美元，但不是所有的被试都可以得到 10 美元，这取决于另一个群体对她们行为的评价。因此，形成了两种情形：一半群体被告知她们得到了较低评价，因此只能得到 4 美元报酬；另一半群体则得到预期的 10 美元。这两个群体之间的态度出现什么变化？结果发现，剥夺群体（4 美元组）对另一群体（10 美元组）表现出更多的偏见，做出更多的贬损性评价，表示更不喜欢她们，并且更容易参加反对不公平判决的集体抗议。

剥夺感之所以形成，可能有两方面的原因。一方面来源于个体的期望不能获得满足；另一方面来源于社会比较，与其他人的比较形成剥夺感（许靖，2010：67）。

相对剥夺理论帮助我们理解社会不满会在什么情形下产生，当然也存在以下四个问题需要解决。

1）群体认同过程的作用，群体认同在相对剥夺和参加集体活动之间扮演的角色到底是什么？需要进一步进行研究。

2）不公平反应转换为集体抗议的一个重要条件是信念，或者是个体相信集体抗议会带来社会变迁的程度（Klandermans，1997）。柯兰德曼对荷兰工会的成员为什么不参加罢工的调查发现，尽管这些成员认为全面罢工可能会为工会成员带来明显利益，但近一半的非参与者认为自己参不参加的结果不会有太大区别，并且超过80%的人认为罢工的总体支持是无效的，或者说罢工会失败。因此，群体成员对其群体行动带来的改变的相信程度是一个值得关注的因素。

3）相对剥夺背后所感知的不公平的性质，是分配不公还是程序不公？这两种感受哪一种会导致群体行动？这必须关注。

4）我们会选择谁作为比较对象？这直接影响相对剥夺的感受。因此，这也是一个有意思的研究方向（布朗，2007：157-158）。

此理论对群体行为的解释也有局限，它较宽泛地解释了群体行为的发生，众所周知，社会歧视、不平等现象在任何社会都可能存在，但并没有都发生群体行为。另外，它从单一的某个方面解释了人们参与群体行为的可能性，而忽略其他因素的影响，虽然相对剥夺感是主要原因，但不是唯一的原因。

第二节　非理性视角下的群体行为理论

一、群体感染理论

该理论由勒庞提出，认为个体会相互影响，产生的情绪相互之间容易受到感染、启发，最后导致原本互不相同的个体在思维和行为方式上趋于一致，群体行为是人们情绪感染的结果。他在专著《乌合之众》一书中指出群体行为的特征表现为有意识人格的丧失和无意识人格的形成并占据主导地位。受情绪和观念的感染、暗示的影响，群体心理朝着某一方向发展，并将具有暗示性的观念即刻转化为实际行动的倾向。勒庞认为，群体心态表现出来的心理倾向是飘忽不定的，难以预料的，具有随机、易变的特征（勒庞，2016：52）。群体心态看似像情绪，实际上却是一种比情绪更深层次的情绪发生和发展的心理机制。在群体中，个人的文明程度降低，理性思考和自我控制减弱甚至消失。在感染的作用下，个体会被一时的冲动所主宰，卷入非理性的狂乱之中。

此理论的前提是人们容易受到暗示的影响，认为在大众情绪、行为的感染下，个体也会出现一致的情绪、行为，即个体已经表现出了去个性化的特点，其行为也趋于非理性。理论忽略了人理性思考的能力、自控能力以及其他的心理因素（如剥夺感等），也忽略了外界诱发因素的影响。

二、循环反应理论

在勒庞理论的基础上，Blumer 创造了集体行为形成理论，还在其理论中引入了社会学的结构变量，运用符号互动理论，对聚众形成过程的机制进行了专门阐述，聚众的过程也就是人与人之间的符号互动过程。并且申明他的理论仅适用于解释集体行为，而不能运用于解释社会运动和革命。他把这一过程称作循环反应（circular reaction）。循环反应过程有三个阶段：集体磨合（milling）、集体兴奋（collective excitement）和社会感染（social contagion）。第一阶段，一个群体中的个体体验到不安情绪后开始信谣传谣；第二阶段，随着不安定感的增强，以及人们之间的相互感染，产生群体共享的愤怒情绪；第三阶段，随着个体之间感染力和愤怒感持续增强，集体行为产生（赵鼎新，2006）。

此理论将群体行为看作一个循环体，人们通过符号的方式进行互动，而这个符号就是弥漫在个体之间的愤怒情绪。Blumer 着重解释了群体行为爆发前的心理准备状态，而忽略了群体行为过程中个体的心理状态及情绪变化情况。

三、模仿理论

该理论由 Tarde 提出，当人们面临突发事件时，往往会丧失理智和自我控制能力，并出于本能地相互模仿，去寻求与大众一致的行为，用以满足人们对安全感和归属感的需要。他在《模仿律》一书中，试图用"模仿"一词来解释集合行为的一致性。该理论还认为，多数人在面临突发事件或情境时会丧失自控能力，处于非理智状态，行为出现"还原现象"，人们本能地彼此模仿，寻求与在场的多数人一致的行为，由此导致群体行为的产生。

此理论更注重强调的是群体行为发生时，人们的行为受到他人的影响，出于本能地去模仿，但是并没有注意到群体行为发生之前，也就是群体行为在孕育过程中人们的内心状态。它与紧急规范理论一样，都强调了人们是迫于情境压力而采取与他人相一致的行为。

四、紧急规范理论

该理论由 Tumer 和 Killian（1987）提出，认为群体行为的发生，是在场的人群在情绪感染和行为模仿的情境下，感知到了指导他们在此紧急情况下的行为规范，并用共同的知觉来代替情感的扩散，从而使得他们的行动在某种程度上趋于一致，即群体行为的出现。此时，人群就变成了群体。这种规范并不是一般的社会规范，而是在紧急的场合下由情绪循环刺激而产生的，规范一旦被个体察觉，就会让他们感到一种规范压力，促使他们做出适宜的行为，并自我认为采取群体行为的方式是合乎规范的。

在紧急规范理论中，我们看到了从众（conformity）的影子，在模棱两可的环境里，少数人的行为被当成了新规范，其他人为了保证自己获得信息的正确性或希望被他人接受和喜爱，惧怕被拒绝而产生了从众心理，Aronson 论述的从众心理的两个特征在一定程度上支持了紧急规范理论。该理论强调包括意识形态和思想，愤恨情绪在内的共同心理是集体行为的产生条件。特纳分析的着重点在于个体如何达成一致的群体行为，理论体现的是一种动态的群体过程。

五、群际情绪理论

群际情绪理论认为，群体情绪是当个体认同某一社会群体，群体特征成为自我概念的一部分时，个体对内群体和外群体的情绪体验。也就是说这种情绪体验的对象包括内、外两个群体，它取决于个体对群体的认同程度。这种情绪体验处于群际水平，并且弥散于整个群体，有助于激发和调节群内、群际态度和行为。理论从情绪角度分析群体之间的关系，将个体层面的情绪评价理论扩展至群体关系领域，个体基于所属群体成员身份对面临的情景进行评价。当自己所属的群体受到来自外群体的威胁时，由此产生的不公平感和群体愤怒等群体情绪具有明确的指向性，容易导致对外群体的侵害行为。

该理论又从传统的非理性角度诠释了群体行为，关注到了情绪在该过程中的作用，但是该理论忽视了个体的理性主义取向，个体是否存在"投入—产出"的利益权衡呢，在理论中没有体现，因而不能全面覆盖所有的群体行为。

综上可见，这些理论或从情感、情绪等方面关注集体行动的影响，或从非理性角度分析参与者，将集体行动看作一种反文化或社会失范现象，强调不满情绪、挫折、怨恨等心理因素是激发集体行动的动力来源。其中，循环反应理论、感染理论和群际情绪理论都强调了情绪（愤怒）在群体过程中的作用，紧急规范理论和模仿理论则强调人们迫于压力，为保持与大众相一致的行为，而在有意或无意中采取了群体行为。

第三节　理性视角下的群体行为理论

一、资源动员理论

该理论由 Olson 提出，后经多名学者不断完善集合而成。它以理性选择为基础，成本—收益的权衡是集体行动理论的核心，认为社会运动是人们对资源动员理性选择的结果，人们追求的是利益的最大化，社会上可供社会运动发起者和参与者利用的资源大大增加，导致了集体行动的产生和发展。一项社会运动成功与否取决于资源总量的多寡以及组织化程度，资源总量越大、组织化程度越高，行动成功的可能性越大。这种理论的解释范式特别强调组织和资源在群体性事件生成中的重要性。

此理论注重从理性的角度关注个体对行动成本—收益的得失计算对集体行动的影响。从中观层面上关注集体行动的动员过程，将社会运动的参与者看作理性行动者，强调集体行动组织和社会网络是集体行动的关键，资源在行动的发起和发展中起到了重要作用（李婷玉，2011）。但是人们的行为总是那么理性吗？其实并非如此。有研究者认为资源动员理论过于结构化，较少关注个体对参与成本和收益的主观权衡，完全抛弃社会心理的分析水平，较少关注个体间互动而形成的动员（陈浩等，2012）。

以上理论分别从非理性与理性的视角或着重强调群体前期群体参与者的心理准备状态，或着重说明群体行为产生的机制，从多方面解释了群体行为。

二、群体行为解释模型

国外对群体行为的解释模型主要有工具理性和社会认同的双路径模型、工具理性和群体愤怒的双路径模型和群体行为的社会认同模型。近几年，国内学者对在不同理论基础上构建起的理论模型，试图进一步融合由不同类型因素建立起来的综合模型，形成了诸如群体行为诸理论的整合模型、群体行为的动员与组织机制、跨情境下群体行为的动因机制等解释模型。

1. 工具理性和社会认同的双路径模型

Simon 和 Stürmer 人提出计算和认同的双路径模型：计算路径主要强调个体对参与成本和收益的计算，受工具理性引导；认同路径主要强调个体对所属群体成员资格的认知、评价和情感等方面的重要性，受社会认同引导。两种路径都能够预测群体意向，并且计算路径受认同路径的调节，即社会认同能够调节个体对成本和收益计算结果的主观感受（Simon & Stürmer，2003）。

模型认为群体愤怒不再是一个变量而是一个常量，因为它普遍被群体成员感受，所以没有在模型中显示出来，而是凸显了社会认同的作用，将其作为另一条路径。

2. 工具理性和群体愤怒的双路径模型

Van Zomeren 等（2004）提出工具理性和群体愤怒的双路径模型。工具理性路径包括群体效能和行动支持两个变量，其中，行动支持代表了个体对他人投入集体行动意愿强烈程度的主观估计。群体愤怒路径中包括不公平感和社会观点支持两个变量，其中，不公平感的激发有程序不公平和结果不公平两种，而程序不公平要比结果不公平更易激怒人们，由此产生的不公平感会更加强烈；社会观点支持指成员本身预期他人一起分享不公平感的意愿。

较工具理性和社会认同的双路径模型而言，该模型强调群体愤怒情绪，有学者认为这样能够很好地解释"搭便车"问题，情绪是不可能"搭便车"的。

3. 群体行为的社会认同模型（SIMCA）

群体行为的社会认同模型由 Van Zomeren 等（2008）对相关文献进行分析后提出。该模型指出群体认同、不公正及效能感对群体行为的重要预测作用。而不公正感、效能感作为前因变量调节个体的群体认同感，能够较好地展示三者之间的相互关系，如图 2-1 所示（陈浩等，2012）。

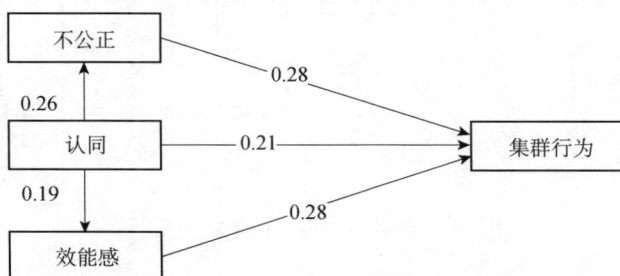

图 2-1　整合的集体行动社会认同模型（SIMCA）

注：图中数字（0.26，0.28，0.21）代表路径系数

该模型可以看作对前两种双路径模型的差异点进行的整合，将群体愤怒（即不公正感的情绪体验）和认同都融入模型中，此外还增加了效能感。只是没有提及前两个模型中的工具理性路径，极有可能忽略了其他因素对群体参与的影响。

4. 群体行为诸理论的整合模型

乐国安等（2010）以群体行为的发展脉络为主要框架，从"微观—宏观"以及"理性—非理性"的角度对相关理论进行整合，其整合模型如图 2-2 所示。模型分为四个模块，其中模块①主要介绍群体行为（特别是具有一定组织和行动目标的群体行为）的发生阶段中可能涉及的社会背景、心理过程和内在机制；模块②主要是群体行为发展扩大的可能途径，以及一些相对无组织和无明确目标的群体行为（如流言、谣言、恐慌、灾后行为等）的发生、发展过程；模块③主要说明了少数积极分子如何通过行动动员让更多的人参与到群体行为中，而其他人在经历了博弈、控制转让或社会认同等心理活动后如何进行决策，乃至形成共同的信念与行为；模块④主要介绍社会控制和干预如何通过群体成员的新社会认同或博弈过程，以及减压阀等机制，促使事态平息或进一步扩大，乃至发展成社会运动。

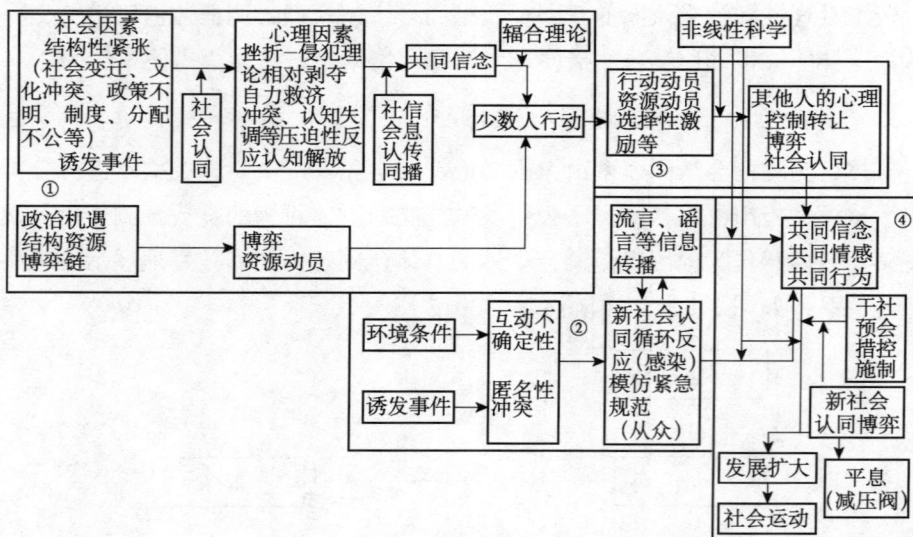

图 2-2 群体行为诸理论的整合模型

5. 群体行为的动员与组织机制

张书维、王二平（2011）将群体行为的群体相对剥夺、群体认同、群体（愤怒）情绪和群体效能等动员机制和速生规范、谣言和去个体化等组织机制进行有机结合，提出了群体行为的动员与组织机制（图 2-3）。该模型指出群体相对剥夺是群体行为产生的前提，为群体行为的爆发提供了群众基础。群体认同能够调节成员的群体相对剥夺感，是群体行为的动员中枢。在群体认同作用下的群体（愤怒）情绪和群体效能则为群体行为提供动力。其中，愤怒感的增强离不开谣言的作用；速生规范的形成则有助于提高成员的效能感。另外，较强的群体愤怒负性情绪易滋生谣言，较强的群体效能也利于速生规范的出现。谣言为速生规范的传播提供渠道，速生规范则使谣言更容易被人群接受。最后，去个体化为群体行为的持续发展提供了适宜的心理氛围，导致部分成员的群体行为表现得更加大胆和极端。

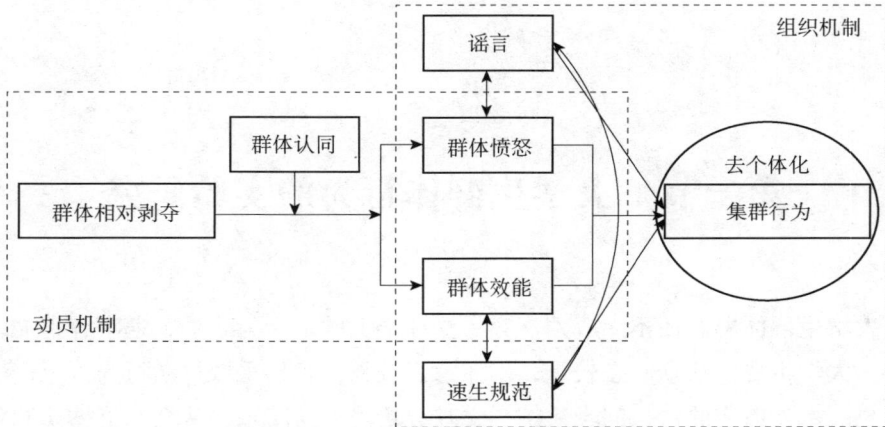

图 2-3　群体行为的动员与组织机制整合模型

张书维等（2012）以群体行为的动员与组织机制研究为基础，结合双路径模型，提出了群体行为的动因机制（图 2-4）。研究通过实验室情景设计的方法，考察了不同情境下群体相对剥夺如何通过群体认同作用于群体行为，以及群体愤怒和群体效能对群体行为的影响。研究结果证实了在不同情境下群体行为的动因机制是有差别的：同一触发情境下，群体认同调节群体相对剥夺—群体行为（意向）之间的关系；不同触发情境下，群体认同对群体相对剥夺与群体行为意向的调节作用出现差异；此外，群体愤怒与群体效能对群体行为意向的影响在不同情境下也有区别。

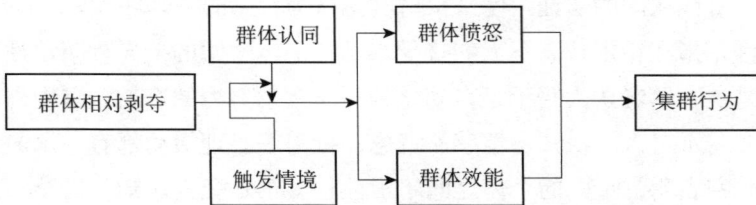

图 2-4　跨情境下群体行为的动因机制

第三章

大学生群体行为的实证研究

第一节　大学生群体行为的实验研究

　　大学生群体思想还不太成熟，容易受社会上的暗示与鼓动，遇事容易冲动。另外，大学生群体从众心态较重，群体意识较强，容易采取过激行为以至产生不良后果。本文以实验法、问卷法结合文献分析法，从暗示、从众、群体认同角度出发考察了大学生参与群体行为的意愿与行为之间的关系。

　　大学生群体作为接受新思维较为活跃的群体，大都处在青年早期，这一群体的知识结构和社会阅历方面差别很大，在全球化浪潮及社会改革关键期，容易受社会思潮的影响，迷失方向。同时在心理认知上还不成熟，自我约束性不强，在社会认同中失去自我。

　　一系列的研究表明，暗示、从众、群体认同是参与群体行为的重要心理因素。但大多数研究者多在理论建构上分析了暗示、从众、群体认同对群体行为的影响，暗示、从众、群体认同如何影响群体行为的实证研究还较少，因此，本书拟从暗示、从众、群体认同的实证角度来探讨群体行为背后的心理因素。

　　暗示性是指在特定状态下人们接受暗示的个体之间的差异。暗示性反应的一个特点就是被暗示者认为暗示是自动化的、非意志努力的产物。国内外许多相关研究表明，暗示对人的认知、情感、意志、行为等心理活动都有一定的影响。另外，也有研究表明，不同的个体之间暗示性程度正是受其认知、情感、意志、行为及个性等方面差异的影响；在某一群体中，其群体暗示性程度往往还会受到某些共同的因素影响。唐安平等（1995）研究表明女性的暗示性明显高于男性。詹启生（2000）研究证实大学生群体中独立性很强的人往往不容易受到暗示的影响，权威的暗示比群体的暗示效果更显著。

暗示的方式多种多样，一般涉及个体的视觉、听觉、嗅觉、触觉、温度觉等感觉方面。个人的词语和语调、手势和姿势、表情和眼神及动作等，都可以成为传递暗示信息的载体。暗示的效果取决于多种因素。暗示者的社会地位越高，或者威信越高，他人越容易受暗示；个体在不明情况或在困惑和焦虑的场合，也很容易接受暗示；年龄幼小、身体衰弱者和缺乏独立性格的人，也易受暗示。此外，持久反复的暗示、对象和目标清晰的暗示、暗示者发出的刺激与被暗示者的心理状态的一致性，都将增强受暗示性。

社会心理学研究认为，群体对个体的影响主要是受到"感染"的结果。处于群体中的个体几乎都会受到一种精神感染式的暗示或提示，在这种暗示下个体会潜意识地产生这样一种信念：多数人的看法比一个人的看法更值得信赖。因此，暗示者群体的数目会对暗示效果产生较大影响，或者说暗示所形成的舆论力量的大小。暗示得当，就会"迫使"个人行为服从群体行为，使得个体产生从众行为。法国社会学家勒庞认为群体是完全可以通过暗示被塑造的，恰恰是记忆和暗示在群体的心理机制中起着关键性作用。冯国栋（2011）以家乐福事件为例，分析了大学生群体在暗示与感染机制作用之下群体成员相互模仿，相互影响，导致群体行为发生。

从众是个体在社会群体压力下，放弃自己的意见，转变原有的态度，采取与大多数人一致的行为，从众俗称随大流。郑欣（2000）认为从众是一种特殊性质的行为现象，是行为个体对周围人行为的消极认同，是一种盲目服从，在群体行为中其过程是使个体行为消解，其结果是个体行为本身价值的丧失。人们所表现出的从众行为是对规范和多数人的遵从，在群体行为中则表现为对群体压力的服从。这种一致性行为，是保全自己的一种消极性行动方式。

具体来说，之从众行为的产生是由于人们寻求社会认同感和安全感的结果。在社会生活中，人们通常有一种共同的心理倾向，即希望自己归属于某一较大群体，为大多数人所接受，以便得到群体的保护、帮助和支持。此外，对个人判断力缺乏信心，认为多数人的意见值得信赖，试图按其他成员的期望行事以博得大家的欢心或承认，也是从众行为产生的另一重要原因。

影响个体从众行为的因素一般有：①群体人数。实验研究表明，群体人数为7~8人时，成员易从众。②群体的吸引力。群体对成员吸引力越大，成员越容易从众。③成员在群体中的地位。地位低的成员容易从众。④与自己类似地位的成员从众与否。⑤群体内他人的行为。周围人们的反从众会抑制群体成员的从众。⑥个人心理特点。重视社会评价、易激动、对社会舆论敏感的人易从众。另外，智力低、自尊心弱的人也容易从众。谢里夫和美国社会心理学家阿希分别利用游动错觉和线段判断实验对从众心理进行了研究。表明情境的模糊性和他人确定行为或态度的明确性是从众行为发生的直接外部原因。

冯国栋（2011）认为大学生群体是一个年轻的群体，他们往往注重事物的感知，而非理性的分析。这使得大学生群体很容易出现无意识的从众，丧失自己独立思考的能力，从而成为从众的牺牲品。

与招募到的被试约定时间，在同一教室中逐个由同一主试发放问卷给予操作性测验，暗示性实验材料由 PPT 呈现，每张图片仅呈现 1000ms，按要求完成暗示性实验后，接着完成问卷的其他部分，总时间为 5～10 分钟。全部完成后向被试讲明研究目的，取得被试理解。

按照评分要求严格评定，将测验最终收集的数据录入计算机并整理。为了了解被试能否猜测出本次测试的真实意图，最后对被试认为的研究目的进行了词频统计分析。

自编暗示性图片材料（包含暗示高低水平的图片），群体认同问卷借鉴丁琳的大学生群体认同度普通大学问卷（可以区分高低水平）、从众问卷（可以区分高低水平）及群体意愿问卷采用自编问卷。

被试共 32 名，均为某大学辅修应用心理学专业的学生，视力及矫正视力正常。其中大二 21 人，大三 11 人。男性为 2 人，女性 30 人，被试性别上有待平衡。年龄均在 18～24 岁。

对从众问卷进行 KMO 系数检验，KMO=0.645，可以接受，接着 Bartlett 球形检验，值为 157.671（$df=66$，$p=0.000$）$p<0.01$，适合做主成分分析，得出贡献率为 63.5%。对群体认同、群体意愿自编问卷分别进行主成分分析，得出群体认同问卷的总方差解释度在 73.2%，对群体意愿与行为问卷进行主成分分析，得出贡献率为 74.8%。

一、从众与群体认同

由表 3-1 可以看出从众与群体认同显著相关（$r=0.387$，$p<0.05$），这说明容易从众的人如果把个体自身归为某一群体，其群体认同度会更高，越容易受群体内部影响，在群体内部出现从众行为，使得个体在群体行为中更容易表现出对群体压力的服从，引起群体极化，导致偏激行为的发生。特别是在网络群体行为的发生过程中，网民意见的一致性往往会成为网民聚集在一起的一个重要因素。对事件相同或相似的看法使得松散的网民聚集，形成关于事件的"群体思维"，这种思维使得网民在网络及现实生活中实施一系列的群体行为，造成一定的社会影响。

表 3-1　群体认同和从众之间的关系

	群体认同
从众	0.387*

注：*表示 $p<0.05$；**表示 $p<0.01$；***表示 $p<0.001$，全书同。

二、暗示与群体认同、群体意愿

表 3-2 显示暗示与群体认同程度高度负相关（$r=-0.604$，$p<0.01$）。合理的解释是群体认同度越高越容易受到群体内暗示，而对群体外暗示呈现排斥态度。

表 3-2　暗示与群体认同关系

	群体认同
暗示	−0.604**

表 3-3 显示暗示与群体意愿呈现负相关（$r=-0.445$，$p<0.05$）。这与一般的情况不太符合，能够解释的可能是当群体意愿强烈的时候，个体容易出现去个体化，丧失自我意识。

表 3-3　暗示与群体意愿关系

	群体意愿
暗示	−0.445*

三、群体意愿与从众、群体认同

表 3-4 显示从众与群体意愿呈现高相关（$r=0.451$，$p<0.01$）。这表示越容易从众的个体会在群体认同的情况下更容易出现参与群体行为。当人们面临突发事件或置身于聚合行为中时，常规的处事原则已无法应付眼前的变故，多数人失去了平时的行为准则，判断是非、自我抉择的能力衰减，在行为上力求与多数人保持一致，以求得心理上的安全感、支持感和保护感，避免其他人的指责。从众使得个体在参与群体行为时出现盲从，以至于很多时候，参与群体的个体会事后惊讶于自己做出的一些过激行为。

表 3-4　群体意愿与从众

	从众
群体意愿	0.451

表 3-5 显示群体认同和群体意愿显著相关（$r=0.436$，$p<0.05$）。这表明群体认同度越高越有可能参与到群体事件当中去。群体认同对群体行为的这一预测作用已在学生运动及有关实验室生成群体的研究中得到证实。群体认同增强了群体事件参与意愿，进一步强化了群体认同。参与意愿导致实际参与行为，参与行为又增强了群体认同。群体认同、群体事件参与意愿和实际参与行为之间可能是一种相互增强的影响机制。

表 3-5 群体意愿与群体认同

	群体认同
群体意愿	0.436*

最后，为了了解被试是否知晓本次实验的真实目的，对被试所回答的"你是否了解本次研究的目的"文本文字进行了简单的 ROST 词频分析。结果发现，前5 个最高词频分别是大学生（17）、网络（14）、社会（11）、态度（8）、参与（7），提到"从众"的有 6 次，而提到"群体"词频仅为 2，"认同"也仅为 2。这说明被试总体上并不能知晓实验的真实目的。但因为问卷标题是"社会态度调查问卷"，使得"社会"及"态度"两者词频也较高，这能否说明被试同样受到暗示，有待讨论。并且首先是大学生群体认同的问卷，最后是关于网络群体的问卷。使得最后"大学生"及"网络"词频最高，这是否说明被试容易受到首因效应及近因效应影响也有待讨论。

从众与群体认同及群体意愿有很大的相关性，从众心理越明显，越容易参与群体行为。群体认同和群体意愿有相关，群体认同度越高越容易出现群体行为。而暗示与群体认同和群体意愿出现负相关，这可能是暗示的材料与群体内意愿不一致导致的。群体内暗示容易出现群体意愿，而群体外暗示则要根据具体外部刺激来判断。

第二节 大学生群体行为影响因素的实证研究：两个群体的比较

Ajzen 和 Fishbein 指出："在难以获得实际行为时，行为倾向是与行为最接近的变量"（Ajzen，Fishbein，1978），因而本书使用群体行为倾向作为群体行为的参考指标。群体参与度又分为了三个水平，此分类参照了王兵《社会认同感与社会参与及其测量》一文中对公众参与的分类方式，其中，"关注"是低程度的参与，"交流与表达"是中等程度的参与，"行动"是高程度的参与，目的是更加详细地考察动员机制中这些因素对群体行为的影响，尽可能地展示群体行为发生和发展的概况。

　　以往研究发现，基于群体水平的剥夺感、群体认同对群体行为有重要作用。因此，通过施加不同的实验条件操纵被试的群体相对剥夺感、群体认同，从而更深入地探索群体相对剥夺与群体行为倾向、群体参与度的因果关系并考察影响被试群体相对剥夺的潜在因素变量。我们认为，这些变量之间存在以下关系，具体见图 3-1。

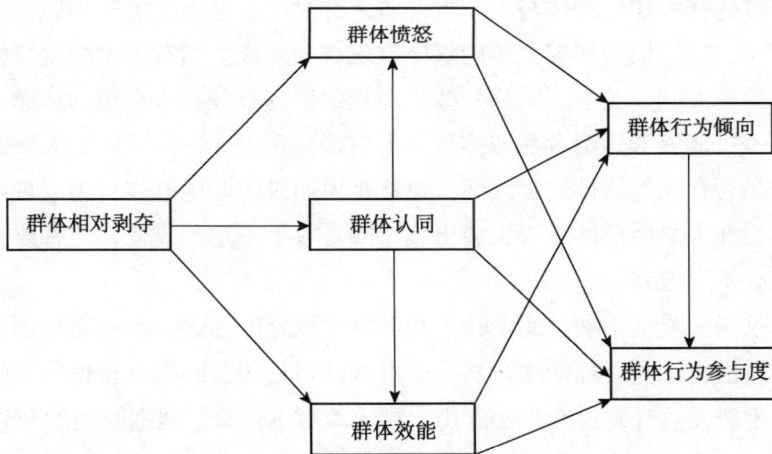

图 3-1　理论模型（变量关系图）

　　群体认同主要以社会认同理论为基础，强调个体将群体成员身份融入自我概念，其融入程度的多寡会影响个体将群体共同目标作为自己目标的程度。在诸多研究领域中，已证实群体认同对群体行为的预测作用。Van Zomeren 等人（2008）的研究证明了群体效能和群体行为意向之间的关系受到群体认同的调节作用，即在群体认同不凸显的被试身上，如果他的群体效能高，参与群体行为的意愿也会提高。群体效能反映的是群体成员对本群体所拥有的能力、资源等方面的主观评价或认知，并以此形成一种能否实现群体目标的信念，即便是在群体认同较低的情况下，高群体效能感的个体也会参与到群体行为当中。群体相对剥夺以剥夺理论为基础，剥夺感的产生同样来自个体的主观评价或认知，这其中往往伴随着情绪的产生，特别是愤怒情绪。虽然剥夺感的出现并不必然导致群体行为（可能还受个体应对方式等因素的影响），其对群体行为具有一定程度的预测作用，但是由剥夺感引发的愤怒情绪则会增加个体参与群体行为的可能性。正如上文提到的，群体愤怒情绪提高了个体参与群体行为的冒险性，使之采取更加激进的方式行动。而在相对剥夺感程度相似的情况下，群体认同高的个体比群体认同低的个体的参与群体意愿要强（贾留战等，2011）。基于此，本书将群体相对剥夺视为前因变量，群体认同等作为基础变量，共同来探讨个体参与群体行为的影响因素。

在理论分析的基础上，通过情景模拟问卷收集数据，数据区分为中职生和大学生两部分。其中，将中职生群体的数据与大学生的数据进行对比，查看两类人群在群体行为上是否存在差异。之后，运用中职生的数据检验研究假设模型，考察实际数据与模型拟合效果。

之所以选择中职生群体与大学生群体进行对比，是因为关于中职生群体行为的研究较少，以他们为研究主体能够丰富现有的研究。相对于中职生群体，大学生群体年龄稍大些，其学识更高一些，而且他们的心理状态也更为成熟。以此作为对比，不仅能够考察两者在群体行为上是否存在差异，而且能够考察两者在群体行为上是否存在连续性或延续性，也就是说如果中职生群体行为表现出一定的规律，那么在大学生群体是否也会出现，或者有了一定的改变，这种改变到底是好是坏还有待于考究。

研究采用实验法（被试间设计）和问卷法结合的形式。本书通过创设一定的情境引起被试的不同心理活动，然后要求被试填写相关问卷以获得研究数据。其中，中职生研究总计发放问卷 285 份，剔除填写不认真、数据缺失的问卷 16 份，剩余样本中无人猜测到本研究的目的，故有效问卷为 269 份，问卷有效回收率约为 94.39%。大学生研究总计发放问卷 100 份，剔除数据不全问卷 1 份，剩余样本中无人猜测到本研究的目的，故有效问卷为 99 份，即问卷有效回收率为 99.00%。

本书所用的中职生实验材料分为真实新闻材料两则及诱导材料（报道一、报道二），其中真实新闻材料为网上选取的新闻报道。在不改变其原意的情况下对这些新闻报道进行适当删减，两则新闻报道的字数要尽量相同。特殊群体认同凸显组被试和一般群体认同凸显组被试分别阅读两种不同性质的真实新闻报道，其中特殊群体认同凸显组被试阅读一则中职生群体利益受侵犯的新闻（《合肥一中职院校违规收取学生学费被举报 省厅责令立即整改》），一般群体认同凸显组被试则阅读中性话题的新闻（《教育部"六个严禁"规范中职招生》）。诱导材料中报道一（《何时德宏州中职生直升本科院校就读成现实？》）的原型均来源于网站新闻，对其进行简化后加上一段诱发被试不同程度剥夺感的材料；报道二则是根据报道一编写表示不同水平效能感的情境材料，并附上统计图表。

本书所用对大学生实验材料分为真实新闻材料及诱导材料，其中真实新闻材料为网上选取相应的新闻报道，在不改变其原意的情况下对这些新闻报道进行适当删减，两则新闻报道的字数要求尽量相同。特殊群体认同凸显组和一般群体认同凸显组的被试分别阅读两种不同性质的真实新闻报道，其中特殊群体认同凸显组被试阅读一则大学生被工作人员打伤的新闻（《大学生景区卖玩具被打伤》），一般群体认同凸显组被试则阅读中性话题的新闻（《湖北高校招生政策公布 本科填报均实行平行志愿》）。诱导材料中报道一（《建"就业黑名单"是否公平？》）的原型均来源于网站新闻，对其进行简化后加上一段诱发被试不同程度剥夺感的材料；报道二则是根据报道一编写表示不同水平效能感的情境材料，并附上统计图表。

问卷涉及的自变量为群体认同、群体相对剥夺感、群体愤怒、群体效能感，因变量为群体行为倾向和群体行为参与度。其中，群体认同区分为特殊群体认同和一般群体认同，群体相对剥夺感和群体效能均分为高、低 2 个水平，群体行为参与度分为关注、交流与表达和行动 3 个水平。除测量各相关变量的题项之外还涉及几道相关掩饰性问题，问卷主体部分共 24 题。

问卷采用 6 点 Likert 式量表对各项陈述进行评定（从 1 代表"非常不同意"至 6 代表"非常同意"），涉及的 6 个变量的测量题目根据已有国外文献进行翻译。

群体认同包括 4 个题项，用于自变量操纵检验，如"我认为自己是（A 校）中职生群体中的一员"，"我认为自己属于（A 校）中职生群体"，"我以（A 校）的中职生群体为荣"等。分值越高，表示群体认同感越强。

群体相对剥夺感包括 4 个题项，用于自变量操纵检验，如"某地的中职生学习等各方面条件都不如其他省市的中职生"，"某地的中等职业教育就是应该得到国家更多的财政支持"，"要是有相关的政策支持，某地的中职生有更好的发展前景"。分值越高，表示群体相对剥夺感越强烈。

群体愤怒包括 3 个题项，用于自变量操纵检验，如"我很气愤某地的中职生没有直升本的机会"，"我对某地关于发展中等职业教育的态度感到愤怒"等。分值越高，表示群体愤怒越强。

群体效能感包括 3 个题项，用于自变量操纵检验，如"我认为，我们的一致反对能够引起政府对中等职业教育的重视"，"我认为，我们能够一起成功地捍卫自己的合法权利"。分值越高，表示群体效能感越强。

群体行为倾向包括 1 个题项（张书维等，2012），即"你在多大程度上愿意参加此次的联合签名活动？"选项从"1 非常不愿意"至"7 非常愿意"，分值越高说明参与群体行为的意愿越强烈。

群体行为参与度包括 7 个题项，分 3 个水平。如"我会主动从他人那里了解"保护中职生平等升学权利联合签名活动的最新消息"，"我非常愿意在微博上就此事发表自己的意见与评价"，"我愿意做些什么来改变现在中职生直升本机会不平等的局面"，"我会邀请他人参加此次的联合签名活动"。分值越高，表示群体行为参与程度越高。

研究采用 2（群体认同：A1 特殊群体认同，A2 一般群体认同凸显）×2（群体相对剥夺：B1 高，B2 低）×2（群体效能感：C1 高，C2 低）被试间设计。

被试被随机分配到 8 个实验条件下，被试均在教室完成作答。整个实验期间被试均独立活动，单独阅读材料填答问卷，在实验过程中无互动，施测环境安静并无其他干扰。每种实验材料的被试人数如表 3-6 所示。

表 3-6   实验材料种类及被试人数

实验材料种类	数量/份	实验材料种类	数量/份
A1B1C1	39	A2B1C1	22
A1B1C2	36	A2B1C2	34
A1B2C1	38	A2B2C1	27
A1B2C2	35	A2B2C2	38

具体施测步骤为：

首先，对被试进行群体认同显著性的操纵。该步骤借鉴了 Van 等（2008）及张书维等（2012）对群体认同显著性的操纵方式：要求被试描述并写下"作为×大学学子（高校学子），您的一周是怎样度过的？"来区分特殊/一般群体认同凸显组，之后两组被试再分别阅读印有"一名×大学学子（高校学子）一天之内必做的五件事"资料后填写由群体认同操纵检验及几道填充问题组成的问卷。但本研究没有要求被试做相关描述，而是直接使用不同的阅读资料进行群体认同显著性的操纵：特殊群体认同凸显组阅读中职生群体利益受侵犯的新闻《合肥一中职院校违规收取学生学费被举报 省厅责令其立即整改》；一般群体认同凸显组阅读中性话题的新闻《教育部'六个严禁'规范中职招生》。被试阅读完毕之后，填写由两道填充题和群体认同操纵检验组成的问卷。

其次，对被试进行群体相对剥夺的操纵。将诱发材料《何时德宏州中职生直升本科院校就读成现实？》发给被试，其中高相对剥夺水平为，还未全面实行中职生可以直升本科院校就读的政策，仅有少数专业有这样的升本资格。职业教育低学历时代依然没有结束，享受不到与其他省市同等的待遇。领导并未重视本州中职生的升本问题；低相对剥夺水平为，实行中职生可以直升本科院校就读的步伐缓慢，仅有少数专业有这样的升本资格。在职业教育低学历的时代将慢慢结束，要享受到与其他省市同等的待遇仍需等待。虽然领导重视本州中职生的升本问题，但是实施的效果并不尽如人意。该操纵方式借鉴了 Guimond 和 Dambrun（2002）及张书维等（2012）的研究范式。被试阅读完该材料后，填写包括群体相对剥夺和群体愤怒题项的问卷。

再次，呈现触发情境材料，材料中用文字及图表结合的形式向被试介绍了不同学生针对"中职生升本"问题的看法，以及对能否通过努力改变这一问题的态度。同时材料中也介绍了有学生通过微博、联合签名等形式维权。被试在阅读完毕后，填写包括群体效能、群体行为倾向、群体参与度问卷、基本的人口学资料，以及对实验意图的猜测题项。待被试填答完毕后，回收问卷。

最后，向被试说明真实实验目的，并求得被试谅解。

一、中职生群体行为规律

被试为 269 名云南省德宏州中等职业学校在校学生。年龄在 14～21 岁（M=16.59，SD=1.011），男生 91 名，女生 178 名。实验采用单盲设计，被试在"中职生利益现状调查"研究项目的名义下自愿参与。被试具体情况如表 3-7 所示。

表 3-7　被试分布情况

变量		N	P/%
性别	男	91	33.8
	女	178	66.2
民族	汉族	126	46.8
	少数民族	142	52.8
生源地	城市	22	82.0
	农村	232	86.2
年级	一年级	127	47.2
	二年级	142	52.8

注：被试在填写人口学变量时存在缺失现象，具体情况如下：①民族，缺失 1 个值，占 0.4%；②生源地，缺失 15 个值，占 5.6%

（一）男生群体相对剥夺感水平明显高于女生

为了比较性别、民族、生源地和月生活费等人口学变量在通过相关材料操纵之后被试的差异，进行了单因素方差分析。发现不同性别的群体相对剥夺感存在显著差异（p=0.001），男生的群体相对剥夺感均分高于女生，也就是说男女生在面对同一事件时，男生更加容易感知到剥夺感。在其他变量上，性别不存在显著差异，他们的群体认同感和群体愤怒群体效能感趋于一致，相差不大（表 3-8）。

而不同民族、不同生源地的被试在群体认同等变量上的差异性均不显著；无论是月生活费高、月生活费低还是中等水平的被试在四个变量上亦无显著差异。这就说明了个体的身份在某些事件中并没有对群体认同等产生很大影响，但是如果是在诸如民族问题的认同测量上，民族这一人口学变量肯定会存在显著差异。同时，这从侧面说明了不同类型的群体事件可能受到不同身份认同的影响，因而在研究时就特别需要注意不同的群体类型。

表 3-8　性别在各自变量上的差异分析结果

变量	性别	M	F	p
群体认同	男	4.698	2.646	0.105
	女	4.933		
群体相对剥夺感	男	4.415	10.622	0.001
	女	4.111		
群体愤怒	男	4.007	0.125	0.723
	女	3.959		
群体效能	男	4.205	0.050	0.824
	女	4.234		

由中职生的数据分析结果可知群体认同感在性别这一维度上差异不显著，但男生的均分都比女生低。

中职生数据中，性别这一人口学变量在群体相对剥夺感维度上存在差异，男生的剥夺感高于女生，表明中职男生在做出社会比较后比中职女生更易产生被剥夺感。

另外，将性别、民族、生源地和月生活费等变量与群体行为倾向、群体参与度及其三个水平分别进行差异性分析。结果显示，不同性别的被试在群体行为倾向等维度上男女生的得分均偏高，表明他们对是否参与群体行为持肯定态度。男生在这些维度上的均分都大于女生的分数，但是两者之间的差异不显著（表 3-9）。

表 3-9　性别在各因变量上的差异分析结果

变量	性别	M	F	p
群体行为倾向	男	4.912	2.706	0.101
	女	4.584		
群体参与度	男	4.328	2.265	0.134
	女	4.176		
关注	男	4.451	0.224	0.636
	女	4.390		
交流与表达	男	4.154	3.692	0.056
	女	3.871		
行动	男	4.363	1.196	0.275
	女	4.236		

民族、生源地及月生活费等变量在各因变量上也不存在显著差异。由此可知，不管被试是少数民族学生还是汉族学生，不管其来自城市还是农村，月生活费高还是低，在群体认同、群体相对剥夺感等维度上不存在显著差异，因而在群体行为倾向与群体参与度上也没有显著差异。群体行为倾向等更多是受个体的群体认同感、剥夺感等因素的影响，与个体的这些自然属性不存在显著相关。

（二）二年级学生需要引起关注

通过分析年级与各变量之间的差异，发现不同年级学生在群体相对剥夺感、群体愤怒上和群体效能都存在显著差异（均为 $p=0.000$），中职二年级学生在这两个变量上的得分均高于一年级学生，二年级学生比一年级学生更易感知到剥夺感和体验到愤怒情绪，而且他们对于改变群体现状的信念要高于一年级学生，即他们的群体效能感较强。年级在群体认同维度上无显著差异，但是二年级学生的得分还是稍高于一年级学生，说明学生对学校的认同程度不因年级而存在差异，都是维持在一个相对一致的水平上（表 3-10）。

表 3-10　年级在各变量上的差异分析结果

变量	年级	M	F	p
群体认同	一年级	4.827	0.132	0.716
	二年级	4.877		
群体相对剥夺感	一年级	3.967	30.054	0.000
	二年级	4.435		
群体愤怒	一年级	3.714	15.368	0.000
	二年级	4.209		
群体效能	一年级	4.066	6.114	0.014
	二年级	4.366		

中职生数据中，年级在群体相对剥夺感、群体愤怒和群体效能感这三个维度上都存在显著差异。对于二年级学生来说，"升本"问题更为突出，他们会给予更多的关注，当得知"升本"机会因某种原因而大大减少时，内心的剥夺感会油然而生，并因此产生了愤怒情绪。一年级学生可能刚入校，还不知晓"升本"对于一个职业院校学生的重要意义。面对通过努力能否改变目前所属群体的不利地位或是不公平对待时，二年级学生也比一年级的学生表现出更大、更强的信念，相信通过群体力量能够解决这些问题，他们的效能感强。年级在群体认同维度上没有达到统计学的显著水平，而在以往的研究中，有区分过不同年龄层次的个体在群体行为倾向上的差异，得到这样的结果：年龄层次与群体认同存在显著差异。本研究的结果与已有研究结果不一致，可能与研究所选的不同被试群体有关。但

是在这四个维度上，二年级被试的均分都高于一年级的被试。出现这样的情况，说明不同年级的被试确实在这四个方面存在明显不同，高年级学生的得分较高，只是出于误差有两个维度没有达到统计学意义上的显著差异。

（三）实验操纵的效果

通过比较高认同组和低认同组的群体认同分数来检验群体认同操作有效性。在本次实验中，群体认同均值为 4.853（SD=1.123）。对特殊群体认同凸显组（S）和一般群体认同凸显组（G）进行独立样本 T 检验，发现特殊群体认同凸显组（S）得分比一般群体认同凸显组（G）稍低，但它们没有显著差异（p=0.139>0.05），被试在阅读群体认同材料后并没有出现在群体认同感上的区别。具体如表 3-11 所示。

表 3-11　不同认同组差异性检验

变量	N	M	SD	t	df	p
群体认同（S）	148	4.795	0.773	−0.929	267	0.139
群体认同（G）	121	4.923	1.441			

在已有研究中，对群体认同等变量的操纵检验既有出现操纵检验有效的，即变量的不同水平之间存在显著差异（张书维等人的实验），也有出现操纵检验无效的，即变量的不同水平之间不存在显著差异（严磊，2012）。他们两个人的实验设计、步骤等极为相似，结果却不同，这有待于做进一步的分析和检验。本研究对群体认同的操纵有别于已有的研究，没有让被试描述作为某一群体成员自己该如何，而是直接让被试阅读相关材料后填写有关问题项目，这可能是出现操纵检验无显著差异的原因。通过阅读某一材料可能并不能马上唤起被试的认同感。某一或某些群体成员身份能否被激活，取决于个人特征与情境特征相互作用的结果（李春等，2006），Tajfel 和 Turner（1986）也表示社会认同具有情境性特征。也就是说所属群体成员身份并不容易被激发，正如高文琭和陈浩（2013）将社会认同区分为情境社会认同和常态社会认同，前者是由情境或刺激性事件所引发（启动）的、短期的、不稳定、不平衡的、容易建构的社会认同，后者则是经常凸显的或社会预先设定的、长期的、较为稳定和平衡的、较难改变的社会认同。在研究中，目的是激发被试较为稳定的认同成分（学生群体认同），即常态社会认同成分。由于激活个体常态社会认同较为困难，本研究操纵检验失败。这一方面说明了被试对于某一特殊群体的认同具有相对稳定性，另一方面反映了要想激发被试的认同情感还必须通过其他更为有效、更加自然、更具有生态效应的方式来控制社会认

同显著性。陈满琪（2013）指出在某一特定群际背景下设置某一情境，让内群体成员讨论包含外群体成员的观点，内群体对外群体的讨论可能会导致社会认同显著性的提高。换句话说，更多的时候，社会认同的显著性是沟通和社会交互作用的结果。

通过比较高剥夺组和低剥夺组的群体剥夺水平分数来检验群体相对剥夺操作的有效性。在本次实验中，群体相对剥夺感均值是 4.213（SD=0.736）。对高群体相对剥夺组（H）和低群体相对剥夺组（L）进行独立样本 T 检验，发现高剥夺组（H）与低剥夺组（L）没有显著差异（p=0.921>0.05），不同组别的被试在阅读群体剥夺材料后剥夺感没有差异。具体如表 3-12 所示。

表 3-12　不同剥夺组差异性检验

变量	N	M	SD	t	df	p
群体相对剥夺感（H）	131	4.196	0.751	−0.372	267	0.921
群体相对剥夺感（L）	138	4.230	0.723			

对于群体相对剥夺感和群体效能的操纵也是通过使用不同的阅读材料来实现的，数据分析结果却显示不同组别的被试在阅读完材料后并没有得到实验预期的效果。本研究所使用的实验方式是参照了以往研究的做法，根据被试的情况换了一种阅读的材料，实验结果却有所差异。这是因为研究选用的材料不合理还是被试在填写的时候不认真，也或是因为这种实验的模式本来就不能复制，即是说实验模式的可重复性较低。到底是何种原因，我们不得而知，只能待后续的研究来检验。

通过比较高效能感组和低效能感组的群体剥夺水平分数来检验群体效能操作的有效性。在本次实验中，群体效能均值为 4.224（SD=1.004）。对高效能感组（H）和低效能感组（L）进行独立样本 T 检验，发现高效能组（H）比低效能感组（L）的得分稍高一些，但没有显著差异（p=0.361>0.05），不同效能感材料不能引起被试不同反应。具体如表 3-13 所示。

表 3-13　不同效能组差异性检验

变量	N	M	SD	t	df	p
群体效能感（H）	126	4.285	1.046	0.941	267	0.361
群体效能感（L）	143	4.170	0.967			

（四）变量之间的相关矩阵

由表 3-14 可初步知晓，群体认同、群体相对剥夺感、群体愤怒、群体效能感与因变量——群体参与度都存在显著正相关，表明群体认同、群体相对剥夺感、群体愤怒、群体效能感的高低影响个体的群体参与度。群体相对剥夺感、群体愤怒、群体效能感与因变量——群体行为倾向存在显著正相关，表明群体相对剥夺感、群体愤怒、群体效能感的高低影响个体的群体行为倾向。群体相对剥夺感与群体愤怒存在显著正相关，个体的剥夺感越强越会产生愤怒情绪；群体相对剥夺感、群体愤怒与群体效能感存在显著正相关，表明由剥夺感产生了愤怒情绪的个体对群体效能的评估上也大大增强了，他们更倾向于做出群体力量能够解决问题的判断；群体相对剥夺感与群体认同存在正相关，个体对群体的认同程度影响着他们的相对剥夺感，认同程度越高的个体在群体受到不公平对待时更加容易产生剥夺感。群体行为倾向与群体参与度之间存在显著正相关，即群体行为倾向能够正向预测个体的群体参与度。

表 3-14　描述统计结果及变量间相关矩阵

变量	M	SD	1	2	3	4	5
群体认同	4.853	1.123					
群体相对剥夺感	4.213	0.736	0.151*				
群体愤怒	3.975	1.061	0.093	0.405**			
群体效能感	4.224	1.004	0.082	0.314**	0.306**		
群体行为倾向	4.695	1.551	0.076	0.207**	0.190**	0.267**	
群体参与度	4.227	0.787	0.248**	0.336**	0.328**	0.402**	0.374**

注：1=群体认同，2=群体相对剥夺感，3=群体愤怒，4=群体效能感，5=群体行为倾向

为进一步考察各变量与群体参与度的 3 个不同水平之间的关系，特对它们进行相关分析，由表 3-15 可知，群体认同、群体相对剥夺感、群体愤怒、群体效能感、群体行为倾向均与群体参与度的第一个水平——关注存在显著正相关，也就是说这 4 个自变量能够影响个体是否关注群体事件的发展情况，且个体的行为倾向正向预测个体是否关注群体行动。群体相对剥夺感、群体愤怒、群体效能感、群体行为倾向与群体参与度的第二个水平——交流与关注存在显著正相关；群体认同、群体相对剥夺感、群体愤怒、群体效能感、群体行为倾向均与群体参与度的第三个水平——行动存在显著正相关。由此可知，群体认同等变量不仅能够影响个体群体参与度的总体表现，也能够影响它的各个水平。此外，群体参与度中的 3 个不同水平之间的相关关系显著，表明将它们作为群体参与度的 3 个水平是合理的。

表 3-15　各变量与不同水平群体参与度相关矩阵

变量	1	2	3	4	5	6	7
群体认同							
群体相对剥夺感	0.151*						
群体愤怒	0.093	0.405**					
群体效能感	0.082	0.314**	0.306**				
群体行为倾向	0.076	0.207**	0.190**	0.267**			
关注	0.260**	0.256**	0.243**	0.380**	0.224**		
交流与表达	0.077	0.291**	0.283**	0.199**	0.218**	0.419**	
行动	0.251**	0.252**	0.251**	0.373**	0.415**	0.441**	0.442**

注：1=群体认同，2=群体相对剥夺感，3=群体愤怒，4=群体效能感，5=群体行为倾向，6=关注，7=交流与表达

关于群体行为倾向与群体参与度，由表 3-14 和表 3-15 都可以看出来，群体行为倾向与群体参与度之间存在较高的正相关（$r=0.374$，$p<0.01$）。进一步探讨二者之间的关系：做群体参与度对群体行为倾向的线性回归分析。结果显示，回归系数 $\beta=3.336$，$p<0.001$；$R=0.374$，决定系数 $R^2=0.140$，表明群体行为倾向较好地预测了群体参与度。

群体认同、群体相对剥夺感、群体愤怒、群体效能感与群体参与都存在显著正相关，几个变量与群体行为倾向之间也存在显著正相关。也就是说群体认同、群体相对剥夺感、群体愤怒及群体效能感这些因素都能影响群体行为。更进一步说，群体认同感高的个体面对群体受到不公平对待时感受到更加强烈的剥夺感和愤怒情绪，他们参与群体行为的可能性要比那些认同感低的个体高。群体效能感能够影响群体行为倾向，且是一个较强的预测指标。如 Kelloway 等人（2007）通过对学生参与反对学费上涨的游行集会事件进行研究后发现，集体效能（群体效能）是学生参与游行集会最强的预测因素。Klandermans（1997，2002）等人指出相对剥夺、群体认同和集体效能能够解释群体性事件的心理机制。大量社会心理学研究表明，群体相对剥夺感比个体相对剥夺感更易导致群体行为。然而相对剥夺感理论强调个体相对剥夺仅导致个体行动，而群体相对剥夺导致集体行动。但仅仅是具有高群体认同感的个体才会体验到群体相对剥夺感（Anuradha，2011）。此结果与已有的研究结果相似，说明选择这几个变量来研究群体行为是具有一定说服力的，不管是对于何种群体的群体行为，这几个变量都是具有普遍适用性的。

分析结果还显示，四个因变量之间的相关关系也十分显著。群体相对剥夺感、群体愤怒与群体效能感存在显著正相关（分别为 $R=0.314$，$R=0.306$，$p<0.01$），群体愤怒与群体相对剥夺感存在显著正相关（$R=0.405$，$p<0.01$）；群体认同与群

体相对剥夺感存在显著正相关（$R=0.151$，$p<0.05$），即个体是否认同某一群体会影响到他在面对该群体受到不公平对待时的感受，认同感强的个体更倾向于维护群体利益，在群体利益受损时更易感知到剥夺感。剥夺感包含认知成分和情感成分，由认知差异产生的情绪反应大大增强了个体内心的感受，即感受到剥夺感的个体极易产生不满情绪，如愤怒剥夺感的强烈程度制约着愤怒情绪。个体往往会寻求渠道以发泄心中的不满，以某种行动来改变本群体的相对劣势地位。

群体效能感、群体相对剥夺感可以有效预测群体行为倾向。群体效能感、群体相对剥夺感、群体认同、群体愤怒可以有效预测群体参与度。

相关分析结果表明，群体认同、群体相对剥夺感、群体愤怒及群体效能之间存在正相关，且与群体行为倾向、群体参与度之间也是显著相关，为进一步明确它们之间的关系，采用回归分析来探讨群体认同等对群体行为倾向和群体参与度的预测作用。

将群体认同、群体相对夺、群体愤怒、群体效能等变量作为自变量，群体行为倾向作为因变量进行多元逐步回归分析（表 3-16），发现进入回归方程的有群体效能感，群体相对剥夺感两个变量。它们对群体行为倾向的综合解释率为 8.8%，其中群体效能感的解释率为 7.2%，表明个体对改变群体不公平现状的信念越强烈，其参与群体行动的可能性就越大，即群体效能感可作为影响个体群体行为意愿的重要前因变量。

表 3-16　对群体行为倾向的回归分析

项目	进入变量	R	R^2	t	p
群体行为倾向	群体效能感	0.267	0.072	3.364	0.000
	群体相对剥夺感	0.297	0.088	2.206	0.028

将群体认同、群体相对剥夺感、群体愤怒、群体效能感等变量作为自变量，群体参与度作为因变量进行多元逐步回归分析（表 3-17），发现 4 个变量都进入回归方程。它们对群体参与度的综合解释率为 26.6%，其中群体效能感的解释率最高，为 16.1%。这说明群体效能感、群体相对剥夺感、群体认同和群体愤怒都能够反映个体参与群体行动的情况，即个体认为自己所属群体遭受到不公正对待时，往往会产生不满或愤怒情绪，如此时个体对改变群体现状有较强的信念，其参与群体行为的程度就更为深入。

表 3-17 对群体参与度的回归分析

项目	进入变量	R	R^2	t	p
群体参与度	群体效能感	0.402	0.161	5.094	0.000
	群体相对剥夺感	0.458	0.210	2.556	0.011
	群体认同	0.496	0.246	3.492	0.001
	群体愤怒	0.516	0.266	2.720	0.007

数据显示,群体效能感和群体相对剥夺感进入群体行为倾向的回归方程之中。其中,群体效能对群体行为倾向的预测力最好,达到了 7.2%。而在群体行为参与度的回归分析中,群体效能、群体相对剥夺感、群体认同及群体愤怒 4 个变量都进入了回归方程。其中,群体效能对群体参与度的预测力最好,达到了 16.1%。这样的研究结果表明了这样的一个事实:个体在权衡、估算自己的行为能否为群体带来利益,能否改变群体的相对劣势地位的时候,做出肯定判断的个体较那些做出否定判断的个体更加可能付出实际行动。此时,个体参与群体行动更多是受到社会性动机的影响,他们此刻权衡的不再是个体的利益而是群体的利益。此外,群体相对剥夺感等也进入了群体参与度的方程中,说明它们对于群体行为是有一定预测作用的,这与前人的研究结果一致,进一步验证了它们对群体行为的作用。

二、大学生群体行为规律

被试为 99 名武汉某高校的学生。年龄分布在 18～23 岁($M=20.13$, $SD=1.017$),实验采用单盲设计,被试在"大学生学校态度调查"研究项目的名义下参与实验。被试具体情况如表 3-18 所示。

表 3-18 被试分布情况

变量		N	$P/\%$
性别	男	27	27.3
	女	72	72.7
民族	汉族	44	44.4
	少数民族	55	55.6
生源地	城市	51	51.5
	农村	48	48.5
年级	大一	5	5.1
	大二	44	44.4
	大三	45	45.5
	大四	5	5.1

(一)女大学生的群体认同度显著高于男大学生

为了比较性别、民族、生源地、年级和月生活费等人口学变量在通过相关材料操纵之后大学生被试的差异，进行了单因素方差分析。发现不同性别的群体认同存在差异（p=0.007），女生在此维度上的得分高于男生，说明女大学生对学校的认同感好于男大学生。性别在其他变量上不存在显著差异，但仔细观察发现男生的群体相对剥夺感、群体愤怒及群体效能的得分均高于女生（表 3-19）。

表 3-19   性别在各变量上的差异分析结果

变量	性别	M	F	p
群体认同	男	4.796	7.477	0.007
	女	5.240		
群体相对剥夺感	男	4.620	2.027	0.158
	女	4.858		
群体愤怒	男	4.383	0.290	0.592
	女	4.264		
群体效能	男	4.309	0.533	0.467
	女	4.162		

分析结果还显示，不同民族、不同生源地及不同年级的被试在群体认同等变量上的差异性均不显著，不管被试是少数民族还是汉族，来自城市还是农村，是刚入学的学生还是即将要毕业的学生对剥夺感、愤怒情绪，以及改变所属群体现状的信念都没有差异；无论是月生活费高、月生活费低还是中等水平的被试在四个变量上也无显著差异。

在大学生的数据分析中，群体认同感在性别上存在显著差异，女生的群体认同（学校认同）都高于男生。女生较男生而言，在情感方面的依赖性要强，对于情感的寄托需求更为强烈。她们容易与外界建立起情感联系，也更倾向于主动建立起这种联系。因而，她们的学校认同感高于男生属于情理之中。

群体认同在群体行为中具有很大作用，如 Simon（1998）的研究就表明参加商业联盟、同性恋群体、老人群体的个人对这些群体都有积极的认同，也就是说具有积极群体认同的个体易于参与本群体的各项活动。群体认同水平的高低影响个体的情感导向甚至行为，Amiot 等（2005）的研究得出这样的结论：当个体强烈地认同他们的群体时，会产生内群体偏好和外群体偏见甚至参加集体行为。因而，我们可以认为群体认同的高低可以预测个体参与群体行为可能性的大小。

在大学生数据中，男女的群体相对剥夺感不存在显著差异。随着个体受教育程度以及个体行为方式的日渐成熟，个体对问题的看法也发生了改变，能够更加理性地对待付出与回报之间的关系，也能选择正确的参照对象进行比较。

另外，将性别、民族、年级、生源地月生活费等变量与群体行为倾向、群体参与度及其 3 个水平分别进行单因素方差分析，得到的结果显示它们与两个因变量之间都不存在显著差异，表明群体行为倾向与群体参与度不受性别等因素的影响。

（二）实验操纵效果

通过比较高认同组和低认同组的群体认同分数来检验群体认同操作的有效性。在本次实验中，群体认同均值为 5.119（SD=0.742）。对特殊群体认同凸显组（S）和一般群体认同凸显组（G）进行独立样本 T 检验，发现特殊群体认同凸显组（S）与一般群体认同凸显组（G）没有显著差异（p=0.291>0.05），对群体的认同度都维持在同一水平。具体如表 3-20 所示。

表 3-20　不同认同组差异性检验

变量	N	M	SD	t	df	p
群体认同（S）	49	4.949	0.832	−2.303	97	0.291
群体认同（G）	50	5.285	0.604			

通过比较高剥夺组和低剥夺组的群体剥夺水平分数来检验群体相对剥夺操作的有效性。在本次实验中，群体相对剥夺感均值为 4.793（SD=0.742）。对高群体相对剥夺组（H）和低群体相对剥夺组（L）进行独立样本 T 检验，发现高剥夺组（H）与低剥夺组（L）没有显著差异（p=0.463>0.05），被试在阅读完实验材料后剥夺感没有发生很大变化。具体如表 3-21 所示。

表 3-21　不同剥夺组差异性检验

变量	N	M	SD	t	df	p
群体相对剥夺感（H）	49	4.847	0.688	0.715	97	0.463
群体相对剥夺感（L）	50	4.740	0.795			

通过比较高效能组和低效能组的群体剥夺水平分数来检验群体效能操作的有效性。在本次实验中，群体效能均值为 4.202（SD=0.888）。对高效能感组（H）和低效能感组（L）进行独立样本 T 检验，发现高效能组（H）与低效能感组（L）没有显著差异（p=0.857>0.05），被试效能感的高低没有受到材料的影响。具体如表 3-22 所示。

表 3-22　不同效能组差异性检验

变量	N	M	SD	t	df	p
群体效能感（H）	51	4.177	0.898	−0.294	97	0.857
群体效能感（L）	48	4.229	0.886			

（三）变量之间的关系

由表 3-23 可初步知晓，群体认同、群体相对剥夺感、群体愤怒、群体效能感、群体行为倾向与群体参与度都存在显著正相关；群体认同、群体相对剥夺感、群体愤怒与群体行为倾向都存在显著正相关；群体效能感与群体认同、群体相对剥夺感存在显著正相关，与群体愤怒存在正相关；群体愤怒与群体相对剥夺感存在显著正相关。

表 3-23　描述统计结果及变量间相关矩阵

变量	M	SD	1	2	3	4	5
群体认同	5.119	0.742					
群体相对剥夺感	4.793	0.742	0.172				
群体愤怒	4.230	0.975	0.085	0.673**			
群体效能感	4.202	0.888	0.304**	0.259**	0.231*		
群体行为倾向	4.556	1.206	0.291**	0.423**	0.359**	0.161	
群体参与度	3.794	0.828	0.244*	0.329**	0.290**	0.427**	0.566**

注：1=群体认同，2=群体相对剥夺感，3=群体愤怒，4=群体效能感，5=群体行为倾向

为进一步考察各变量与群体参与度的 3 个不同水平之间的关系，特对它们进行相关分析，如表 3-24 所示。由表 3-24 可知，群体相对剥夺感、群体愤怒、群体效能感、群体行为倾向与群体参与度的第一个水平——关注存在正相关或显著正相关；群体认同、群体相对剥夺感、群体效能感、群体行为倾向与群体参与度的第二个水平——交流与关注存在正相关或显著正相关；群体认同、群体相对剥夺感、群体愤怒、群体效能感、群体行为倾向与群体参与度的第三个水平——行动均存在显著正相关。此外，群体参与度中的 3 个不同水平之间的相关关系显著。

表 3-24　各变量与不同水平群体参与度相关矩阵

变量	1	2	3	4	5	6	7
群体认同							
群体相对剥夺感	0.172						
群体愤怒	0.085	0.673**					
群体效能感	0.304**	0.259**	0.231*				
群体行为倾向	0.291**	0.423**	0.359**	0.161			
关注	0.169	0.230*	0.228*	0.460**	0.263**		
交流与表达	0.259**	0.236*	0.135	0.360**	0.378**	0.500**	
行动	0.186	0.336**	0.332**	0.273**	0.697**	0.465**	0.633**

注：1=群体认同，2=群体相对剥夺感，3=群体愤怒，4=群体效能感，5=群体行为倾向，6=关注，7=交流与表达

以上数据分析结果与中职生数据分析结果大致相同，说明对于不同的群体而言，研究中涉及的自变量与因变量之间的关系是相对稳定的，用它们来研究群体行为是恰当的，表明了这些变量是群体行为的影响因素。但是，对于不同群体而言，

群体认同、群体相对剥夺感、群体愤怒、群体效能等自变量与群体行为倾向和群体参与度之间的相关作用程度如何，不能一概而论，需要进一步的分析与考察。群体性质的差异有可能会影响这些因素在群体行为倾向与群体参与度上的作用程度。

由大学生的数据分解结果可知，群体认同、群体相对剥夺、群体愤怒、群体效能存在显著正相关（$R=0.304$，$R=0.259$，$R=0.231$，$p<0.01$）；群体相对剥夺感与群体愤怒存在显著正相关（$R=0.637$，$p<0.01$）。该结果与中职生的结果一致，也就是说这些变量之间的关系具有相对稳定性。

Ellemers 的研究表明，群体认同和相对剥夺有这样的关系：当群体认同凸显，弱势群体成员将更倾向于做群际比较，群体相对剥夺感上升，也就是说群体认同强化了弱势群体成员的群体相对剥夺感（Ellemers，et al.，2002）。认同感高的个体更容易产生剥夺感，也更易于参与群体行为。特别是对于弱势群体而言，他们自身的力量和能力较弱，更倾向于从同类群体中获得安慰和支持，因而更容易产生对群体的认同感。而在大学生数据分析中，也得到了类似结果。群体效能可以通过提高被试的群体行为倾向来增强群体认同，也就是说群体效能与群体认同之间的关系并不是认同高的个体群体效能也高，或是群体效能高的个体其群体认同感也高，两者之间的关系受到了其他变量的影响。因而，在研究中并没有发现这两个变量之间的显著相关关系。群体效能感高的个体，他的群体行为倾向也高，反过来个体群体行为倾向高的个体在参与群体行为的过程中也会促进他群体效能感的提高。

此外，各变量与群体参与度的 3 个水平之间的相关也达到了显著水平，更进一步说明了群体认同等能够正向预测群体行为。个体是否关注群体的动态，是否会与他人通过各种渠道交流与发表群体言论，是否加入群体行动都受到群体认同、群体相对剥夺感等因素的影响。认同感低的个体，或是群体相对剥夺感低的个体，较少关注群体行为，即使是关注了也很少实际付出行动。群体行为倾向与群体参与度之间的相关系数为 0.374，也达到了显著相关水平。已有研究表示，在不能实际测量某一行动的时候，往往可以测量其态度（即行为意愿）来代替，因为行为意愿在一定程度上能够说明其是否会付出实际行动。

（四）群体相对剥夺感、群体认同能够有效预测群体行为倾向。群体效能感、群体相对剥夺感能够有效预测群体参与度

由表 3-23 和表 3-24 都可以看出来，群体行为倾向与群体参与度之间存在较高的正相关（$r=0.566$，$p<0.01$）。进一步探讨二者之间的关系：做群体参与度对群体行为倾向的线性回归分析。结果显示，回归系数 $\beta=2.204$，$p<0.001$；$R=0.566$，

决定系数 $R^2=0.320$，表明群体行为倾向较好地预测了群体参与度。

同样，在大学生数据中群体认同、群体相对夺、群体愤怒、群体效能与群体行为倾向和群体参与度之间的相关也很显著，通过回归分析进一步明确它们之间的影响，探讨它们对群体行为倾向和参与度的预测作用。

将群体认同、群体相对夺、群体愤怒、群体效能等变量作为自变量，群体行为倾向作为因变量进行逐步回归分析，发现进入回归方程的有群体相对剥夺感、群体认同两个变量（表 3-25）。它们对群体行为倾向的综合解释率为 21.2%，其中群体相对剥夺感的解释率为 17.9%。结果表明个体感知到所属群体受到外界不公平对待时，出现群体行为的概率会增加，即群体相对剥夺感是影响群体行为意愿的重要前因变量。

表 3-25　对群体行为倾向的回归分析

	进入变量	R	R^2	t	p
群体行为倾向	群体相对剥夺感	0.423	0.179	4.226	0.000
	群体认同	0.478	0.212	2.464	0.016

将群体认同、群体相对夺、群体愤怒、群体效能等变量作为自变量，群体参与度作为因变量进行逐步回归分析，发现群体效能感，群体相对剥夺感两个变量进入回归方程（表 3-26）。它们对群体参与度的综合解释率为 23.3%，其中群体效能感的解释率最高，为 18.2%。这说明群体效能感、群体相对剥夺感在一定程度上能够反映个体参与群体行动的情况，即个体认为自己所属群体遭受到不公平对待，并对改变群体现状有较强的信念时，参与群体行为的水平就更高。

表 3-26　对群体参与度的回归分析

	进入变量	R	R^2	t	p
群体参与度	群体效能感	0.427	0.182	3.955	0.000
	群体相对剥夺感	0.483	0.233	2.536	0.013

在大学生数据分析中，群体行为倾向的回归方程包括群体相对剥夺感和群体认同，其中群体相对剥夺感的预测力达到了 17.9%。可见，个体进行社会比较后产生的群体相对剥夺感在很大程度上能够影响他的实际行动，正如 Mark 和 Folger（1984）指出的"一旦个体感知到相对剥夺，就会由此引发一系列情绪及行为反应"，个体可能会采取较为激进的方式去表达或是发泄建立在剥夺感上的愤怒。而在群体行为参与度的回归分析中，群体效能和群体相对剥夺感进入回归方程，其中群体效能的预测力达到18.2%。由此可以发现群体效能确实是群体行为一个很好的预测变量。

仔细分析各回归方程，发现它们都包含群体相对剥夺感这一变量，所以说把它作为群体行为的前因变量来研究是正确的。

三、两个群体的比较

（一）群体认同、群体相对剥夺感以及群体愤怒等维度上，大学生得分显著高于中职生

为测量两个群体在阅读相应的材料后是否在各维度上存在差异，运用群体认同等变量的数据作单因素方差分析，得到的结果如表 3-27 所示。根据分析结果，可以发现大学生群体在群体认同、群体相对剥夺感及群体愤怒这三个维度上均值大于中职生群体，且它们之间的差异达到了显著水平。大学生对学校的认同感要好于中职生，在群体相对剥夺感的感知上较中职生也更为敏感，由此产生的愤怒感也相对强烈。两个群体在群体效能上，中职生均分稍高于大学生，差异不显著，即他们的群体效能维持在一个相同的水平上。

表 3-27　不同群体在群体认同等维度上的差异分析结果

变量		M	SD	F	p
群体认同	中职生	4.853	1.123	4.762	0.030
	大学生	5.119	0.742		
群体相对剥夺感	中职生	4.214	0.736	44.570	0.000
	大学生	4.793	0.742		
群体愤怒	中职生	3.975	1.061	6.914	0.009
	大学生	4.296	0.975		
群体效能	中职生	4.224	1.005	0.038	0.846
	大学生	4.202	0.888		

（二）在群体参与度上，中职生得分显著高于大学生，中职生比大学生更加容易付出行动参与到实际的群体事件或活动当中

为测量两个不同群体在群体行为倾向和群体参与度及其三个水平上的差异，将两个群体在群体行为倾向等维度上的数据进行单因素方差分析，其结果如表 3-28 所示。据此分析可知，中职生群体与大学生群体在群体行为倾向上的得分均偏高，但是两者之间的差异没有达到显著水平。他们的群体行为倾向是一致的。在群体参与度以及群体参与度的三个不同水平上中职生的均值均大于大学生，且都达到了显著差异水平。中职生比大学生更加容易付出行动参与到实际的群体事件或活动当中。中职生在不同的群体参与度上，也与大学生存在很大差异，他们不仅参与到群体的关注、交流与表达两个较低水平上，而且还参与到更深层次的群体当中。

表 3-28　不同群体在群体行为倾向等维度上的差异分析结果

变量		M	SD	F	p
群体行为倾向	中职生	4.695	1.551	0.656	0.419
	大学生	4.556	1.206		
群体参与度	中职生	4.227	0.787	21.346	0.000
	大学生	3.794	0.828		
关注	中职生	4.411	0.984	18.624	0.000
	大学生	3.904	1.039		
交流与表达	中职生	3.967	1.149	11.430	0.001
	大学生	3.520	1.050		
行动	中职生	4.279	0.899	12.469	0.000
	大学生	3.902	0.927		

　　通过对两个群体在群体认同、群体相对剥夺感以及群体愤怒这三个维度上进行差异分析，结果发现，中职生群体在这些维度上的均值小于大学生群体，且他们之间的差异已达到显著水平。就目前大众舆论而言，职校的教育比不上本科院校的教育。大部分家长宁愿让自己的孩子复读或是其他途径进入本科院校学习，也不愿让自己的孩子就读职校，认为只有本科教育才能出人头地。这种错误的观念或多或少影响了孩子自己对学校的看法。他们也在无形之中形成了就读职校就低人一等的错误认知，因而中职生在学校认同上往往较大学生低。中职生整体的群体相对剥夺感要低于大学生，他们处于青春期早期，心智还不够成熟，即使遇到真正被剥夺某些利益的情况也有可能察觉不到，更不用说他们通过与他人进行比较而产生的相对剥夺感。但是，对于大学生来说却不是这样，他们的权益意识较强，对于自己利益的维护也更为突出，因而他们在利益受损时容易产生剥夺感及不满情绪，甚至是愤怒情绪。两个群体的群体效能感没有显著差异，中职生的均值稍大于大学生群体。对于群体能力及力量的感知，两个群体都处在中等水平。

　　随后的分析中还得到这样的结果：在群体行为倾向上，两个群体的得分均偏高，中职生群体得分稍高于大学生群体，但是两者之间的差异没有达到显著水平。也就是说两者参与群体行为的意愿是一致的，都维持在一个较高的水平上。两个群体的群体参与度及群体参与度的 3 个不同水平都存在显著差异，中职生的均值均大于大学生。在群体行为倾向水平一致的情况下，中职生更有可能付出实际行动。他们参与群体行为的表现可以有多种形式，或许是关注已发生的群体事件，或许参与到对整个事件的讨论并在微博等媒体上发表看法，甚至可能直接加入群体的队伍当中。

　　统筹分析这些结果，发现在群体认同感、相对剥夺感及愤怒感上中职生较大学生而言得分要低，但是他们的群体参与度得分较高。这表明即使是在未受到强烈刺激的情况下，中职生参与群体行为的可能性也要高于大学生，他们更容易参与到群体行为当中来。即使是在群体行为倾向一致的情况下，中职生也更可能将意愿转化为实际行动。中职生群体的年龄比大学生要小，心理各方面的成熟程度较低，缺乏辩证的思维方式，因而他们在面对这些情况时往往会采取一种不恰当的行为反应方式，更加容易参与群体行为。而且，中职生的教育程度以及教育质量比大学生稍欠缺了一些，若是缺乏学校的正确引导，他们更易参与群体行为。以上所述说明了这样的一个问题：如果我们把两个群体设想成为一个连续的发展群体，可以发现随着心理的成熟、个体合理应对方式的日渐形成以及教育程度的提高，个体参与群体行为的概率也会降低。个体在面对群体事件的时候能够更多地进行理性思考，选择正确的行为反应。根据模仿理论和感染理论的分析，当人们面临突发事件时会丧失理智和自我控制能力，容易产生从众行为。人们之间相互影响，最后导致在思想及行为上趋于一致。中职生本身就缺乏理性思考能力，自我的控制力较低，更何况是在面对这样的突发事件，他们受他人煽动的可能性要比成人高出许多。

对于中职生来说，是否参与群体行为受群体认同感、群体相对剥夺感及群体愤怒的影响较小，更多的是受到他们自身发展情况的影响。换句话说，个体自身的心理发展状态、应对方式、情绪管理能力及受教育程度等因素对中职生群体参与度产生的影响更大。对于年龄较小的群体参与者，常规群体认同、群体相对剥夺感、群体效能等因素已经不再起主要作用，而是退到了次要的位置。

四、中职生群体行为规律理论模型

研究理论模型拟合检验将运用 Amos 软件对中职生的数据进行结构方程模型的拟合检验，拟合的结果显示 χ^2=18.877（p=0.000）；df=3；卡方自由度比值=6.292；$RMSEA$=0.104；NFI=0.916；CFI=0.922。

由模型检验结果可知，模型 df 等于 3，整体模型的适配度卡方值为 18.877，显著性概率 p=0.000<0.001，达到了 0.001 的显著水平，需要拒绝虚无假设，说明本研究假设模型与样本数据契合程度差。卡方自由度比值=6.292>3.000，$RMSEA$=0.104>0.080，未达到模型适配标准；NFI=0.916>0.900，CFI=0.922>0.900，达到了模型适配标准。总体来说，原先的模型假设与数据适配性较差，需要进行调整。

根据相关分析结果可知，群体认同和群体愤怒、群体认同和群体效能感、群体愤怒和群体行为倾向、群体认同和群体参与倾向之间均未达到显著相关。在模型检验中也发现，这几条路径都未达到统计学标准。但是，较以往的研究来看，这些变量间应该是存在显著相关的。

由修正后模型结果可知，模型 *df* 等于 7，整体模型的适配度卡方值为 23.934，显著性概率 *p*=0.001<0.01，达到了 0.01 的显著水平，需要拒绝虚无假设，说明本研究假设模型与样本数据契合程度还是较差。卡方自由度比值=3.804>3.000，*RMSEA*=0.095>0.080，*NFI*=0.893<0.900，未达到模型适配标准；*CFI*=0.917>0.900，达到了模型适配标准。

众多研究对当前的群体行为进行探讨后发现，个体不会因为某一个单一的因素而加入群体行为的行列，而是多种因素相互作用的结果。在研究中设计的三条路径相互作用，利用中职生的数据对理论假设模型进行拟合检验后，得到的结果不尽如人意，即使是在对模型进行修正后，也未达到良好的拟合效果。修正后的三条路径对群体参与倾向的预测效果欠佳，但是对群体参与度的预测效果良好。群体行为倾向对群体参与度预测效果良好。由相关分析以及回归分析的结果可知在很大程度上与现有的研究结果一致，那么可能的原因有：①对问卷的初步处理工作未做好，混入较多填写不认真的问卷；②某些极为重要的变量间（如群体认同与群体效能感）的分析无显著相关，导致在拟合检验时影响了整体效果；③各变量间的相互作用机理有可能更为复杂，而本研究中尚未发现该机理。

群体行为作为社会学一个重要的研究领域，关于它的研究则是涉及了多个学科、多个方法，研究结果也颇为丰硕。本书立足于已有的经典成果，结合当下中职生和大学生的实际情况，设计情境模拟问卷，考察他们对群体行为的意向并对研究的假设模型进行拟合效果检验。本书考察愤怒情绪对群体行为的影响占主流地位，然而在这个过程中往往掺杂着更为多元、多样的情绪，如恐惧、同情和内疚、伤心等。Smith 等（2008）提出，当个人处于群体不公正状态中并相信情况在恶化时产生的恐惧感和伤心情绪会阻碍个体参与集体行动。此外，Iyer 和 Ryan（2009）尝试研究同情和内疚这一类群体情绪对个体在参与集体行动中起到的作用。因而，在后续研究中加入这些情绪可能会是一个新的研究思路。

第三节　大学生领导风格对群体决策满意度的影响

众所周知，传统的个人决策具有一些难以弥补的缺陷，比如个人决策往往带有主观性、直觉性并且掌握的信息量少。因此，在信息纷繁复杂的现代社会，在组织中个人的决策方式已经逐渐被群决策的方式所取代；许多由个人来完成的传统工作转为由执行团队来开展；组织的行为也是由一些小团队或群体来管理。

群体决策从认知的角度一般可以分解为 4 种群体行为：信息获取、处理，认知处理，认知合作，决策执行。其中，信息的获取和处理是最初也是关键的群体行为。因为完整和正确的信息对方案的产生和决策活动是至关重要的。我们知道，对组织中的各类团队或群体而言，最常见的任务形态是针对特定的议题产生构想，并讨论出最佳可行方案。群体的决策者可以广泛地利用群体成员所拥有的信息，充分讨论问题的背景和条件，产生更多的构想和讨论各种方案的利弊，最终做出更为理性和有效的决策。这些优点有利于解决个人决策中存在的许多问题。但是，群体决策也有一些引起许多研究者争议的问题或行为，如群体思维、群体极化现象等。群体决策下的群体行为研究也引起了众多研究者的关注。

群体的行为决策理论着重于决策者的非理性行为的研究。群体决策对决策执行过程的影响是目前行为决策理论中关于群决策研究的主要方向。但是行为决策理论在理论取向、研究视野、研究思路上均存在缺陷和不足。因此，决策行为的研究需要形成以动力观、整体观、学习观为特征的复杂性认识论来冲破以往研究的禁锢。

关于群决策中决策方案形成的影响因素的研究在国内研究很少有文献涉及，而关于群决策中影响因素与群体决策方案形成的实证研究在国内也处于起步阶段，极其少量的心理学的文献有涉及。西安交通大学管理学院的席酉民、刘树林进行了年龄和群体大小的单一因素对群体创建决策方案的质量和数量的实验研究；浙江大学心理学系的郑全全、朱华燕、刘方珍通过实验室实验考察了自由讨论条件下群体决策质量的影响因素，并对 Stasser 所提出的信息取样模型进行了验证。这些因素包括信息分布、讨论前群体成员偏好的一致性、任务难度、群体规模、群体结构、决策培训、任务难度；东华大学工商管理学院的李宏通过实验室模拟实验，对面对面和计算机群体决策在观点产生上的比较展开了实证研究，对群体规模、群体类型和交流方式 3 个变量在观点产生的数量和质量等指标上进行了比较。

台湾学者比较重视实证研究。台湾"中央大学"资讯管理学系的张铭晃进行了电子会议使用效果的实验室研究，考虑了群体大小、任务特性与匿名的影响。廖佩容通过实验室实验研究了会议方式、群体大小及人格特质对头脑风暴会议成效的影响，其局限性在于实验系统、任务环境的选取受到了实际条件的限制；决策任务并未模拟真实世界中的决策议题。还有很多学者着手验证了 Stasser 所提出的信息取样模型，同时考虑团体熟悉性、任务类型、决策程序、领导者角色等因素的影响。但决策任务基本上属于智力型或判断型任务。

领导变量在群体决策研究中具有举足轻重的地位和作用，有关群体行为影响因素的研究中，最基本的一点就是必须考虑领导因素的影响，并且影响程度和方向还是要从领导风格上加以区分。领导可定义为：为适应某种情境而产生的一种基于一个共同目标而相互依赖的两个及两个以上的个人之间相互作用的社会过程。这个定义从领导者、追随者（下属）、环境，以及三者之间的动态关系角度，将领导看作一种社会影响过程，并强调了领导过程与情境的匹配以及领导者和追随者（下属）之间的相互依赖。在一般意义的领导定义基础上，有必要对领导者、领导过程、领导行为和领导风格几个概念作一个区分。一般意义上的领导者既可以是个体，也可以是团队。但在群体中，领导者则特指掌握和控制群体资源和权力，并拥有最高影响力的某个个体，他对群体及成员施加影响并引导他们完成所确立的目标。领导过程则指领导者与追随者一同实现共同目标时的行动和相互影响，这种行动和相互影响不仅受到领导者和追随者个体特质及行为风格的影响，还要受到其行动所处环境的影响。领导行为是指领导者在领导过程中的所作所为，领导者在领导过程的不同阶段中因情境和任务需要会表现出不同领导行为。例如建构和体恤就是两种常见的领导行为分类。领导风格是指领导者在领导过程中所表现出来的一种行为准则和类型，独裁型领导、民主型领导、自由放任型领导就是常见的一种分法。领导风格同样与领导者的个人特质有关，而且受到追随者和领导者所处环境的影响。不同的领导风格，将会表现出不同的领导行为。由于领导行为和领导风格的关系紧密，在群体决策研究中，这两个概念通常放在一起使用。

群体凝聚力也称为内聚力，即群体对成员的吸引力。其中有两层含义：一是指群体对成员的吸引力，二是指群体成员之间的相互吸引力。凝聚力表现在群体成员的心理感受方向，即认同感、归属感与力量感。贾尼斯（Janis）将群体凝聚力定义为"群体成员评价其在群体中的成员资格，以及其继续想加入这个群体的程度"（马羽赫等，2012：1）。群体凝聚力对群体及其成员发生的作用主要表现在：增强群体的控制力，增强群体成员的安全感和影响群体工作效率。本书采用组员之间熟悉程度取代群体凝聚力，分为熟悉组和陌生组，揭示群体凝聚力对信息共享的作用机制。

群体规模作为衡量群体结构的重要变量，对群决策过程和结果的影响得到了大量文献的论证，基本上群决策下群体行为影响因素的文献都会考虑这一因素。

群体规模一般是从数量上来讲的。小群体是指相对稳定、人数不多，为共同目标而结合起来，成员直接接触的群体。其规模不能少于 2 人，一般为 30～40人。所谓大群体，是指人数众多，成员间只是以间接方式联系在一起，没有直接社会交往和互动的群体。如通过群体的共同目标，通过各层的组织机构使成员建立联系。大群体成员通常分布广，时间和位置不固定，类别差异大且关系复杂。当群体规模大时，因为有更多的人力投入分担工作、达成任务，这种现象可以提升群体绩效及成员的满意度。然而，当群体规模过大时，混乱及不协调的情形会产生，大群体也会较小群体显得较没有向心力。此外，当群体规模持续增加时，会造成更多的群体成员觉得个人的贡献并不重要（Dubrin，1978）。大量文献表明群体规模的大小影响成员的参与程度。一般情况下，群体越大，成员平均参与群体活动的机会就越少。同时，群体规模的扩大还会增强成员的约束感，促使成员收敛自己的行为，进一步影响其参与程度。Dennis 等（1999）在对群体大小的研究中，将 2～6 人定义为小群体，7～11 人为中群体，12 人以上则为大群体。本书选取 3 人作为小群体，7 人作为中群体来进行测试。

选取某民族大学在校大学生 40 名被试，其中男生 17 人，女生 23 人，平均年龄为 20.8 岁。采用群体风格（民主、命令）×群体熟悉程度（高、低）×群体规模（3 人、7 人）即 2×2×2 的被试间实验设计。

我们认为：群体规模的扩大会增加分享信息和不分享信息的讨论量；领导风格和群体熟悉程度的变化很有可能通过影响不分享信息的讨论量，最终影响决策满意度的改变；过程满意度与信息共享的程度显著正相关。领导风格很有可能影响群体成员的过程满意度。

决策前，发给每位组员的材料包括决策问题描述、分享的信息；发给每组领导的材料包括领导风格指示函和方案形成登记表。决策后，发给每位组员的材料包括决策过程和结果满意度的调查问卷。

一个具有信息分布的想法产生类群体任务——直升机飞行人员遇险逃生方案。决策任务材料的主体内容如下。

一位飞行员驾驶一架直升机在北纬 20° 左右的浅水海域低空飞行时突遇机械故障，面临控制失灵、坠机身亡的威胁。已知从该飞行人员感知坠机威胁到直升机突然下落的时间可能少于 10 秒。若挽救不当，直升机坠入水中很有可能面临机身变形、逃身舱门无法打开的局面，但不会发生爆炸。距落水点远处有港口搜救塔。当时正值秋冬时节，海水表面温度在 10℃左右。

假如受时间的限制，该飞行人员仅能从直升机救生设施中选择不多于 6 样的器具逃生。请你所在的决策组为该飞行员想出利用这些器具脱险并获救的逃生方案。假定该飞行员可以在直升机坠海前实施该方案，对你所在的决策组提出的要求是：在半小时内想出尽可能多的、高质量的逃生方案。注意：不同的方案应主要体现在救生的策略和方法上，或者救生器具的合理、多样组合上，而不是简单的更换起相同作用的不同救生器具上。

在实验开始阶段，先培训被试者以告知他们将参与一个面对面的群体会议以及会议任务是什么。在回答基本问题之后，组织者将被试者按实验条件分组，并且指派每组领导。

随后安排两位经培训后的书记员到各组，其职责是在决策前说明会议任务、落实相关规则；决策前后分发和搜集资料；在决策过程中保持缄默并记录群体提及的分享信息和不分享信息的次数。登记基本信息后，书记员立即给组员分发指定材料。对于本次研究，所有的组员被告知信息共享是群体过程的重要部分，必须尽可能多共享信息。接下来每个组员被给予 5 分钟的时间浏览问题和各自所持的信息。而担任领导的组员被请出离开会场作进一步培训，以确认采取何种领导风格和行为。此外，群体成员与任何外界的信息是隔绝的，并且没有处理过这类问题的先前经验。在领导们都明确了各自的角色和应当采取的领导风格后，他们回到小组。接着每个小组被请到一个空教室开始实验，由领导正式组织群体会议。实验时，除了组员与书记员外，并无其他人在场；并且在群体正式讨论时，书记员不会发表任何言论。

在 30 分钟的群体会议结束后，领导会在方案形成登记表上写下群体所提出的所有方案；全体成员也被要求完成相关的问卷。每一位认真参与的被试者将会分到奖品；最后由两位书记员核准登记的信息提及次数（按重复计），一并与回收的问卷上报。实验流程如表 3-29 所示。

表 3-29　流程表

序号	内容	时间/分钟
1	对组员和领导的培训	10
2	登记组员基本信息	5
3	组员填写所持资料上的个人信息	3
4	书记员宣布指导语 1	3
5	书记员分发资料	1
6	组员学习资料	15
7	书记员宣布指导语 2	2
8	正式讨论和方案的形成	30
9	领导整理该组方案并上报	8
10	采访组员对讨论过程的满意程度	10
11	被试者离开	2

一、群体规模

（一）群体规模对于决策满意度的影响不显著

由表 3-30 可以看出，整体检验的 $F=2.908$（$p=0.096>0.05$），未达到显著性水平，所以我们认为群体的规模对于决策的满意度的影响不显著。这与前任的研究和实验的假设不符，但这可能是样本量太小造成的。

表 3-30　群体决策满意度在不同群体规模的单因素方差分析

	组别	N	M	SD	F	p
满意程度	3 人组	12	15.92	3.8	2.908	0.096
	7 人组	28	13.89	3.28		
	总计	40	14.52	3.522		

（二）群体规模的大小对群体的信息分享影响显著

由表 3-31 可以看出，信息交换次数的整体检验的 $t=-2.86$（$p=0.007<0.05$），达到显著性水平，因此拒绝虚无假设，接受对立假设，表示群体规模的大小对群体的信息分享影响显著。并且可知分享不分享信息次数的整体检验的 $t=4.58$（$p=0.000<0.01$）达到了显著性水平，表示组别不同分享不分享信息的差异显著，但由于 3 人组每人所掌握的不分享信息多于 7 人组，且样本数据少，所以在本实验中 3 人组分享不分享信息量显著多余 7 人组。而分享分享信息次数的整体检验 $t=1.28$（$p=0.063>0.05$）未达到显著性水平。这可能是由于分享信息是大家所共有的，所以无论是 3 人组的被试还是 7 人组的被试在讨论中都没有过多强调。当群体规模扩大时，组内信息交换的次数也增加了。

表 3-31　信息分享量在不同组别的 T 检验

	组别	N	M	SD	t	p
分享不分享信息次数	3 人	12	3.83	1.47	4.58	0.000
	7 人	28	1.82	0.61		
分享信息次数	3 人	12	2.6667	0.89	1.28	0.063
	7 人	28	2.28	0.85		
信息交换次数	3 人	12	7.58	2.11	−2.86	0.007
	7 人	28	10.71	3.52		

大群体比小群体在讨论中提到了更多地为群体成员所掌握的分享和不分享信息。这个结果与 Stasser 提出的信息取样模型的研究成果不完全一致。Stasser 提出的信息取样模型表明拥有一条信息的人越多，这条信息在群体讨论中被提及的可能性就越大。群体倾向于将他们的注意力集中在他们已分享的信息上，并且群体

规模的确对信息共享具有正的影响。然而他们也注意到当群体规模增大时，信息共享的增长数目大部分是来源于被群体所讨论的分享信息数目增长，而在使其他成员获得有用的不分享信息上是失败的。在本实验研究中，群体规模的增大也使得不分享信息的讨论大幅度提高，也许是由任务特性和样本的年龄、性格特质所决定的，所以群体凝聚力的提高不仅使群体对分享信息的讨论增多，也使不分享信息的讨论显著增多。将情境和策略信息等宏观信息分散在分享信息中，预期效果是当分享信息得以充分讨论，有助于方案数目的提高。

二、领导风格

由表 3-32 可以看出，$t=4.02$（$p=0.003<0.01$），达到显著性水平，领导的风格对于群体决策的满意程度呈显著性相关。民主型的领导所领导的小组满意度明显高于命令型领导所领导的小组。

表 3-32   决策满意程度领导风格的 T 检验

	组别	N	M	SD	t	p
满意程度	民主	20	16.4	1.82	4.02	0.003
	命令	20	12.6	3.82		

具有民主型领导风格的群体比具有命令型领导风格的群体在讨论中提到了更多地为群体成员所掌握的分享和不分享信息。可想而知，这是因为民主型风格的领导在组织决策中，通过鼓励成员多贡献自己的知识参与讨论，于是刺激了分享和不分享信息的交流，尤其提高了成员对不分享信息的接受程度；而命令型风格的领导则喜欢频繁发表意见和看法，强行向组员灌输自己的理念，强调达成与自己逃生思路一致的策略而不是花过多的时间讨论与问题相关的信息，从而使得小组的信息共享绩效不高。这个结果与过去的研究基本上保持一致，承认直接对群体讨论进行控制和诱导的关键群体成员就是群体领导，但领导对信息处理的影响必须从领导风格上加以区分。

三、群体的熟悉程度

由表 3-33 可以看出，$t=1.65$（$p=0.798>0.05$），所以没有达到显著性水平，群体的熟悉程度对于群体决策的满意度影响不显著。

表 3-33　决策满意程度在群体间新熟悉程度上的 *T* 检验

	组别	N	M	SD	t	p
满意程度	熟悉	20.000	15.400	3.360	1.65	0.798
	陌生	20.000	13.600	3.530		

　　表明高凝聚力的群体比低凝聚力的群体在讨论中提到了更多地为群体成员所掌握的不分享信息，但高凝聚力的群体并没有比低凝聚力的群体在讨论中提到了更多地为群体成员所掌握的分享信息。这个结论可以表明，当凝聚力提高时，共同知识效应在这个决策过程中并未出现。共同知识效应指出群体在讨论中由于过于重视成员们先前共同拥有的知识，将使得群体决策偏向共同知识；当群体决策需要交换成员独有的信息才能确认正确选项时（如在隐藏式档案情境时），共同知识效果的出现会使得决策表现产生偏误。在本实验研究中，决策任务是一个具有信息分布的想法产生类群体任务，高凝聚力群体的成员已经彼此熟识和信任，没有必要再借由过多的讨论分享信息以提升自我评价，反而是他们团结一致、期望高质量地完成决策任务的决心使这个群体在有限的时间内尽可能地共享对决策有益的不分享信息，不断促进不分享信息的讨论。

四、信息交换的次数

　　由表 3-34 可以看出，相关系数 $r=0.518$，信息交换次数与决策满意程度的显著性水平，呈显著性相关。所以信息交换的次数越多，群体决策的满意程度就越高。

表 3-34　决策满意程度与信息交换次数的相关

	N	M	r
信息交换次数	40	9.775	0.518**
满意程度	40	14.5	

　　决策方案的数量与分享信息的讨论量显著正相关，决策方案的质量与不分享信息的讨论量显著正相关；而决策方案的数量与不分享信息的相关关系以及决策方案的质量与分享信息的相关关系却没有达到统计学意义。这个结果与我们所设计的信息分布预计达到的效果是一致的，可以用信息分布设计的特点加以解释。因为提供给成员的分享信息是有关情境和逃生策略的宏观信息。当分享信息讨论得越充分，群体能够想象到的困境越多，获知的逃生策略也越多，有助于方案数目的提高。而提供给成员的不分享信息往往是有关巧妙使用救生装备的细节信息，这些不分享信息往往是零散的，且对产生一个高质量的决策方案是不充分的；只

有当群体对不分享信息的讨论越充分，这些不分享信息才能有效整合，以助形成高质量的决策方案。

过程满意度与分享信息和不分享信息的讨论均显著正相关。这个原因很好解释，即分享信息和不分享信息讨论得越多，群体对决策问题的把握和认识越明朗，不仅个人成就感明显提高，而且对决策过程也越感欣慰和有信心，所以过程满意度也随之提高了。统计分析仅支持结果满意度与不分享信息的相关性具有统计学意义，说明对结果满意度的影响不仅仅是由信息共享的程度所决定的，有待进一步分析和探讨。

第四章

大学生网络群体行为的实证研究

第一节　网络群体行为在微博中的信息传播规律研究

微博是一种整合了网络论坛、即时通讯、网络社区等媒体形式优势的新媒体，它一方面给网民提供了一个更加自由和开放的信息平台；另一方面复杂多样的信息容易产生谣言危机，从而引发网络群体事件。对于在微博上爆发的网络群体事件，其信息的传播方式和传播规律和以往任何媒体都有所不同，本书的目的就是探讨网络群体行为在新浪微博中的信息传播规律。

微博是一种以博客形式为基础的传播媒介。它是一个基于用户关系的信息分享、传播以及获取平台。微博和传统博客不同的地方在于它的内容要简短很多，无论是字数上还是整体文件的大小上。新浪微博允许用户输入一定量汉字，上传小于一定内存的图片，还可以发送视频和音乐的链接地址。简单来说，微博就是用户通过这些功能来传播身边发生的事情和表达个人的观点等一切相关信息的平台。

从本体论上讲，传播可以分为信息传播和关系传播两种。而微博传播即是一种信息传播，更是一种关系传播。微博的信息传播功能包括：发布功能（是一种广播式的大众传播功能）、话题功能（将不同用户发布的内容集中起来讨论，对网络群体行为的形成具有重要意义）、@功能（是一种人际传播功能）、转发功能（是一种二次传播功能）、评论功能（是一种互动传播功能）。微博的关系传播功能主要包括关注与粉丝功能、分组功能、认证功能等。这些功能都是一种典型的关系传播功能设置，能够促使用户在网络上形成多样化的群体关系网。除了这些功能之外，微博还有一些其他基本功能，包括浏览功能等，这些基本功能是微博其他功能发挥作用的支持和保障。

大部分学者将微博的信息传播模式称为"病毒式传播"，这是一种多级扩散和非线性的传播模式。病毒传播指的是病毒源通过各种生物与非生物的介质对易感人群进行直接感染，易感人群在被病毒感染后又成为新的传染源并借助自身的社会交往活动实现对其他易感人群的感染。微博以其特有的媒介环境，决定了它具有病毒式的传播模式，即一种基于相似的信息获取和分享需求的人借助彼此关系网络实现信息快速复制、流动、扩散的信息传播方式。

在这个模式里，对于传播者来说，微博的关注功能实现了粉丝对信息内容的主动获取，这种对病毒内容的主动获取直接关系到内容的传播效果。对于传播内容来说，微博特定的字数要求使得信息"碎片化"，这种"碎片化"使得同一主题下的病毒式传播内容通过频繁更新和反复叙述获得内容的不断积累和扩充，而在这个过程中，微博的转发功能带来的病毒感染者范围的扩大和病毒式传播效应的扩张促进了传播内容的变异。对于传播介质，也就是微博本身来说，微博平台的主体对其粉丝是一种"点对面"式的规模化传播，在此平台上粉丝与粉丝、粉丝与群体、群体与群体之间都处于相互渗透的状态，产生了一种相互嵌套的信息联动方式，加强了这种病毒式传播的效果。

案例介绍：北京时间 2013 年 4 月 20 日 8 时 02 分四川省雅安市芦山县（北纬30.3°，东经 103.0°）发生 7.0 级地震。震源深度 13 公里。震中距成都约 100 公里。成都、重庆及陕西的宝鸡、汉中、安康等地均有较强震感。据雅安市政府应急办通报，震中龙门乡 99%以上房屋垮塌，卫生院、住院部停止工作，停水停电。截至2013 年 4 月 24 日 10 时，共发生余震 4045 次，3 级以上余震 103 次，最大余震 5.7级。受灾人口 152 万，受灾面积 12 500 平方公里。据中国地震局网站消息，截至24 日 14 时 30 分，地震共计造成 196 人死亡，失踪 21 人，11 470 人受伤。

相较于五年前汶川地震，在这次雅安地震中，从灾情报道到地震寻亲再到后期的社会捐款和灾后重建，微博等自媒体扮演了重要角色。图 4-1 为雅安地震时间坐标。

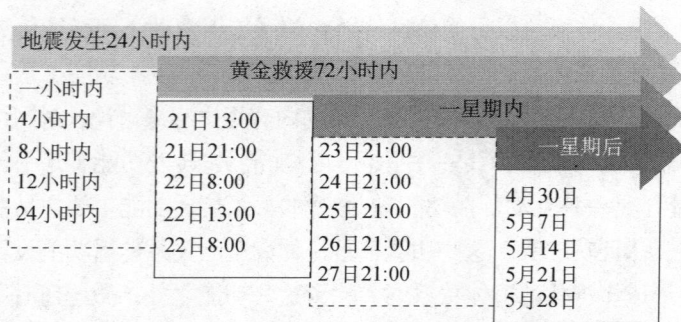

图 4-1 雅安地震时间坐标

一、网络群体行为话题的兴奋度

在网络上引起热议的事件会形成微博话题，微博话题是新浪微博中的一个应用，通过话题关键词能够搜索到不同时间不同用户针对这个话题发布的所有微博。微博上的热门话题是网络群体行为在微博上的集中体现。当一个话题产生之后到最终慢慢趋向平静，这个过程中微博的发帖数量波动非常大，这种发帖数量在微博话题中被称作"热议度"，热议度在本书中被作为网民对某一网络群体行为话题兴奋度的指标。

话题热议度与话题事件的整体进展情况相联系的，具体到本文的案例，每天新增微博的数量会随着时间的推移和新消息的不断发布产生相应的变化。图 4-2 是利用微博应用"微指数"统计的全网 3 个月内以雅安地震为关键词的微博热议度的变化情况。

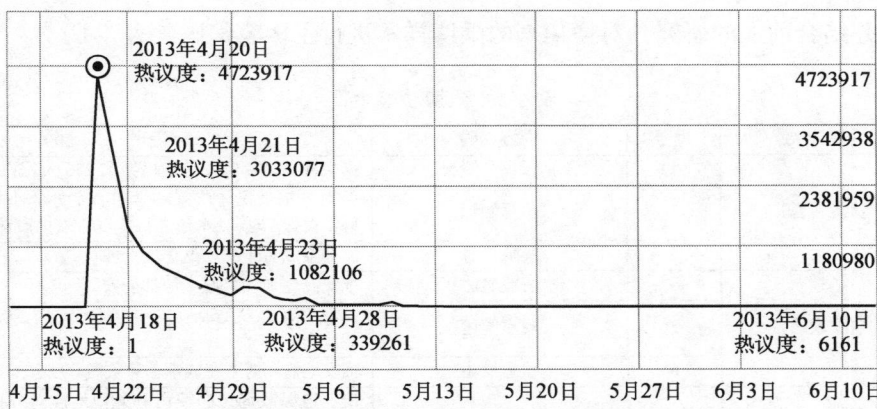

图 4-2 以地震为关键词的微博热议度的变化情况

结合雅安地震的时间坐标来看，地震发生当天，由于各种情况不甚明朗，相关微博数量增加的速度非常快。4 月 20 日早晨 8 点开始的 24 小时之内微博热议度剧增至 4 723 917（利用北京大学 PKUVIS 微博可视分析工具得到微博发布数量的最高峰值是在 4 月 20 日早晨 10：00 左右），在各大官方媒体微博（如@头条新闻）的新闻报道之后引发的热烈话题讨论（如为雅安祈福、报道灾区情况、寻求亲友下落等）在 20 日当天维持在一个较高水平。

地震发生前 3 天，是一个死亡人数不断大幅增加的过程，而在 23 日之后，地震救援的黄金 72 小时已经过去，再找到生还者的概率大大降低，微博热议度在此有所转折。

地震发生 72 小时之后到一星期内，人们关心的话题开始向社会募捐和灾后重建等方向转移，对相关话题的关注度又有所提升和波动，在一星期之后，关于雅安地震的话题热议度再次下降，并逐渐稳定在低值的水平。

二、微博的传播功能侧重点

根据上文的雅安地震时间坐标，笔者将所有的雅安地震相关微博分为四个时间维度，即地震发生 24 小时内、黄金救援 72 小时内、一星期内和一星期后。每个时间维度下又根据时间平均分为五个小维度，每个小维度的时间点上抽取微博样本 10 条。那么每个时间段上的微博样本数量为 50 条，共搜集相关微博 200 条作为我们的研究样本。

对于一个网络群体行为来说，微博的传播功能主要分为三个方面：信息传播、自我表达和行动支持。在本文的研究中，笔者根据选取的个案雅安地震的具体情况，并结合前人的研究，对搜集来的微博样本进行了内容编码（表 4-1）。

表 4-1　微博功能个案

功能分类	编号	内容编码	例子
信息传播	1	播报灾区情况	据央视报道，雅安地震已导致 156 人死亡
	2	传播知识	由南方都市报与广东科学中心主办的小谷围科学讲坛《地震：水电之祸？以雅安地震谈起》
	3	其他信息	加多宝成首个捐款过亿的企业
自我表达	4	情绪表达	雅安挺住加油！愿一切都能安好
	5	观点阐述	发表了博文《雅安地震各个直销公司捐款说明了什么》
	6	状态描述	雅安地震，博主在成都，穿条内裤就开始逃生
行动支持	7	提供帮助	雅安市民政局公布芦山县龙门地震对外接受抗震救灾物资和食品捐赠电话：0835-2242305，0835-2242325
	8	寻求帮助	#雅安地震寻亲#

根据内容编码并结合时间坐标笔者对微博样本进行了统计，统计结果如表 4-2 所示。

表 4-2　微博功能使用次数统计

	24 小时内	72 小时内	一星期内	一星期后
信息传播	29	24	23	25
自我表达	16	24	27	23
行动支持	5	2	0	2

以数量为基准来发现和分析问题，200 条微博样本中，50.5%的用户使用了微博的信息传播功能，45%的用户倾向于把微博当作一个自我表达的平台，行动支

持功能只占到样本量的 4.5%。这反映出微博作为新媒体依然被大众主要当作新闻信息传播媒介，大多数用户还没有意识到微博在行动组织支持上的巨大影响力。地震发生后 24 小时内，微博用户大多在传递雅安地震的消息和灾区的基本情况，另外有一部分人通过微博表达了自己对灾区的祝福和对伤亡同胞的哀悼；当黄金救援 72 小时过去，找到生还人员的可能性大大降低，这时信息传播的数量降低，微博用户纷纷发布微博哀悼死难者并为雅安加油。地震发生一星期内，全国举行了为雅安地震死难者的默哀仪式，这个时候在微博中，表达自我哀悼之情的微博数量大增，而在一星期之后，一些社会募捐和灾后重建工作开始展开，微博用户开始发布并转发相关信息，信息传播功能逐渐上升而自我表达功能的微博数量有所下降。

在这次地震中，行动支持功能虽然一直保持在低水平，但仍然值得关注。从整个折现的发展来看，在地震发生后 24 小时内的微博行动支持功能处于最高水平，在地震刚发生时，许多人利用微博组织小型志愿者团队开赴灾区参与救援，同时对灾区的捐助方式也通过微博得到广泛传播，另外由于灾区通信线路的中断，有的地方不能短信电话但能够使用手机网络，有的人利用微博进行求救，也有的人利用微博联系亲友，在地震发生之后有人创建了一个雅安寻人的账户，也有人建立了雅安寻亲的微群。而这个结果是在以往灾难（如 2008 年汶川地震）中未曾出现的。随着时间的推移，行动支持功能有所下降，但在一星期后，由于灾后重建的各种活动和项目开始陆续进行，微博的行动支持功能又有所上升。这个结果表明，虽然行动支持功能还不是用户使用微博的主要功能，但是部分微博用户开始意识到并运用到微博的这一功能。

三、级别用户在网络群体行为中的传播效果

新浪微博为了保障名人的权益，推出名人认证系统。名人认证的标志是在认证用户的名字后有一个金色的"V"的标志。其中认证名人包括节目微博（如中国红歌会微博）、媒体微博（如浙江卫视微博）、明星微博（如姚晨）、企业微博（如福村梅记）和记者微博等。认证用户的条件有：①有一定知名度的演艺、体育、文艺界人士；②在公众熟悉的某领域内有一定知名度和影响力的人；③知名企业、机构、媒体及其高管；④重要新闻当事人；⑤未在上述范围内的，容易引起身份混淆的其他自然人或者机构。个人申请认证用户需要的条件有：①确保申请者是在上述需要认证名人范围之内；②微博使用实名，且为最被公众熟知的姓名或称谓；③在微博中发表一条以上博文，并提供微博地址；④提供准确翔实的身份说

明介绍；⑤提供确切可验证的即时联系方式，如邮箱、单位和个人电话；⑥提供身份及工作证明的扫描件证明系本人申请。

另外，新浪微博还推出了微博达人系统，微博达人是指未申请新浪 V 认证的真实个人活跃用户，申请微博达人同样需要一定的条件（如粉丝数不低于 100 等），只要通过达人审核成为微博达人，系统将会自动统计微博行为，计算达人积分。根据达人积分的高低将获得相应的达人特权。

本书选择一条在雅安地震中壹基金转发他人的微博为样本微博，对此微博下的评论人进行抽样，连同壹基金和该条微博的原创者在内，对 10 位用户进行编号。将存在关注关系的值设为 1，不存在的设为 0。表 4-3 是这些用户的关注关系矩阵。

表 4-3　用户的关系矩阵

	1	2	3	4	5	6	7	8	9	10
1. 公益救援晓峰	—	1	0	0	0	0	0	0	0	0
2. 壹基金	1	—	1	1	1	1	1	1	1	1
3. 志愿者袁奇	1	1	—	0	0	0	0	0	0	0
4. 李连杰	1	1	1	—	1	0	0	0	1	1
5. 老不死的郁闷	0	0	0	0	—	0	0	0	0	0
6. 夜游米克	0	0	0	0	0	—	0	0	0	0
7. 竹子青青青	0	0	0	0	0	0	—	0	0	0
8. 21jj-law	0	0	0	0	0	0	0	—	0	0
9. CCelineChueng	0	0	0	0	0	0	0	0	—	1
10. 钰黛佳人 Gen	0	0	0	0	0	0	0	0	0	—

利用 UCINET 的画图功能，能够直观地描绘出这些用户之间的网状关系图（图 4-3 ）。

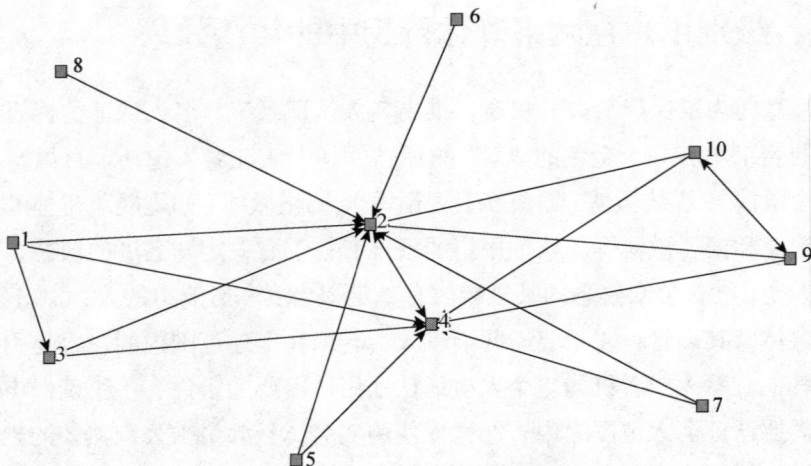

图 4-3　用户间的网状关系

图 4-3 中每一个蓝色的节点代表一个用户，黑线代表用户与用户之间的关系，箭头指向的方向代表关注，比如 8 号指向 2 号，说明 8 号关注了 2 号，即 8 号是 2 号的粉丝。通过图 4-3 我们能够直观地看出在这个社会网络中，2 号和 4 号是处于网络的核心位置，而 2 号和 4 号正是微博认证用户壹基金和李连杰。利用 UCINET 能够对这个网络进行点度中心度和中心势的分析：

点度中心度是用来衡量谁是网络中核心节点的指标，如果一个节点具有较高的中心度，则表明该节点在网络中被赋予较大的权力。结果中显示，2 号和 4 号的点中心度较高，说明他们是这个小网络中信息传播的关键节点，而 2 号（壹基金）和 4 号（李连杰）都是加 V 的认证用户，扮演着意见领袖的角色。其他的 1 号、3 号、9 号和 10 号是微博达人（或粉丝量较高），他们借助 2 号和 4 号也能够充当意见领袖，也具有一定的影响力。而除此之外的 5 号、6 号、7 号和 8 号只是微博普通用户，点中心度相对较低也较为相似。由此可以得出：加 V 认证用户在网络传播中的影响力较大，而同样级别用户在网络群体行为中的传播效果均等。

点度中心势即 Network Centralization 指数为 75%，相对较高，说明整个传播网络中存在明显的集中趋势，在信息传播路径中存在意见领袖并且意见领袖对信息垄断的可能性较大。网络异质性即 Heterogeneity，该数据是表示网络成员在某个或某些社会特征上的相异程度，该网络的异质性为 14.97%，表明相异程度偏低，也就是说现实生活中各个网络节点可能在职业、性别、教育背景等方面具有较多的相似性。因为该条微博是关于雅安地震公益救援行动，微博的发布者和转发者壹基金都是公益组织者和参与者，因此评论并转发该条的微博的用户也多是对公益事业比较关注，彼此之间具有一定的共性。

四、微博可视化分析

北京大学 PKUVIS 微博可视分析工具是一个挖掘微博数据的工具，它利用可视化方式来浏览和分析微博事件，通过直观的视图清晰地呈现一个事件中微博转发的过程，从而迅速发现事件中的关键人物、关键微博、重要观点，同时通过可视化的方式更好地分析新浪微博中事件的发生与发展过程。图 4-4 为使用该工具绘制的样本微博的环状图。

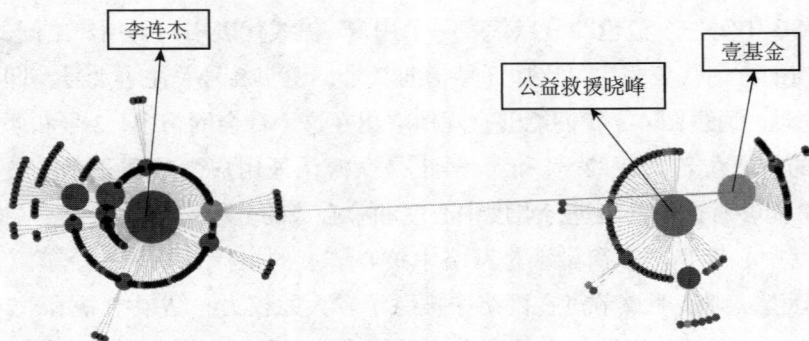

图 4-4 样本微博的环状图

图 4-4 中右图中心的圆圈是微博原发布者公益救援晓峰，红色的圆圈是转发者壹基金，左边最大居于中心的黑色圆圈是二次转发者李连杰。其他不同的圆圈代表着不同的微博用户，圆圈的大小代表该用户粉丝量的多少（衡量用户等级的指标），不同圆圈之间的连接线表示转发或评论微博。图 4-4 表明，该条微博通过壹基金转发后传播面积有一次增大，而通过李连杰转发壹基金的该条微博后，传播面积大大增加，并且不同等级的用户传播效果不同，相同等级的用户传播效果大致相同。

通过对个案数据深入细致地剖析，我们可以更清晰地理解如何利用专门工具对网络群体行为中的信息传播规律进行分析和研究，也提醒我们，微博上对网络群体行为话题的兴奋度与事件本身进程相匹配；在网络群体行为中，微博的传播功能侧重点将随事件进程而发生变化；同样级别用户在网络群体行为中的传播效果均等，而认证用户在传播中的被依赖程度高。

因此，深入了解网络信息传播规律，寻求信息传播的关键联结，对于我们了解群体过程具有非常重要的作用和价值。

第二节 网络群体行为中情绪作用机制研究

情绪是人类的基本心理机能，不同性质的情绪对个体的认知具有重要影响。积极情绪有助于增加注意的广度和灵活性，消极情绪则减小了注意的范围。关于情绪与认知相互作用方面的研究，越来越多的证据表明情绪对认知表现的影响可能是通过影响工作记忆完成的,情绪可以影响人的注意偏向和工作记忆,来影响人对于事物的认知。有研究指出,情绪对于个体的决策和责任判断都会产生一定的影响。而在网络群体行为中,也存在着决策和责任判断的状况。因此,本书主要关注情绪对于参与者是否会有影响。

首先,情绪唤醒阶段是通过材料,对被试进行一个情绪唤醒实验,分为积极情绪唤醒和消极情绪唤醒。

情绪唤醒实验材料选择,第一部分材料是从中文情感词语中,选择了正面情感词语 836 和负面情感词语 1254,作为情感唤醒的第一部分材料。第二部分材料是人体的面部表情图片:一组是表示开心的面部表情图片,作为积极情绪唤醒的材料。一组是表示悲伤的面部表情图片,作为消极情绪唤醒的材料。第三部分是视频材料:一组是积极情绪视频,一组是消极情绪视频。视频材料的效度是通过对于随即 10 个测试者对视频进行打分处理,他们自评的材料唤醒程度均在 7 以上。

消极情绪唤醒组的操作流程如下:首先将和被试单独安排在一个安静的环境之中。和被试面对面坐着,通过笔记本电脑给被试呈现消极情绪唤醒词汇,让被试读出,读两遍。然后向其展示面部表情图片(消极面部表情图片),之后再给被试一个视频材料,让其观看。观看完之后让其对情绪唤醒度进行自评。达到 6 分或者 6 分以上者进入模拟参与事件阶段。

积极情绪唤醒组操作类似:首先将和被试单独安排在一个安静的环境之中。和被试面对面坐着,通过笔记本电脑给被试呈现积极情绪唤醒词汇,让被试读出,读两遍。然后向其展示面部表情图片(积极面部表情图片),之后再给被试一个视频材料,让其观看。观看完之后让其对情绪唤醒度进行自评。达到 6 分或者 6 分以上者进入模拟参与事件阶段。

其次,参与事件阶段是给被试一个网络事件,阅读完后,让被试对网络群体行为相关的内容进行答复。

网络事件事例:某大学女生铊中毒案的网络事件。

1994 年的某大学女生"铊中毒"案迄今悬而未破。目前,该案因一系列高校案件而再次引发人们的关注。

朱某,北京人,1992 年考入某大学。朱某在校期间离奇出现铊中毒的症状,导致身体健康遭到极大的伤害,最后得助于互联网才受到确诊和救治的事件,这是中国首次利用互联网进行国际远程医疗的尝试。由于朱某没有铊的接触史,警方认定为是投毒事件,但此案经过调查之后,几度沉浮,凶手至今逍遥法外,尚无明确结果。

第一个部分是在看完事件之后的一个感受评定,并说明原因。将事件呈现给被试之后，让被试对这个事件带给自己的感觉进行一个自评，让他给出最为符合自己感想的一个词语，（为了方便被试选择，准备几个提示词，分别是：悲痛、恐惧、惊奇、接受、狂喜、狂怒、警惕、憎恨等）。记录下被试所说明的原因。

第二部分是一些选择题:（考察的是被试对于事件的态度和看法还有被试参与性的调查，并且对意愿的强烈程度进行一个评定）

如果是你的话，对于此事件你的态度是：

A. 特别愤怒，这是不被允许的事情，杀人要偿命

B. 悲哀，还存在这样的事情，希望案子能告破，给受害者家属一个安慰和说法

C. 没什么特别感受，一件小事

D. 说不清

回答下列问题并且对强烈程度进行一个 1～5 的评定（1 为最不强烈，5 为最强烈）：

如果你在网络上看到这则消息，你会参与留言抒发观念或者情感吗？

（测试题由网络收集和自编组成，为了模拟一个参与的状况，选项安排可参考网站，一些问题是在门户网站中筛选的。）

第三部分是模拟网络回复,让被试模拟网络情境对这个事件进行回复和评论。

如果你要通过网络对这个事件进行一个回复，你会说什么：

第四部分是根据被试的答案进行一个补充访谈。

一、男女呈现不同的情绪表现

女性积极情绪唤醒组：被试表现出的体验是愤怒；女性消极情绪唤醒组：被试表现出的体验是警惕。

男性积极情绪唤醒组：被试表现出的体验是憎恨；男性消极情绪唤醒组：被试表现出的体验是惊奇/警惕。

在对于事件的体验强度自评中，积极情绪唤醒组的情绪体验叫消极唤醒被试更加强烈。自评强烈程度为 8～9 分，而消极情绪唤醒组的情绪体验较弱。体现出积极情绪的诱发组在情绪唤醒条件下比消极情绪组更容易获得事件相关情绪体验。

二、男女生的参与意愿

女性积极情绪唤醒组：被试表现出的网络参与意愿（不愿参与）3/9；女性消

极情绪唤醒组：被试表现出的网络参与意愿（不愿参与）5/9。

男性积极情绪唤醒组：被试表现出的网络参与意愿（不愿参与）0/9；男性消极情绪唤醒组：被试表现出的网络参与意愿（不愿参与）3/9。

在观念态度部分未出现性别差异。

在参与性积极性的调查了解之中，积极情绪唤醒组的不愿参与的选项明显少于消极情绪唤醒组，其中对于每一项选择的程度进行一个自我评定，积极情绪唤醒组的被试的强烈程度也要高于消极情绪唤醒组。结果是积极情绪唤醒的被试在参与网络群体行为的参与性上要高于消极情绪唤醒的被试。

男性在参与网络群体行为上更具有积极性，积极情绪唤醒组比消极情绪唤醒组参与度更高。在参与度的调查中，相同情绪唤醒的被试，男性的参与选项要多于女性，对此的一个询问下，女性表示一般类似的状况虽然很愤怒但是觉得自己改变不了什么，所以很少参与。男性则更多的表示，虽然自己的力量较小，但还是尽了自己的一分力。

三、个体对于他人的情感体验

这部分共有 4 道题，具体题目为如下。

1. 如果是你的话，对于此事件你的态度是：

　　A. 特别愤怒，这是不被允许的事情，杀人要偿命

　　B. 悲哀，还存在有这样的事情，希望案子能告破以为受害者的在天之灵，也给受害者家属一个安慰和说法。

　　C. 没什么特别感受，一件小事

　　D. 说不清

2. 你是否支持继续调查、追究肇事者的法律责任？

　　A. 支持，对一个如此美丽的花季少女投毒，应当受到法律追究

　　B. 中立，调查有助于事件的澄清，但没必要闹大

　　C. 不支持，已经过去那么久了，人都这样了，浪费人力、物力

　　D. 说不清

3. 你认为什么是造成联名上书和声援事件的主因？

　　A. 这样的花季少女受到摧残，让人痛心和怜惜

　　B. 国内著名高校的投毒案的频频发生，19 年前投毒案竟然还未告破

　　C. 警方的调查无果，凶手逍遥法外，让群众感觉到不公

    D. 复旦投毒案使得这一问题从新得到人们的关注

    E. 说不清

  4. 你觉得这些声援者的做法是：

    A. 非常正确的，19 年的高校迷案还没破带给人的是不安和痛心，还有对于凶手的憎恶

    B. 中立吧，感觉上他们的心是非常好的

    C. 完全不能理解，这样干扰了当事人的生活，有没有证据证明一切

    D. 说不清

其中第一题、第三题测量被试对于事件的看法：积极唤醒组表现的是对于事件人物的遭遇感到痛心，还有觉得警方的无能。

消极情绪唤醒组则表现为，不是特别能够激起自己的共情。然后对这个事件长期未破感到无奈。

第二题、第四题 ABCD 分表代表着积极态度、中立态度、消极态度和不知道四个选项。消极情绪唤醒组：A1 B5 C1 D1；积极情绪唤醒组：A4 B2 C2 D0。

积极情绪唤醒组的回复较消极情绪唤醒组情绪性更强。更倾向于改善，而不是妥协。消极组偏向中立。

四、个体的回复选择

消极情绪唤醒组认为对于类似现象没有办法，于事无补，这个事情不太会有结果，没有太大的意义。积极情绪唤醒组则认为这种现象需要一个改善，期待或者要求一个结果。

积极情绪唤醒的被试的注意广度相较于消极情绪唤醒者有明显的提高，体现在材料理解的完整和正确程度上。在对被试进行提问的时候，消极情绪唤醒者相较于积极情绪唤醒者，对于提问的意思理解，以及整个事件发展的理解要差一些。消极情绪唤醒者在阅读材料的时候会出现一些偏差，但是积极情绪唤醒者就没有出现。

因此，情绪对于参与者的体验、参与性和认知状况有着一定的影响。其中积极情绪可以增加注意的广度和灵活性，从而使被试更容易对事件进行一个理解和情绪的反应，而不同的情绪也会影响参与者在网络群体行为中的参与度。其中积极情绪唤醒参与度要高于消极情绪。

有研究指出处于愉悦情绪状态下的个体会记起更多令自己心情愉悦的事情，

对事物做出乐观的判断和选择。而处于消极情绪状态下的个体容易回忆起更多令自己伤心的事情，做出悲观的判断和选择。情感是联系非期望和未知事件的纽带，在对于事件的理解和决策过程中，它有利于信息整合。因为所提供的网络事件材料是一个悲剧。所以在积极情绪唤醒之后，被试处于一种积极愉悦的情绪之中，而现实事件带来的悲愤和不公的情绪，和自身情绪产生矛盾和失调，所以情绪强烈程度更大。为了让情绪有一个平衡参与，意愿会更加强烈，存在一个让情绪和认知趋于一致的反抗过程。而消极情绪唤醒组，本身处于一种消极的情绪之中，所以在接受消极网络事件时并没有很大的反差。然后对于事件的认知和回忆偏好又类似，所以很容易接受和妥协。

第三节　网络群体行为中的正能量
——以某寻人事件为例

当今社会，伴随着社会化转型，以及现代化的飞速发展，各种社会思潮和价值观激荡，互联网作为一种新兴媒体为社会舆论的积聚和传播提供了空前的便捷空间。社会信息化、信息网络化，已经成为时代的鲜明特色。网络社会可以看作现实社会的延伸。

近年来，"正能量"这个词越来越多地出现在大众的视野中。从 2008 奥运会"点燃正能量"的号召，到如今全民对于正能量的认同，"正能量"演变成了具有象征意义的符号，它成了积极向上、健康、催人奋进的代名词。"正能量"在当下作为一种积极的精神暗示，带动了大众参与和谐社会的信心和勇气，也掀起了全民互动之风，尤其在网络虚拟社区中，净化了网络空间，为网络群体行为的发生指明了一个正面的发展方向。

网络社区不可避免地存在着自身的弊端，网络的匿名性在给网民带来言论自由的同时，也增加了谣言、绯闻和极端事件的发生。网民在意见领袖的带动下会出现从众行为，去个性化，缺乏自身对于事件理智的思考，而出现极端情绪发泄行为，影响了网络社区的安定和和谐。负性情绪的传播和跟帖带动了网民的愤怒跟随，尽管这种方式加快了相关部门解决问题的速度，但也给大众的心理带来了阴影，对社会不信任、对政府不信任的想法层出不穷，这也影响了社会主义和谐社会的发展进程。

在这样的情形下，"正能量"的出现，为我们的政治生活、文化生活和精神生活带来了新的互动方式，极大地开发了民众的潜在信心，激发了民众主动参与政治生活、社会生活的热情。现实中，"正能量"的标语成为一种号召；网络社区中，政府网站及主流媒体官方网站开始利用微博、微信等交流方式向受众传达"正性力量"，带动受众主动参政议政，参与社会公益事业，参与到社会生活的方方面面中。网络迅速的传播速度、多样化的传播方式，将社会正义和细节扩大，汇成一股积极向上的网络正能量，引导广大民众由"审丑"回归到"审美"。主流媒体的参与和引导在一定程度上缓解了网民的情绪，起到了镇定的作用，当他们以一种积极正面的方式来回应时，充斥着一种"正能量"，平复心情，也减少了网民的极端行为，净化了网络环境。而大学生群体作为一个特殊的社会群体，伴随着网络的进一步发展和高校信息化程度的不断提高，大学生的网络使用率越来越高，在网络群体行为中的出镜次数也越多。

研究网络群体行为中的"正能量"，能够在很大程度上发现正能量的发生规律和过程，发现两者之间的潜在联系，进而更好地引导网络群体行为的正向发生发展，积极引导大学生群体的网络参与方式，构建文明健康的网络环境。

本书是研究在网络群体行为中社会正能量的存在价值，重点是在不同年级、不同性别、不同网龄进行各项维度的比较，探究网络群体行为中的各诱发因素与正能量之间的相关关系，以及自变量与因变量之间的影响关系；通过"长安皓博"微博寻人事件的调查，探究网络群体行为中社会正能量是否对于大学生网民的积极引导作用，探究正能量在当今信息化社会的存在价值和发展前景。

选取某民族大学四个年级（大一～大四）的 280 名本科大学生，进行问卷调查法，以随机分层抽样的方法选取被试，以确保研究内容的科学性与有效性。共发放 280 份问卷，回收 275 份，经筛选，剔除各种无效问卷，共获得有效问卷 269 份，回收有效率为 93.9%（表 4-4）。

表 4-4 ××民族大学样本调查情况

	变量	数量/名	百分比/%
性别	男	120	44.6
	女	149	55.4
年级	大一	74	27.5
	大二	76	28.3
	大三	59	21.9
	大四	60	22.3

本书采用《大学生网络群体与正能量问卷》，问卷包含 3 个部分：基本资料、问卷和量表。问卷是以"长春皓博"事件为主的调查问卷。

量表为网络群体行为与正能量量表，信度检验结果 α 系数在 0.660～0.773，并有较好的效度。

"正能量"操作性定义为一种健康乐观、积极向上，传播公平正义的动力和情感，也泛指所有积极的、健康的、催人奋进的、给人力量的、充满希望，公平正义的人和事。

此量表包含群体相对剥夺（1，2，3），群体认同（4，5），群体效能（6，7，8，9，10，14），去个性化（15，16，17，18），从众心理（19，20，21，22），匿名心理（23，26），社会认同（27，28，29），对媒体的态度（31，32，33，34），政府信任（36，37）和正能量（11，12，13，24，25，30，35）等自变量维度；除此之外还包括因变量：对网络群体行为的支持度（38，42）、认知度（39，40）、情感（41，43）。

本量表采用五点评分方法，同时采用正向计分和反向计分。正向计分，"非常不赞同"记 1 分，"基本不赞同"记 2 分，"不确定"记 3 分，"基本赞同"记 4 分，"非常赞同"记 5 分；反向计分，"非常不赞同"记 5 分，"基本不赞同"记 4 分，"不确定"记 3 分，"基本赞同"记 2 分，"非常赞同"记 1 分。

一、大学生网络群体行为的基本特点

（一）大学生群体获得信息的主要来源是互联网络，有一定的使用年限和熟悉度

通过表 4-5 能够发现，在所有被试中，网龄在三年以上的人数占总人数的83.6%，这在一定程度上说明了大学生群体对于网络的使用率较高，有一定的使用年限和熟悉度。

表 4-5　网龄

网龄	1～2 年	3～4 年	5～6 年	7 年以上	总数
数量/人	44	90	72	63	269
百分比/%	16.4	33.5	26.7	23.4	100.0

从表 4-6 中可以看出，不同年级在网龄上存在显著性差异；由表 4-2 中，可以明显地看出不同年级在网龄上的具体区别，大一学生网龄主要集中在 1～4 年范围内；大二、大三学生网龄主要集中在 3～6 年范围内；大四学生的网龄主要集中

在 7 年以上。

表 4-6　不同年级在网龄上的差异性

年级	1~2 年/人	3~4 年/人	5~6 年/人	7 年以上/人	总数/人	χ^2
大一	21	28	13	12	74	
大二	13	29	20	14	76	
大三	8	23	18	10	59	31.40***
大四	2	10	21	27	60	
总数	44	90	72	63	269	

从表 4-7 可以看出，当代大学生获取外界信息的渠道主要集中在互联网、手机新闻、即时通信工具（微信、微博、QQ 等）这三方，说明其对于互联网络的使用比较频繁。

表 4-7　"通常你习惯通过什么渠道获取外界信息（多选）"

项目	听别人议论	报纸电视或广播	互联网	手机新闻	即时通信工具
数量/人	17	64	180	129	157
占总数百分比/%	6.3	23.8	66.9	48	58.4

（二）参与调查的大学生熟悉"长安皓博"事件，对该事件的了解主要借助网络

从表 4-8 中卡方检验的结果可以发现，不同性别、年级、网龄的大学生被试在"是否知道长春皓博"事件上的选择上存在显著性差异。从表 4-8 中，针对"长春皓博"事件，经过总体统计，有 191 个被试知道此事，占总人数的 71.0%；58 人不知道此事，占总人数的 21.6%，由此可以看出此事的推广和传播度比较广泛。

表 4-8　"你是否知道此事"

项目	数量/人	百分比/%	χ^2		
			性别	年级	网龄
未选	20	7.4			
是	191	71.0	6.80*	59.76***	20.22**
否	58	21.6			
总数	269	100.0			

从表 4-9 中可看出，对于此事的获取渠道，主要集中在四个方面，"互联网"占 29.4%，"即时通信工具"占 20.4%，"手机新闻"占 19.0%，"听别人议论"占 10.0%。从表 4-10 中，可以看出对于此事的信息来源，大一主要集中在手机新闻上；大二主要集中在互联网、手机新闻、即时通信工具、听别人议论上；大三主

要集中在互联网和即时通信工具上；大四主要集中在互联网上。虽然获取渠道各不相同，但是大部分被试更习惯于通过网络媒介的方式来获取外部信息。

此类"微博寻人"事件的传播范围不够广泛，而大学生群体对此的了解程度不深，大部分基于表面的认识，而获取信息的来源主要集中在互联网、手机新闻、即时通信工具（微信、微博、QQ）这三种渠道。

表 4-9　"您通过什么渠道知道此事"

渠道	数量/人	百分比/%
听别人议论	27	10.0
报纸、电视或广播	19	7.1
互联网	79	29.4
手机新闻	51	19.0
即时通信工具	55	20.4
有效值	231	85.9
丢失值	38	14.1
总数	269	100.0

表 4-10　不同年级在信息获取渠道上的差异

年级	听别人议论/人	报纸、电视或广播/人	互联网/人	手机新闻/人	即时通信工具/人	总数/人	χ^2
大一	9	4	14	21	16	64	
大二	10	3	17	16	17	63	
大三	3	6	16	8	13	46	31.43**
大四	5	6	32	6	9	58	
总数	27	19	79	51	55	231	

从表 4-11 中，通过整体的统计和比较，在大学生被试中，93.3%的被试仅限于了解一些，只有 6.7%的被试很了解。而通过卡方检验，不同年级的被试在了解程度上存在显著性差异，而不同性别和不同网龄的被试在了解程度上并没有显著性差异。

表 4-11　"您自认为对此事的了解程度如何"

程度	数量/人	百分比/%	χ^2（年级）
了解很少	105	39.0	
了解大概的内容	146	54.3	
很了解	18	6.7	18.14**
总数	269	100.0	

（三）在情感因素上，正义感、同情感等积极情感因素是主流

从表 4-12 中，针对此事中，主流微博展开微博寻人的方式，网民参与跟帖，全民共同寻人的做法，68.3%的被试表示支持，43.3%的被试表示高兴，这说明，大学生被试在此类公共正义事业上的呼吁度比较高，能够很好地认同网络公平正义，发扬正义感。

表 4-12　"了解此事后，对于主流微博和网民的做法，您的感受是（多选）"

项目	愤怒	悲伤	无所谓	支持	高兴
数量/人	39	42	49	183	116
占总数百分比/%	14.6	15.7	18.3	68.3	43.3

从表 4-13 中，针对全部被试，在情感支持的选择上，53.9%的被试认为出于正义感，18.6%的被试认为四种情感都具备，16.4%的被试认为出于同情感；从中我们可以发现，超过半数的人认同正义感的存在价值。而通过卡方检验，不同年级、性别、网龄的被试在情感支持上的差异不显著（$p>0.05$），而以年级为例，从表 4-14 中可以很明显地发现，不同年级学生的情感支持选择主要集中在正义感上。

表 4-13　"您认为民众持续参与微博寻人事件最主要的情感支持"

情绪感受	数量/人	百分比/%
愤怒感	20	7.4
同情感	44	16.4
正义感	145	53.9
剥夺感	10	3.7
以上情感都有	50	18.6
总数	269	100.0

表 4-14　不同年级被试在情感支持上的差异　　　　　（单位：人）

年级	愤怒感	同情感	正义感	剥夺感	以上情感都有	总数
大一	8	12	34	8	12	74
大二	1	8	44	2	21	76
大三	5	9	35	0	10	59
大四	6	15	32	0	7	60
总数	20	44	145	10	50	269

从表 4-15 中，此题主要探究被试在了解网络群体行为后被激发的第一情绪感受，排在前三位的分别是正义感（38.7%），同情感（23.4%），愤怒感（21.2%），说明在大学生被试中，正义感的影响比较大。从表 4-16 中的卡方检验，不同年级在第一情绪感受的选择上有显著性差异。从表 4-16 中，大一学生主要选择集中在

正义感（41.3%），同情感（23.5%），剥夺感（17.6%）；大二学生的选择主要在正义感（33.6%），愤怒感（29.3%），同情感（20.7%）；大三学生的选择主要在正义感（39.1%），愤怒感（22.0%），同情感（20.3%），其他情感（15.2%）；大四学生的选择集中在正义感（46.6%），同情感（31.7%）。

表 4-15　"您了解网络群体行为后被激发的第一情绪感受"

情绪感受	数量/人	百分比/%
愤怒感	57	21.2
同情感	63	23.4
正义感	104	38.7
剥夺感	15	5.6
其他	30	11.2
总数	269	100.0

表 4-16　不同年级在第一情绪感受上的差异

年级	愤怒感/%	同情感/%	正义感/%	剥夺感/%	其他/%	百分比/%	χ^2
大一	8.8	23.5	41.3	17.6	8.8	100	
大二	29.3	20.7	33.6	5.2	11.2	100	25.37*
大三	22.0	20.3	39.1	3.4	15.2	100	
大四	11.7	31.7	46.6	1.7	8.3	100	

对于此类网络寻人事件的情感支持，超过半数的被试认为是出于正义感。面对网络群体行为时，被试被激发的第一情绪感受主要集中在正义感、同情感和愤怒感之上。对于网民和主流媒介发起的微博寻人的行为和做法，68.3%的被试表达了支持，希望这种公平正义继续发扬（表 4-12）；98.9%的被试表达了参与此类微博公益事业的欲望，希望能够更好地传达和发散正能量（表 4-17）；对于网络群体行为的影响程度，65%的大学生被试认为正面影响的比重多一些。从这些数据和事实中，我们不难发现，对于网络群体行为中，伴有"正能量"的主流事件，在很大程度上能够影响和引导大学生被试的认知和选择，而大学生被试对于正义、公平的期待和诉求感很强，参与度相对较高。

（四）对于传播正能量事件，大学生具有较高的参与积极性

从表 4-17 中，可以看出，对于"微博寻人""公益事业"之类的活动，有 42%的被试表示具有很强的参与欲望，27.1%的被试应该会参加，29.7%的被试表示可能会参加，这在很大程度上说明被试对于此类传播正能量事件的参与热情和积极性是比较高的，从侧面也体验出被试潜在对于正义、正能量的认同。

表 4-17 "如果有机会，你有意愿参与像'微博寻人、公益事业'之类的相关活动吗？"

志愿	数量/人	百分比/%
绝对不参加	3	1.1
可能会参加	80	29.7
应该会参加	73	27.1
会参加	97	36.1
绝对会参加	16	5.9
总数	269	100.0

从表 4-18 中，从整体上来说，对于网络群体行为对自身产生的影响，49.1%的被试认为有一些影响，正面影响较大，15.6%的被试认为影响很大，正面影响较多，16%的被试认为负面影响的成分多一些，19.3%的被试认为没什么影响。从数据中，我们可以推测，网络群体行为的发生对被试来说，正面影响的比重相对多些，这可能与被试对于公平正义等的期待和愿望有关。

表 4-18 "网络群体行为过后，对您产生的影响"

影响	数量/人	百分比/%
影响很大，正面影响较多	42	15.6
影响很大，负面影响较多	28	10.4
有一些影响，正面影响较大	132	49.1
有一些影响，负面影响较大	15	5.6
没什么影响	52	19.3
总数	269	100.0

通过卡方检验，从表 4-19 中，可以清晰地看到不同年级大学生被试的选择差异。但是从整体上看，四个年级学生的选择多集中在"有一些影响，正面影响较大"。

表 4-19 不同年级在网络事件影响上的差异

年级	影响很大，正面影响较多/%	影响很大，负面影响较多/%	有一些影响，正面影响较大/%	有一些影响，负面影响较大/%	没什么影响/%	百分比/%	χ^2
大一	5.9	14.7	35.3	14.7	29.4	100	
大二	13.8	6.0	55.2	5.2	19.8	100	29.39**
大三	15.3	22.1	45.7	1.7	15.2	100	
大四	25	5.0	48.3	5.0	16.7	100	

（五）主流媒介和网站对大学生的影响最大

从表 4-20 中，针对网络群体行为，从总体上看，有两种类型的发起者更容易引起被试的关注，分别是："官方主流媒体（电视、杂志、报纸）"占 41.3%，"网络门户"占 39.8%。 从表 4-21 中，不同年级被试在关注度上的选择存在显著性差异（$p<0.01$）。虽然不同年级被试在选项上有明显的区别分布，但是被试对于官方主流媒介和官方网站的关注度比较高，更容易受到这两方发布信息的影响和引导。

表 4-20 "针对网络群体行为，哪种类型的发起者更容易引起您的关注"

类型	数量/人	百分比/%
官方主流媒体（电视、杂志、报纸）	111	41.3
网络门户	107	39.8
网民	37	13.8
其他	14	5.2
总数	269	100.0

表 4-21 不同年级在关注度选择上的差异

年级	官方主流媒体/%	网络门户/%	网民/%	其他/%	百分比/%	χ^2
大一	23.5	50	26.5	0.0	100	
大二	46.6	30.2	13.8	9.4	100	27.05**
大三	47.5	35.6	11.8	5.1	100	
大四	35.0	56.7	8.4	0.0	100	

结果表明，大学生的网络使用频率较高，网络使用年限也较长，因而对于网络运作比较熟悉，对于网络群体行为的了解程度比较高，简言之，网络素养比较高。再者，当下大学生获取信息的渠道主要是互联网、手机新闻、即时通信工具。对于大学生群体，网络平台上官方主流媒体（电视、杂志、报纸）网络门户的网络事件发起者更能引起他们的关注和重视。这些事实表明了研究网络群体行为的重要性，研究如何在网络这个自由、匿名、高互动化的平台上，发扬官方媒体的作用，发扬正能量，积聚正性情绪，引导大学生群体积极行为和面对的重要性。

二、大学生网络群体行为的差异比较

（一）在正能量和匿名心理维度上，男女大学生具有不同的特点

从表 4-22 中，可以发现，男女生被试在正能量和匿名心理维度上存在显著性差异，具有统计学意义。通过比较和观察发现，男女两方在正能量和匿名心理维度上的差别较大。在匿名心理维度上，男生的分数明显高于女生的分数；在正能量维度上，女生的分数高于男生的分数，由此可以推测女生对正能量、正性事件的认同度要高于男生。这两者的差异可能源于性别和思维方式上的差异。除此之外，男女生在相对剥夺上的得分相对较高，在对网络群体的情感维度上的差别也较大。

表 4-22　男、女在各维度上的总体情况

维度	男（$M \pm SD$）	女（$M \pm SD$）	t
相对剥夺	4.07±0.77	4.13±0.67	−0.69
群体认同	3.74±0.99	3.96±0.85	−1.94
群体效能	3.61±0.81	3.63±0.72	−0.15
去个性化	2.68±0.91	2.63±0.63	0.50
从众心理	3.14±0.83	3.22±1.08	−0.67
匿名心理	2.82±1.00	2.42±0.84	3.49**
社会认同	2.70±0.83	2.81±0.68	−1.14
媒体态度	3.12±0.63	3.11±0.53	0.21
政府信任	3.13±1.05	3.06±0.90	0.63
支持度	2.98±0.91	3.07±0.81	−0.75
认知度	3.71±0.96	3.86±1.75	−0.75
情感	3.24±2.55	2.91±0.80	1.54
正能量	3.84±0.74	4.09±0.56	−3.08**

（二）在网络群体行为认知度和群体效能因素上，网龄是一个重要影响因素

从表 4-23 中，不同网龄被试在对网络群体行为的支持度上存在显著性差异，在支持度上，1～4 年网龄被试得分高于 5 年以上被试的得分，其中 7 年以上被试得分最低。

结合表 4-23 与表 4-24，在对网络群体行为认知度上，5～6 年网龄被试与 4 年以下网龄被试存在显著性差异；5～6 年网龄被试得分远高于 4 年以下网龄被试得分。在群体效能维度上，5～6 年网龄的被试与 3～4 年、7 年以上网龄被试存在显著性差异，且它的得分高于 3～4 年、7 年以上网龄被试的得分。这两个维度上的差异可能与网龄长短、网络阅历、社会阅历的不同有关。

表 4-23　不同网龄在各维度上的基本情况

维度	1~2 年（$M \pm SD$）	3~4 年（$M \pm SD$）	5~6 年（$M \pm SD$）	7 年以上（$M \pm SD$）	F
相对剥夺	4.21±0.69	4.02±0.81	4.20±0.61	4.05±0.69	1.31
群体认同	3.84±0.94	3.93±0.96	3.98±0.81	3.75±0.94	0.95
群体效能	3.60±0.70	3.54±0.81	3.81±0.67	3.53±0.78	2.44
去个性化	2.67±0.71	2.67±0.83	2.68±0.77	2.60±0.65	0.17
从众心理	3.19±0.67	3.02±0.70	3.37±1.44	3.18±0.75	1.65
匿名心理	2.52±0.94	2.49±0.77	2.63±0.99	2.62±1.00	0.43
社会认同	2.77±0.71	2.69±0.75	2.84±0.78	2.79±0.70	0.56
媒体态度	3.05±0.54	3.06±0.63	3.11±0.56	3.21±0.51	1.10
政府信任	3.05±1.00	3.09±0.90	3.12±0.98	3.06±1.00	0.06
支持度	3.15±0.72	3.22±0.78	2.99±0.88	2.83±0.90	3.04*
认知度	3.45±0.75	3.59±0.92	3.92±0.77	4.05±2.50	1.96
情感	2.94±0.72	3.14±2.78	2.99±0.98	3.01±0.80	0.16
正能量	4.05±0.69	3.93±0.71	4.00±0.55	4.04±0.65	0.44

表 4-24　"5～6 年"网龄被试与其他网龄被试在各维度上的差异性检验

网龄	认知度 t	群体效能 t
1～2 年	−2.99**	
3～4 年	−2.43*	−2.35*
7 年以上		2.39*

（三）大学生网络群体行为具有年级差异

从表 4-21 中，我们能够发现，不同年级的被试主要在正能量、匿名心理、相对剥夺等维度上存在显著性差异。在相对剥夺维度上，大三的得分明显高于大一、大二和大四，其中大一的得分最低；在匿名心理维度上，大三的得分最高，大一的得分最低；在正能量维度上，大四的得分最高，大一的得分最低。

结合表 4-25 与表 4-26，在对网络群体行为的情感维度上，大一与大三、大四存在显著性差异，大二、大三的分数远高于大一的得分，其中大二的得分最高。我们可以推测不同年级在这些维度上的差异可能源于社会阅历、网络使用年限以及思维方式的不同。

表 4-25　不同年级在各维度上的基本情况

项目	大一（M±SD）	大二（M±SD）	大三（M±SD）	大四（M±SD）	F
相对剥夺	3.86±0.74	4.10±0.79	4.30±0.62	4.09±0.56	2.89*
群体认同	3.72±0.91	3.81±1.03	4.08±0.75	3.93±0.76	1.57
群体效能	3.56±0.77	3.58±0.87	3.65±0.61	3.73±0.64	0.63
去个性化	2.59±0.67	2.69±0.82	2.66±0.68	2.63±0.69	0.18
从众心理	3.08±0.67	3.18±0.80	3.21±0.74	3.25±1.55	0.23
匿名心理	2.15±0.77	2.62±0.95	2.73±0.99	2.57±0.83	3.14*
社会认同	2.80±0.70	2.76±0.75	2.73±0.79	2.82±0.70	0.17
媒体态度	3.08±0.63	3.11±0.64	3.13±0.47	3.12±0.48	0.06
政府信任	3.18±0.66	3.09±1.01	3.01±1.06	3.10±0.92	0.22
支持度	3.13±0.67	2.98±0.92	2.97±0.88	3.15±0.77	0.78
认知度	3.80±0.83	3.89±2.10	3.59±0.79	3.83±0.75	0.49
情感	2.53±0.66	3.23±2.40	3.09±0.70	2.90±0.77	1.69
正能量	3.90±0.30	3.92±0.78	3.97±0.56	4.22±0.51	3.31*

表 4-26　大一与大三、大四在情感维度上的差异

年级	t
大三	−3，75***
大四	−2.36*

男女两方在相对剥夺和正能量维度上的得分相对较高，且在这两个维度上，女生的分数都高于男生的分数；不同网龄在各维度上分数较高的有三个，分别是相对剥夺、正能量、群体认同；不同年级在"相对剥夺""正能量""群体认同"

"对网络群体行为的认知度"四个维度上的得分相对较高。从这三个事实中，能够看到一个共同点，大学生群体被试在正能量维度上的得分始终很突出，可以推测，在网络群体行为中，大学生群体对于公平正义的诉求和推崇度是比较高的，也进一步说明了网络群体行为中"正能量"的存在价值。

而通过方差分析和差异性检验，不同性别的大学生被试在正能量和匿名心理上存在显著性差异，不同网龄被试在对网络群体行为的支持度上存在显著性差异，不同年级的大学生被试在正能量、匿名心理和相对剥夺维度上存在显著性差异，我们推测这可能与社会阅历、性别和思维模式差异有关，具体缘由有待进一步研究。

三、网络群体行为的相关分析

（一）网络群体行为与正能量的相关

从表 4-27，正能量与相对剥夺、群体认同、群体效能、从众心理、社会认同、政府信任等维度呈显著正相关；正能量与媒体态度呈正相关。

表 4-27　网络群体行为各维度与正能量之间的相关关系

	相对剥夺	群体认同	群体效能	从众心理	社会认同	媒体态度	政府信任
正能量	0.431**	0.478**	0.547**	0.189**	0.204**	0.147*	0.284**

（二）网络群体行为各维度之间的相关关系

从表 4-28 可以看出，相对剥夺与群体认同、群体效能、从众心理呈显著正相关；相对剥夺与媒体态度维度呈正相关。群体认同与群体效能、社会认同呈显著正相关；群体认同与媒体态度呈正相关。去个性化与从众心理、匿名心理呈显著正相关；与政府信任呈正相关。从众心理与匿名心理、媒体态度、政府信任呈显著正相关；与社会认同呈正相关。匿名心理与媒体态度呈显著正相关。而政府信任与社会认同、群体认同、群体效能均呈显著正相关。

表 4-28　各维度之间的相关关系

	相对剥夺	群体认同	群体效能	去个性化	从众心理	匿名心理	社会认同	媒体态度
群体认同	0.516**							
群体效能	0.458**	0.652**						
去个性化	0.084	0.077	0.009					
从众心理	0.196**	0.136*	0.188**	0.226**				
匿名心理	0.026	−0.016	0.065	0.234**	0.170**			

续表

	相对剥夺	群体认同	群体效能	去个性化	从众心理	匿名心理	社会认同	媒体态度
社会认同	−0.069	0.262**	0.379**	0.009	0.135*	0.110		
媒体态度	0.152*	0.125*	0.125*	0.108	0.190**	0.271**	0.014	
政府信任	0.002	0.258**	0.413**	0.126*	0.204**	0.103	0.542**	0.080

相关分析表明，正能量与相对剥夺、群体认同、群体效能、从众心理、社会认同、政府信任等维度呈显著正相关；通过回归分析得出，正能量、群体认同、去个性化、匿名心理、媒体态度、政府信任等自变量对因变量（对网络群体行为的支持度）作用显著，说明大学生群体正能量等相关维度的变化，影响着大学生群体对于网络群体行为的支持度，影响着网络群体行为的发生和发展变化。

群体认同源自社会认同。对所属群体的社会认同凸显时，人们更倾向于做群际比较，使得成员的个体相对剥夺感下降，群体相对剥夺感上升。在相关分析中，我们得出群体认同与群体效能，社会认同呈显著正相关；相对剥夺与群体认同、群体效能呈显著正相关等研究成果。

四、网络群体行为的回归分析

（一）网络群体行为支持度的回归模型

从表 4-29 中，我们发现，对网络群体行为的支持度与去个性化、从众心理、匿名心理、政府信任、媒体态度等维度呈现显著负相关。

表 4-29　自变量与因变量之间的相关关系

	去个性化	从众心理	匿名心理	政府信任	媒体态度
支持度	−0.262**	−0.184**	−0.402**	−0.189**	−0.254**

从表 4-30 中，群体认同、去个性化、匿名心理、媒体态度、政府信任、正能量等自变量对因变量（对网络群体行为的支持度）作用显著；其中匿名心理对因变量（支持度）的影响最大，其次分别是去个性化、政府信任、媒体态度、群体认同、正能量。得到回归方程如下：

对网络群体行为的支持度=5.11+0.16×群体认同−0.20×去个性化−0.29×匿名心理−0.21×媒体态度−0.15×政府信任−0.21×正能量

表 4-30　网络群体行为支持度的回归分析

项目	B	t
群体认同	0.16	2.195*
去个性化	−0.20	−2.884**
匿名心理	−0.29	−5.406***
媒体态度	−0.21	−2.377*
政府信任	−0.15	−2.485*
正能量	−0.21	−2.232*

（二）网络群体行为认知度的回归模型

从表 4-31 可以看出，网络群体行为认知度与政府信任呈正相关。自变量政府信任对因变量（对网络群体行为认知度）作用显著，说明大学生群体对于政府的信任影响着他们对于网络群体行为的认知度。

表 4-31　网络群体行为的认知度的回归分析

	t		政府信任
政府信任	2.242*	认知度	0.137*

（三）网络群体行为情感的回归模型

从表 4-32 可以看出，大学生被试对于网络群体行为的情感与相对剥夺感、匿名心理等维度呈正相关；相对剥夺、匿名心理等自变量对因变量（对网络群体行为的情感）上的作用显著，说明大学生群体的相对剥夺感和匿名心理会影响他们对于网络群体行为的情感。得到回归方程如下：

对网络群体行为情感=1.81+0.49×相对剥夺+0.32×匿名心理

通过回归分析，我们还发现自变量政府信任对因变量（对网络群体行为的认知度）作用显著，说明大学生群体对于政府的信任影响着他们对于网络群体行为的认知度；相对剥夺、匿名心理等自变量对因变量（对网络群体行为的情感）上作用显著，说明大学生群体的相对剥夺感和匿名心理会影响他们对于网络群体行为的情感。

表 4-32　网络群体行为情感回归分析

	相对剥夺	匿名心理
情感	0.123*	0.158*
	B	t
相对剥夺	0.49	2.509*

第四节　网络群体过程中的社会心态研究

十八大报告指出，道德是时代精神的风向标，心态是文化建设的晴雨表。应当培育自尊自信、理性平和、积极向上的社会心态。网络群体行为往往能真实反映某种复杂而深刻的社会存在，网络中的社会心态可以说是现实心态的聚集、放大，而社会心态在一定程度上影响人们的行为方式，是一个社会文明程度的"晴雨表"，关注网络群体行为的社会心态，可以把握制高点，及时化解舆论危机，调整和完善相关的法律法规和社会政策。所以，对于网络群体行为中的社会心态进行进一步调查研究也是我国和谐社会发展的必然要求。

网络群体行为往往是对社会存在的真实反映，它打破了时间和空间的限制，成为民众思想和诉求表达的新平台，可以说网络中的心态是现实心态的聚集和放大。众多研究表明，在心态失衡的情况下，人们更倾向于从消极角度对社会现象进行认知和判断，从而产生严重的社会认知偏差，激发消极否定的情绪和情感，再加之群体的影响，很容易会激发参与现实社会群体的冲动。

社会运动研究专家埃里克·霍弗曾在《狂热分子》中指出，所有群体运动起初以自愿参加追随的失意者居多。即使没有外界的煽动游说，失意者本身的失意感就足以使其产生"忠实信徒"所需要的大部分人格特征。从这里我们也可以看到心态失衡对于社会整体的稳定和谐发展是十分不利的，所以说对于人们社会心态失衡的把握是十分重要的，很多学者都提出网络社会是现实社会的延伸，所以我们有理由相信社会心态的失衡在网络群体行为中也有体现，网络群体行为的社会心态研究是必不可少的。

有学者曾指出从社会心理学角度来看，民意、舆论等这些都是社会心态的表达和表现。我们可以透过传闻、"段子"、网上帖子和博客、手机短信、流行词汇等了解社会心态。社会心态并不是个体意见的简单相加，而是通过研究这些个体的意见整合起来以后对社会和个体产生的影响和作用。所以说，我们有理由相信网络群体行为与社会心态存在着一定的关系，而这具体的关系则需要我们进一步的实证研究来发现。

此外，我们还可以看到，一个人拥有的心态是一个人行为的基础，但是具体的应对处理方式还与其他因素有关，以往大量研究表明作为一种认知风格，归因方式也会影响个体的应对方式。不同的归因方式会导致不同的应对方式。比如敌意性归因，会导致更多的攻击性行为，而攻击性行为往往是越轨和犯罪的有力预测因素。不过，与个体攻击行为有着更为直接关系的则是内外归因。郑建君和杨继平针对犯罪青少年的归因方式进行调查就会发现，犯罪个体比普通个体更倾向于使用外在归因，并且内外在归因能够有效预测其应对风格。

另外，社会心态与归因方式可能也存在一定的联系，如 2013 年 1 月中国社会科学院社会学研究所的社会心态蓝皮书调查发现，我国农民工社会公平感偏低，而其分析认为这与归因倾向等因素有关。此外，也有学者指出，"在社会心态无可避免地镶嵌进个人生活中去的同时，个人也通过大众化过程成为了'大众人'。这样的个人与社会的联系，并不一定是通过生产、分配、交换和消费建立的，而是一种心理联系。更确切地说，是心态联系，在这样的联系中，个人被社会心态化，社会心态也被个人化"（王俊秀，杨宜音，2011）。

采取随机抽样的方法，在新浪微博、天涯论坛等网络平台中抽取 230 人，共发放问卷 230 份，获得有效样本 223 份，有效回收率约为 97%。被试的基本情况如表 4-33 和表 4-34。

表 4-33　被试基本信息（ $N=223$ ）

人口统计变量		人数/人	百分比/%
性别	男	113	50.7
	女	110	49.3
年龄段	17～25 岁	165	74.0
	26～35 岁	47	21.1
	36～45 岁	7	3.1
	45～55 岁	2	0.9
	56～65 岁	1	0.4
	66 岁以上	1	0.4
受教育程度	未受过正式教育	2	0.9
	小学	2	0.9
	中学	47	21.1
	大学专科或本科	149	66.8
	研究生学历及以上	23	10.3
职业	国家公务员或企业管理人员	24	10.8
	个体人员	10	4.5
	公司上班族	91	40.8
	农业劳动者	3	1.3
	学生	86	38.6
	待业人员或退休人员	9	4

表 4-34　参与者基本信息（*N*=147）

人口统计变量		人数/人	百分比/%
性别	男	73	49.7
	女	74	50.3
年龄段	17～25 岁	113	74.0
	26～35 岁	28	19.0
	36～45 岁	4	2.7
	46～55 岁	0	0.0
	56～65 岁	1	0.7
	66 岁以上	1	0.7
受教育程度	未受过正式教育	2	1.4
	小学	2	1.4
	中学	33	22.4
	大学专科或本科	93	63.3
	研究生学历及以上	17	11.6
职业	国家公务员或企业管理人员	13	8.8
	个体人员	5	3.4
	公司上班族	64	43.5
	农业劳动者	2	1.4
	学生	58	39.5
	待业人员或退休人员	5	3.4

　　问卷主要分三块，第一块属于自编部分，包括基本信息及网络群体行为相关内容，共 17 题。第一部分为人口信息部分，包括性别、年龄、职业、受教育程度 4 道题；第二部分为相对剥夺，包括上一年实际月收入、期望收入、主观阶层 3 道题；第三部分为不同类型网络群体行为的实际参与情况调查，分为 3 个类型事件一共 6 题；第四部分为网络群体行为不同参与程度考察及实际是否有参与过网络群体行为考察，一共 2 题。

　　第二块是为调查社会心态的量表，采用的是由王益富及潘孝富老师编制的社会心态量表，该量表包括生活满意感分量表、社会压力感分量表、政府信任感量表项、社会公平感分量表、社会安全感分量表、社会问题感分量表，共 57 题，经验证量表具有较高的信度和效度，可以在中国单独或组合使用，考虑到题目量及以往学者提出的一些观点整理，本书先选取了生活满意感、社会压力感及社会公平感三个分量表作为本次研究主要考察内容，共 30 题。

　　第三块为归因方式因问卷，测量个体对社会现象产生的归因方式。该问卷由马皑老师编制，内部一致性系数为 0.449，经使用验证较为良好，共 3 道题，其中一个反向计分。探索性因素分析结果显示 3 个项目收敛于一个因子，解释方差总变异的 46.1%，3 个项目的负荷值分别为 0.73、0.76 和 0.52 内部一致性系数 α 为 0.45。该问卷采用 1～6 六点计分方式，总分越高，说明对个体归因倾向越明显，分数越低，说明对社会归因倾向越明显。

一、网络群体行为的特点

（一）被试特点

本组被试反映出我国 17～35 岁年龄段网络群体行为的比例为 95.9%，与我国 2014 年第 33 次中国互联网发展状况报告中的网民结构比例相似，我国 20～29 岁年龄段网民的比例为 31.2%，10～19 岁比例为 24.1%，30～39 岁网民比例为 23.9%。

本书中随机被试的学历结构显示，中学及以上学历者的参与网络群体行为的占了最大比例，这与第 33 次中国互联网发展状况报告中网民学历结构相似，并且其报告中有提到根据其走势来说，中国网民将继续向低学历人群扩散。学生和公司上班族可能是网络群体行为的主要群体，分别占到 39.5% 和 43.5%，互联网在该群体中已经属于普及高位。

本次随机抽样调查的结果显示，被试的年龄以 17～35 岁为主，受教育程度都较高，大学学历的被试占的比例最大。而职业结构上，学生和公司的上班族是网络群体行为的主要群体，而这也与我国 2014 年第 33 次中国互联网发展状况调查报告中的网民属性基本一致，即主体偏青年化，受教育程度处于中等偏上，学生是主力军。

（二）网络群体行为参与度：沉默的大多数现象

通过分析是否经常上网浏览新闻和是否经常发表观点或参与评论的关系，发现浏览新闻与是否参与态度观点发表存在显著相关（$p=0.011$）（表 4-35）。

表 4-35　经常上网浏览新闻与发表观点卡方检验

平时经常上网浏览新闻	参与评论		合计	χ^2
	有	没有		
是	85	105	190	6.420*
否	7	26	33	
合计	92	131	223	

表 4-36 中的数据显示不同网络群体行为参与度的人数差异显著，人数占比例最多的是那些会一直追踪关注新闻事件走向，但是相对于关注事件的人数来说，仅有少数人会在关注事件后积极参与其中，表达看法态度或采取行动积极推动事件的走向。

表 4-36　新闻是否了解与有无参与卡方检验

是否了解	有无参与		合计	χ^2
	有	没有		
了解	41	146	187	9.671**
不了解	0	36	36	
合计	41	182	223	

通过做卡方检验发现，是否参与娱乐事件与主观阶层显著相关（表 4-37、表 4-38）。

我们发现大多数人虽然会关注事件的进展，但并不是经常参与到其评论和讨论。也就是说群体参与深度上会有不同，更多的人是围观态度，积极跟进，少部分活跃分子则会积极发表。并且不同类型事件均呈现该特点。这种"沉默的大多数"现象，其直接诱因可能是一种"看客"的无聊，正如我们日常生活经验中看到的"看热闹"。但是，网络群体普遍存在着较高的相对剥夺、弱势心理，当人们对自身所拥有的不满时，当人们自觉不自觉地将自己归于弱势群体时，这大部分的沉默声音的背后，都是未被满足的诉求、被压抑的情绪等。所以说，很多非直接利益冲突事件的爆发看似是偶然，却有着相当的必然成分。很多让舆论哗然的事件，其实都始于被忽视的声音。

表 4-37　不同参与度间卡方检验

	参与度				期望数	χ^2
	追踪关注并积极参与	只追踪关注	偶尔看下	不关注		
人数（N）	23	124	72	4	55.8	155.565***

表 4-38　娱乐事件参与与不同主观阶层卡方检验

娱乐事件参与	主观阶层					合计	χ^2
	下层	中下层	中层	中上层	上层		
有	10	14	4	4	0	32	11.072*
没有	29	40	39	3	4	115	
合计	39	54	43	7	4	147	

此外，我们前面也提到，网络群体行为可以分为三类，分别是共同关注、共同目标及共同行为，而在研究结果中我们可以看到，积极关注追踪事件发展的群体占了非常大的比例，他们便属于有共同关注并且潜在共同行为的参与者。正如心理学里的"旁观者效应""沉默的大多数"虽然未采取共同行为，但他们如旁观者一样观察着事件的进展，观察着他人的观点态度及政府机构等的回应。所以，对于"沉默的大多数"现象不容忽视，应该正确全面地把握不同参与度参与者的心理，并适时加以疏导，建立更为完善的"发声"机制，让"沉默"的人们也能通过合法的途径维护合法的利益。

（三）相对剥夺感的特点

被试实际收入与预期收入比较发现，80.3%被试的实际收入是小于预期收入水平的，也就是对自身收入水平是处于一个不够满意的状态。网络群体行为在收入相对剥夺感上差异显著（$p<0.001$）（表 4-39）。

表 4-39　被试实际收入与预期收入比较　（相对剥夺感）

	收入相对剥夺感			合计	χ^2
	收入>预期	收入=预期	收入<预期		
人数（人）	18	11	118	147	146.245***
百分比（%）	12.2	7.5	80.3	100	

表 4-40 结果显示，教育程度与的相对剥夺感呈显著相关（$p=0.001$）。

表 4-40　不同受教育程度被试收入相对剥夺感卡方检验

相对剥夺感	受教育程度					合计	χ^2
	未受 1	小学 2	中学 3	大学 4	研究生 5		
收入>预期	1	0	7	9	1	18	26.141**
收入=预期	0	1	7	3	0	11	
收入<预期	1	1	19	81	16	118	
合计	2	2	33	93	17	147	

注：1 代表未受过正式教育；2 代表小学；3 代表中学；4 代表大学专科及本科；5 代表研究生及以上

通过不同职业被试与相对剥夺感的分析，职业与相对剥夺感显著相关，（χ^2（4）=26.251，$p=0.003$）（表 4-41）。总体上，相对剥夺感都非常高，即所有职业中的大多数人都觉得收入水平是低于其预期的，此外学生认为对其收入水平高于其预期的相对人数明显高于其他各职业，其相对剥夺感程度依次为农业劳动者（100%）、公司上班族（96.9%）、国家公务员或事业单位人员（84.6%）、待业或退休人员（80%）、学生（62.1%）、个体经商人员（60%）。

表 4-41　不同职业被试相对剥夺感卡方检验

相对剥夺感	职业						合计	χ^2
	公务员或事业单位人员 1	个体经商人员 2	公司上班族 3	农业劳动者 4	学生 5	待业或退休人员 6		
收入>预期	1	1	1	0	14	1	18	26.251**
收入=预期	1	1	1	0	8	0	11	
收入<预期	11	3	62	2	36	4	118	
合计	13	5	64	2	58	5	147	

注：1 代表国家公务员或事业单位人员；2 代表个体经商人员；3 代表公司上班族；4 代表农业劳动者；5 代表学生；6 代表待业或退休人员

相对剥夺感最早是由美国社会学家 S. A. 斯托弗（S. A. Stouffer）提出的。其后经 R. K. 默顿（R. K. Merton）的发展，成为一种关于群体行为的理论。它是指当人们将自己的处境与某种标准或某种参照物相比较而发现自己处于劣势时产生的受剥夺感。这种剥夺感来自参照个体或群体也就是参照对象。相对剥夺感可以分为个体与群体与另一个个体或群体的横向比较以及一个个体或群体的纵向自我比较两种。

1. 相对剥夺感

本研究中通过实际收入与预期收入作对比发现，超过半数的被试觉得实际的收入是不符合自己期望水平的，差异达到了显著水平（$p<0.001$）。或者说大部分人都认为其实际收入是低于其预期的，处于一个不够满意的状态。我们可以称之为收入上的相对剥夺感。近些年，中国经济迅速发展，综合国力明显提升，但贫富差距拉大、阶层固化等问题也日益凸显，社会资源的分配不公也使得不少群体都心生不满。而这种相对剥夺感体现在经济上就是对自身的实际收入水平与期望收入水平的差距。

2. "弱势"相对剥夺体现

从研究结果中我们可以看到即使是收入水平不同的个体，总体上主观阶层都倾向认为自己属于中层及以下。不论收入水平高低，个体对自身的阶层评价都偏认为是中层及其以下的阶层。这个或许也提示着我们现代社会中越来越明显的"弱势心理"。

随着中国快速发展，人民的生活水平有了普遍提高，然而物质的丰富并没能带来心灵的富足，反而越来越多的人觉得自己成为"弱势群体"，比如公司白领、高校学生等，甚至不少官员也称自己是弱势群体。这就是国人"弱势心理"的泛化趋势。"弱势心理"泛化的蔓延，很容易致使个体内在情绪失衡以及自我调控能力的弱化和降低，从而严重影响社会的和谐发展。

通过对不同教育程度群体被试的相对剥夺感做卡方检验，发现教育程度与相对剥夺感存在显著相关（$p=0.001$）。总体上不同教育程度群体的相对剥夺感人数比例都较高，而其由高到低依次为研究生及其以上、大学本科及专科、小学、未受过正式教育、中学。相对剥夺其实是一个因为比较而产生的剥夺感。相对来说教育程度越高，其投入越多，当觉得自己投入与付出不成正比时，觉得实际与预期有差距时便很容易产生了这种相对剥夺感。

对不同职业被试的相对剥夺感按所占比例分析，相对剥夺感程度依次为农业劳动者（100%）、公司上班族（96.9%）、国家公务员或事业单位人员（84.6%）、待业或退休人员（80%）、学生（62.1%）、个体经商人员（60%）。当然可能该方法会受到被试数量的一定影响，但是我们依旧可以看到大概的一个排序。

我们的社会是由不同群体组成的，而群体又是由不同个体组成的，个体中存在的强烈相对剥夺感，很容易影响不同群体之间的平衡状态，从而引起社会的动乱和不和谐。另外，群体间的相对剥夺我们也应该予以重视，即不同群体会自动将自身归为一类，对其他群体会产生剥夺感，而网络群体所体现出的相对剥夺感及其"弱势心理"，其实也是警示我们对网络群体行为的关注，应该更多转向其内在的心态方面。有学者指出想消除公众普遍的"弱势心理"，一方面要加强社会主体的自立、自尊、自强，另一方面要加快民主进程，尊重和保障社会各阶层群体的政治、经济、文化和社会权利，特别是要加强民主制度建设，保障群体的参与权、知情权和表决权，尤其是保障其参与社会公共事务和与自身权益有关的各项决策的权利，使其能够依据法律程序维护合法权益。如此，"弱势心理"就会大大降低。总之，降低人们的相对剥夺感，提升人们主观阶层满意度，是让网络更有序和谐发展、社会更稳定发展过程中必须考虑的重要内容。

二、网络群体行为中的社会心态

（一）参与者与非参与者的社会心态比较

由表 4-42 可知，了解娱乐类事件的个体与不了解娱乐类事件的个体，其感受到的社会压力感是不一样的，了解者的社会压力感要显著小于不了解者。一旦了解娱乐类事件，其参与的可能性会更大；不了解者其参与者程度明显要低，这对其随后的参与可能性会产生影响。

表 4-42　对娱乐类事件了解与否的被试社会压力感差异

	了解者（n=187）	不了解者（n=36）	t	p
社会压力感	2.69±0.699	3.20±0.778	−3.936*	0.000

通过 T 检验结果可知，参与者与非参与者在务工就业压力上差异显著（$p<0.01$）。

由表 4-43 可知，参与者的务工就业压力显著高于非参与者，这种较高水平的压力感是否也导致个体更多地参与社会事件的讨论，起到降低压力的作用？换句话说，通过讨论事件，进而转移自己的注意力，达到缓解压力的作用。

表 4-43 是否参与被试务工就业压力差异分析

	非参与者（n=147）	参与者（n=76）	t	p
务工就业压力	3.34±1.09	2.89±1.04	2.928**	0.004

通过表 4-44 可以看出，参与者的生活满意度、社会公平感、社会压力感与非参与者相比，不存在显著差异，但有一个趋势需要引起关注：所有参与者的生活满意度、社会公平感、社会压力感都要低于非参与者。

表 4-44 参与者与非参与者社会心态差异分析

	参与者（n=41）	非参与者（n=182）	t	p
生活满意度	2.94±.817	3.05±.629	−1.048	0.296
社会公平感	2.67±.782	2.79±.724	−0.950	0.343
社会压力感	2.79±.805	3.58±.843	1.159	0.248

（二）不同教育程度被试的社会心态及归因方式特点

从表 4-45 方差分析结果表明，在社会公平感和归因方式上，不同教育程度被试间存在显著差异，（$F_{(4, 142)}$=2.917，p=0.023）（$F_{(4, 142)}$=2.957，p=0.022）进一步多重比较的结果表明：在社会公平感上，未受过正式教育的被试与小学、中学、大学专本科、研究生及以上被试均呈现显著差异，小学与中学及大学专科、本科的被试有显著差异。在归因方式上，未受过正式教育的被试与中学、大学、研究生及其以上的被试有显著差异。

表 4-45 不同教育程度的被试社会心态、归因方式得分（$M\pm SD$）及方差分析结果

	未受过正式教育（n=2）	小学（n=2）	中学（n=33）	大学（n=93）	研究生及以上（n=17）	F
生活满意度	3.40±2.26	3.60±.00	2.87±.64	3.12±.67	3.07±0.66	1.374
社会压力感	3.93±1.51	3.75±.35	2.85±.67	2.77±.70	2.84±.92	2.074
社会公平感	1.33±.47	3.75±.35	2.56±.84	2.68±.70	2.65±.76	2.917*
归因方式	1.83±1.17	3.83±1.65	3.72±.78	3.71±.87	3.37±.71	2.957*

由表 4-46 和表 4-47 数据结果可知，未受过正式教育的被试在社会压力感上显著高于中学、大学、研究生及其以上的被试。并且其社会公平感也显著低于小学、中学、大学专本科、研究生及其以上被试。一定程度上，未受过正式教育的群体在我们高速发展的社会中可以被认为是处于一种现实弱势地位，所以其社会压力感上会显著高于中学、大学、研究生及其以上的被试，并且社会公平感显著低于小学、中学、大学专本科、研究生及其以上的被试。另外，我们可以看到由于被试样本小学程度较少，对职业与受教育程度做交叉表发现该被试属于待业人员或退休人员，而这可能是导致其这样结果的原因之一。

此外，研究结果中，小学教育程度被试的社会公平感显著高于中学及大学专本科教育程度的被试。通过做交叉表分析，发现该被试为国家公务员或事业单位人员及农业劳动者，从职业角度来说，该两类的职业由于工作性质及近些年国家的政策支持影响可能会是其社会公平感较高的原因之一。

在归因方式的考查上，我们发现未受过正式教育的被试与中学、大学、研究生及其以上的被试也有显著性差异。其归因方式更为外倾，也就是社会归因，当个体倾向于把失败归因于外部条件时，容易产生愤恨、不满等不良情绪，并可能出现一些报复性的行为。

表 4-46 社会公平感的差异事后检验

变量	未受过正式教育	小学	中学	大学专本科	研究生及以上
小学	−2.417*				
中学	−1.232*	1.184*			
大学专、本科	−1.342*	1.074*	−0.110		
研究生及其以上	−1.451*	0.966	−0.219	−0.109	

表 4-47 归因方式的差异事后检验

变量	未受过正式教育	小学	中学	大学专本科	研究生及以上
小学	−2.000*				
中学	−1.884*	0.116			
大学专、本科	−1.880*	0.120	0.004		
研究生及其以上	−1.539*	0.461	0.345	0.341	

我们知道，过高的负性的社会心态是不利于个体生活和发展的，当转型期社会人们过多负性心态遇上触发该心态的事件时，便非常容易导致人们行为暴力化、情绪暴戾化，甚至可能产生矛盾和冲突。所以对于未受过正式教育或者教育水平较低的群体我们应该予以更多的关注和支持，让他们也能平等地享受现代化的成果，并且我们可以考虑从归因方式上着手对其社会公平感和社会压力感进行改善，从而减少其社会压力感，增强其社会公平感。

（三）不同参与度被试社会心态及归因方式特点

表 4-48 方差分析结果表明，在生活满意度上，不同参与度的个体之间会有显著差异，（$F_{(3, 219)}$=4.513，p=0.004），进一步多重比较的结果表明：平时不关注新闻时事的被试与追踪关注并采取行动、只是追踪关注但不采取行动和偶尔关注下的被试在生活满意度上差异均显著。

从结果我们可以看到，平时不关注新闻事实的被试的生活满意度显著低于其他的几个参与度的被试。正如前面所说，每个人的心理资源是有限的，当个体生活里的其他事件或者个体自身需要用更多的心理资源来解决时，其投入内部的心理资源就需要得更多，相对而言，其能关注外部、投入外部的心理资源就越少。所以这可能是不关注新闻时事群体生活满意度显著低于其他群体的原因之一。另外，我们知道每个个体其实都是社会人。所以也有可能是由于当人们关注外部事件时，可以通过注意转移或者通过观点态度表达宣泄，增强自身与社会关系纽带感，获得了更多的支持感，从而使得个体产生更高的满意度。

因此，需要引起关注的是，网络群体行为的根源在于事件引发人们的类似社会心态。

表 4-48　不同参与度被试社会心态、归因方式得分（$M \pm SD$）及方差分析结果

变量	追踪关注并采取行动	只追踪关注	偶尔看下	不关注	F
	（n=23）	（n=124）	（n=72）	（n=4）	
生活满意度	3.15±0.70	3.06±0.66	3.03±0.61	1.87±1.01	4.513*
社会压力感	2.87±0.80	2.82±0.73	2.67±0.65	2.82±1.73	0.779
社会公平感	2.76±0.98	2.64±0.72	2.72±0.60	2.41±0.99	0.477
归因方式	3.74±0.70	3.63±0.90	3.52±0.79	3.00±1.91	1.080

从表 4-49 可以看到，在不同类型的重大事件中，了解者与不了解者其在社会压力感上均差异显著，不了解者的社会压力感普遍显著高于了解者。调查发现虽然绝大多数人都了解事件的发生，但是仍然有少部分人对这些事件是不知道不了解的，而我们的结果其实可以从我们的生活经验角度考虑，由于个体心理资源有限，当个体社会压力感非常高时，可能其便会产生更多的关注内部，也就是自身的发展，对外界的关注度就会相应减少。所以产生了不了解者社会压力感显著低于了解者的现象。

表 4-49　不同参与度被试生活满意度差异事后检验

变量	追踪关注并采取行动	只追踪关注	偶尔看下
只追踪关注	0.095		
偶尔看下	0.119	0.023	
不关注	1.277*	1.181*	1.158*

研究结果显示，参与者与非参与者在社会压力感中的务工就业压力上差异显著，参与者的务工就业问题上的压力显著高于非参与者。务工就业压力代表着个体在考虑就业问题或为获得职业做准备及在寻求职业的过程中面对具有威胁性、挑战性刺激时所产生的一种被压迫的感受。本研究中公司上班族及学生占据非常大的比例，该两类人群拥有相对充裕的时间和设备条件，并且一般来说公司上班族的工作稳定感相对较低，学生群体在当前社会"更难就业季"的现实及未来就业未知性的影响下，其就业压力必然较大，因而在网络上发表看法态度，或者关

注追踪一些事件或许可以适当减轻转移自己的务工就业压力感。

研究发现，参与者与非参与者在社会心态的各个维度上的差异都是不同的。网络事件可以被看作作用于网络群体行为的外部因素，而参与者本身所持有的心理特质是内部因素。内因是事物变化发展的根据，外因是事物变化发展的条件，外因通过内因起作用。所以说，网络群体行为发生和发展的根本原因还在于参与者本身的社会心态基础，网络事件只是外因。如果把网络行为比喻成一次"爆炸"，网络事件只是此次爆炸的火星，网络参与者自身的社会心态才是爆炸物。

这也给我们一个新的重要启示，真正引发群体行为的可能并不是事件本身，而是事件引发了人们的类似社会心态。因此，在我们研究网络群体行为的时候，更应该关注的是参与者本身的社会心态，从而对接网民心理，摸清传播规律，提高传播的感染力和说服力，因事而谋，应时而动，顺势而为。

（四）不同主观阶层被试社会心态及归因方式特点

由表 4-50～表 4-52 方差分析结果表明，不同主观阶层被试间的生活满意度存在显著差异，（$F(4, 142)=6.630$，$p=0.000$），进一步多重比较的结果表明：主观阶层为下层被试生活满意度显著低于主观阶层为中下层、中层和中上层的被试，主观阶层中下层生活满意度显著低于主观阶层中层的被试。在社会压力感维度上，主观阶层下层被试社会压力感显著高于主观阶层为中层和中上层的被试，主观阶层中下层被试社会压力感显著高于主观阶层中层和中上层，而主观阶层中层被试和主观阶层中上层被试的社会压力感显著低于主观阶层上层的被试。

表 4-50　不同主观阶层被试在社会心态及归因方式上的差异比较

	下层 （n=39）	中下层 （n=54）	中层 （n=43）	中上层 （n=7）	上层 （n=4）	F
生活满意度	2.72±0.62	3.02±0.66	3.34±0.47	3.60±0.57	3.13±1.34	6.630***
社会压力感	3.04±0.64	2.97±0.75	2.52±0.60	2.09±0.84	3.32±1.15	5.940***
社会公平感	2.48±0.69	2.70±0.86	2.72±0.62	3.02±0.73	2.42±1.34	1.119
归因方式	3.60±0.78	3.54±1.00	3.82±0.67	4.19±0.69	2.83±1.34	2.291

表 4-51　主观阶层生活满意度的事后差异检验

	下层	中下层	中层	中上层	上层
中下层	−0.307*				
中层	−0.626*	−0.319*			
中上层	−0.877*	−0.570*	−0.251		
上层	−0.402	−0.095	0.224	0.475	

表 4-52　主观阶层社会压力感的事后差异检验

	下层	中下层	中层	中上层	上层
中下层	−0.073				
中层	−0.514*	0.440*			
中上层	0.948*	0.875*	0.434		
上层	−0.281	−0.355	−0.795*	−1.230*	

各主观阶层被试在生活满意度及社会压力感上差异显著，主观阶层为下层和中下层的被试生活满意度依次为最低和倒数第二低的，而主观阶层上层的被试则排在其二者之后，而主观阶层中层及中上层被试的生活幸福感则相对处于较高水平，总体上该分布呈现倒 U 形的分布。所以我们可以知道主观阶层为下层或中下层时其生活满意也处于一个较低水平的，而主观阶层为中层及中上层时生活满意度较高。

在社会压力感上，主观阶层为下层和中下层被试显著高于主观阶层为中层和中上层的。并且主观阶层中层及中上层的被试压力感也显著低于主观阶层为上层的被试。可见当我们主观阶层为中等偏上时生活满意度是最高的，社会压力感也是最低的。

三、归因方式

从表 4-53 对社会心态的三个维度与归因方式做相关分析发现，归因方式与生活满意度、社会公平感呈显著正相关，生活满意度与社会公平感呈显著正相关。

表 4-53　社会心态与归因方式的相关分析（ r ）

	生活满意度	社会压力感	社会公平感	归因方式
生活满意度	1			
社会压力感	−0.138	1		
社会公平感	0.348**	−0.083	1	
归因方式	0.327**	−0.024	0.300**	1

进一步做线性回归发现，归因方式可以较好地预测生活满意度及社会公平感（表 4-54）。

表 4-54　社会心态与归因方式的线性回归分析

自变量	R	R^2	β	F
生活满意度	0.327	0.107	0.327	17.346***
社会压力感	0.024	0.001	−0.024	0.086
社会公平感	0.300	0.090	0.300	14.371***

对行为和心理结果的不同归因会导致个体采取不同的应对方式。一般来说，

事件后果的性质即消极或是积极的性质以及个体的归因方式共同决定了个体的侵袭和行为反应。对于群体也是如此。

通过对社会心态与归因方式做相关分析发现，归因方式与生活满意度和社会公平感呈显著正相关，生活满意度与社会公平感呈显著正相关。进一步的回归分析发现，归因方式可以较好地预测生活满意度及社会公平感。也就是说当个体的归因方式越倾向于个人归因时，其更容易从自身出发找原因并解决问题，生活满意度越高，并且由于其容易从个体角度出发思考问题，进行归因，因而其会更多地认为社会是公平的，而自己也是可以通过个人努力实现想要实现的目标，获得想要获得的东西，因而其社会公平感也就越高。

而在默顿理论中当制度性手段分配不公时，这种归因方式可能导致个体或者群体采取"超越制度性手段"的方式来扭转现有的局面，以恢复一种心态的相对平衡。所以对于社会心态改善，除了应该从制度、外部环境出发进行建设和改革，还应该重视从个体层面即归因方式进行改善，通过归因方式来改善社会心态。

第五节　大学生网络群体过程的中介效应检验

以随机分层抽样的方法选取××民族大学四个年级（大一、大二、大三、大四）和××进修生共 245 名学生，进行问卷调查。发放 245 份问卷，获得有效问卷 243 份，回收有效率为 99%。样本基本情况见表 4-55。

表 4-55　样本基本情况

变量		数量/人	百分比/%
性别	男	78	32.1
	女	161	66.3
年级	大一	52	21.4
	大二	46	18.9
	大三	56	23.0
	大四	55	22.6
	**进修生	34	14.0
区域性质	民族地区	100	41.2
	非民族地区	143	58.8
80后、90后	80后	90	37.0
	90后	153	63.0

采用的工具为《网络群体过程调查问卷》，经统计分析结果全问卷的信效度 a 值为 0.701，本书所要分析的变量信效度都在 0.630～0.718，信效度尚可。该问卷

包含三个部分：指导语、个人基本信息和问卷部分。

个人信息包括性别、年级、出生年份范围（80、90 后）、来源地区域性质（民族地区、非民族地区）。问卷部分包括网龄、每天上网时长、每周上网频率、常用网络平台等。正式问卷部分包括以下维度：相对剥夺（1～3 题）、群体认同（4、5 题）、群体效能（6～11 题）、去个性化（12～15 题）、从众（16～19 题）、匿名性（20、21 题）、社会认同（22～24 题）、媒介态度（25～28 题）、公信力（29、30 题）、对群体过程的认知（32、33 题，是对群体过程积极正面的认知）、对群体过程的支持度（31～35 题，反向计分）、对群体过程的情感（34～36 题）。其中本书将相对剥夺、群体认同、群体效能、群体过程认知、支持度、情感作为参与群体行为的观测变量。

正式问卷部分采用五点评分方法，同时采用正向计分和反向计分。正向计分，"非常不赞同"记 1 分，"基本不赞同"记 2 分，"不确定"记 3 分，"基本赞同"记 4 分，"非常赞同"记 5 分；反向计分，"非常不赞同"记 5 分，"基本不赞同"记 4 分，"不确定"记 3 分，"基本赞同"记 2 分，"非常赞同"记 1 分。

一、群体过程认知、支持度与情感

（一）群体过程认知、支持度与情感的性别特点

为了比较群体过程认知、支持度、情感的性别差异，对数据进行了独立样本 T 检验。结果显示群体过程的认知、支持度、情感上没有性别差异（表 4-56）。

表 4-56　群体过程认知、支持度、情感在性别上的差异

	男（$M \pm SD$）	女（$M \pm SD$）	t
认知	3.58±0.64	3.66±0.67	−0.98
支持度	3.05±0.79	3.02±0.71	−0.63
情感	2.9±0.79	0.87±0.73	0.47

（二）群体过程认知、支持度、情感的年级特点

为了探讨群体过程认知、支持度、情感的年级差异，分别对所有数据进行单因素方差分析，结果显示，年级在群体过程认知、支持度上有显著性差异（$p<0.05$），在情感上极其显著（$p<0.01$）。其中，在群体过程认知上大一与**进修生有显著差异（$p<0.05$），大三与大四有显著差异（$p<0.05$），大四与**进修生间差异极其显著（$p<0.01$）；在群体过程支持度上，大一和大三（$p<0.01$），大二和大三（$p<0.01$）的差异极其显著；在群体过程情感上，大一与大二、大三、大四、××进修生都显示出显著差异性（表 4-57、表 4-58）。

表 4-57　群体过程认知、支持度、情感在年级变量上的差异检验

	F
认知	3.008*
支持度	2.029*
情感	3.829**

表 4-58　群体过程认知、支持度、情感的事后检验

因变量	（I）年级	（J）年级	均值差（I-J）
认知	大一	**进修生	−0.33*
	大四	大三	−0.31*
		**进修生	0.43*
支持度	大三	大一	−0.28*
		大二	−0.38*
情感	大一	大二	−0.41*
		大三	−0.44*
		大四	−0.33*
		**进修生	−0.56*

（三）群体过程认知、支持度、情感的地区特点

为了探讨群体过程认知、支持度、情感与区域性质差异，对数据进行了独立样本 T 检验。结果显示对群体过程的认知、支持度、情感与区域性质没有显著差异（表4-59）。

表 4-59　群体过程认知、支持度、情感的地区差异

	民族地区（$M \pm SD$=100）	非民族地区（$M \pm SD$=143）	t
认知	3.58±.712	3.69±.633	−1.298
支持度	3.06±.776	3.01±.712	0.55
情感	2.9±.862	2.85±.689	0.47

（四）群体过程认知、支持度、情感的年代特点

为了探讨 80、90 后在群体过程认知、支持度、情感上的差异，对数据进行了独立样本 T 检验。结果显示在群体过程支持度上 80、90 后没有显著差异，群体过程情感上有显著差异（$p<0.05$）（表 4-60）。

表 4-60　80 后、90 后与群体过程认知、支持度、情感的差异（$M \pm SD$）

	80 后（n=90）	90 后（n=153）	t
认知	3.54±0.658	3.70±0.667	−1.845
支持度	3.02±0.822	3.04±0.686	−0.196
情感	3.00±0.807	2.79±0.729	2.01*

综合来看，调查结果显示，群体过程认知、支持度、情感的性别差异不显著，认知、情感上的年级差异显著，民族区域差异不显著，80 后、90 后在群体过程情感上差异显著。

性别差异不显著可能与样本量有关，男生样本量 78，女生样本量 161，两者

差距较大。

年级在群体过程认知、情感上差异显著，特别是大一与各个年级间的差异显著，可能是大一学生刚进入大学，对大学开放自由的新环境没有适应，还没有形成一定的自我管理能力，因此与高年级学生相比在对待群体过程上更容易情绪化和冲动。这点提示我们高校在新生网络安全教育上要进行合理引导，提高其网络群体过程的认知能力。

民族区域性质差异不显著可能与学生所接受的教育和自身文化素养有关。随着民族大融合和高等教育的普及，民族地区与非民族地区学生在民族认同感、获得的教育资源、物质和精神支持、信息获取上差异越来越小，因此在群体过程的认知、情感、支持度上差异不显著。

每个年代的人身上都有鲜明的时代特征，90 后作为改革开放背景下成长的一代，他们的价值趋向多元化，对社会事件敏感，对网络十分依赖，心理健康水平在下降，这些因素都会影响他们对群体过程的情感。

二、相关矩阵

表 4-61 的结果显示，群体认同与相对剥夺、群体效能、群体过程认知呈正相关，说明群体认同感越高，相对剥夺感越强烈，群体效能越高，越能影响群体成员对群体过程积极的认知，降低对群体过程的支持。相对剥夺与群体效能、群体过程认知呈正相关，说明群体感知到的相对剥夺感越强，越能激发群体效能感，进而促进成员对群体过程积极的认知。

表 4-61　各因素相关矩阵

因素	群体认同	相对剥夺	群体效能	认知	支持度	情感
群体认同	—					
相对剥夺	0.32**	—				
群体效能	0.42**	0.33**	—			
认知	0.13*	0.25**	0.26**	—		
支持度	−0.12*	0.05	0.11	−0.01	—	
情感	0.01	0.10	0.07	−0.05	−0.46	—

三、网络群体过程的中介效应模型

（一）群体过程认知的中介效应模型

运用 AMOS 进行路径分析和模型检验，结果表明：群体认同对相对剥夺直接效应显著（路径系数为 0.81，$p<0.01$）（图 4-5），相对剥夺对认知的路径系数大于群体认同对群体过程认知的路径系数，群体认同对群体过程认知的直接效应不显著。表明群体认同通过相对剥夺作用于群体过程的认知，相对剥夺在群体认同和群体过程认知间起中介作用。一般认为，$\chi^2/df<2$，$p>0.05$ 说明模型有较好的解释力。该模型拟合指标为：$\chi^2=21.915$，$df=11$，$\chi^2/df=1.99$，显著性概率 $p=0.025$，$NFI=0.882$，$IFI=0.938$，$TLI=0.874$，$CFI=0.934$，$RMSEA=0.066$，模型相对拟合度尚可（图 4-6）。

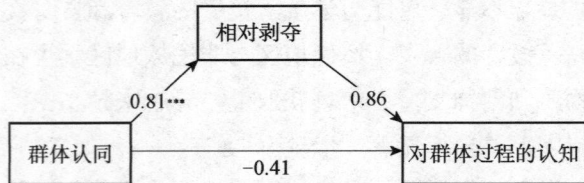

图 4-5　群体过程认知的中介效应 1

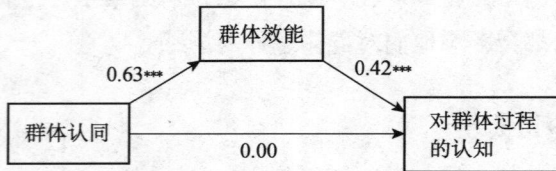

图 4-6　群体过程认知的中介效应 2

运用 AMOS 进行路径分析和模型检验，结果表明：群体认同对群体效能直接效应显著（路径系数为 0.63，$p<0.01$），群体效能对群体过程认知的直接效应显著（路径系数为 0.42，$p<0.01$），而群体认同对群体过程认知没有作用。表明群体认同通过群体效能作用于群体过程的认知，群体效能在群体认同和群体过程认知间起中介作用。该模型拟合指标为：$\chi^2=77.359$，$df=32$，$\chi^2/df=2.41$，显著性概率 $p=0.00$，$NFI=0.882$，$IFI=0.893$，$TLI=0.844$，$CFI=0.889$，$RMSEA=0.079$，模型相对拟合度不理想。因此，删除群体认同到群体过程认知的路径，对模型进行修正，模型相对拟合水平有所提高，$NFI=0.83$，$IFI=0.895$，$TLI=0.853$，$CFI=0.892$，$RMSEA=0.076$。

（二）群体过程支持度的中介效应模型

运用 AMOS 进行路径分析和模型检验，结果表明：群体认同对相对剥夺直接效应显著（路径系数为 0.75，$p<0.01$）（图 4-7），相对剥夺对群体过程支持度直接效应不显著。该模型拟合指标为：$\chi^2=16.258$，$df=11$，$\chi^2/df=1.478$，显著性概率 $p=0.132$，$NFI=0.897$，$IFI=0.964$，$TLI=0.926$，$CFI=0.961$，$RMSEA=0.046$，模型相

对拟合度较好（图 4-8）。

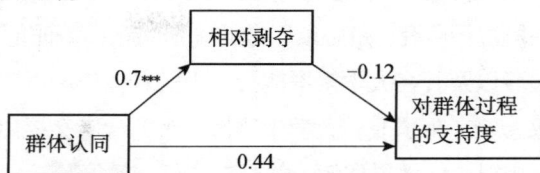

图 4-7　群体认同、相对剥夺与群体过程支持度的结构方程模型路径系数图

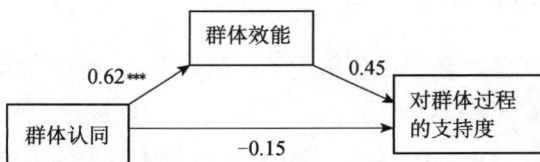

图 4-8　群体认同、群体效能与群体过程支持度的结构方程模型路径系数图

运用 AMOS 进行路径分析和模型检验，结果表明：群体认同对群体效能直接效应显著（路径系数为 0.62，$p<0.01$），群体效能对支持度、群体认同对支持度直接效应不显著。该模型拟合指标为：$\chi^2=67.333$，$df=32$，$\chi^2/df=2.1$，显著性概率 $p=0.00$，$NFI=0.84$，$IFI=0.909$，$TLI=0.868$，$CFI=0.906$，$RMSEA=0.069$，模型相对拟合度尚可（图 4-8）。

路径分析表明：相对剥夺和群体效能在群体认同和群体过程认知间起中介作用。这启示我们高校在管理过程中，应充分重视相对剥夺和群体效能对群体过程的影响。促进信息的即时和公开透明，拓宽学生意见表达渠道，使得学生有较多的渠道表达自己的利益诉求，降低相对剥夺感和不满情绪。同时，通过加强校园文化建设以提高学生对学校的认同感。有研究表明，高群体效能地区会导致该地区社会控制加强，从而犯罪行为减少（Bazemore，2000）。因此，可以发展在学校监督下的学生自主管理校园信息平台模式，提高学生的群体效能感。

第六节　大学生网络群体行为研究的反思

当前对于大学生群体行为研究主要存在以下不足：①研究方法上的不足，对研究方法的选择和综合使用有待进一步改善；②研究对象的不足，如何选择代表性样本，采用巧妙的技术和手段进行研究，是必须思考的一个问题；③研究影响因素上的不足，对因素之间的内在关联以及其在大学生群体行为中的具体作用需要进一步深入研究；④缺乏应对措施效果检验，为了改善大学生群体行为，学者会提出不同构想，尝试对大学生群体行为进行应对，但效果如何，并没有进行有效检验。

一、研究方法上的不足

国外对群体行为的测量，主要采用了问卷调查法、实验法（主要是被试间的因素设计，通过控制不同的自变量来考察对因变量的影响，然后建立结构方程模型来解释群体行为）、访谈法（访谈实际曾参与群体行为的个体）、参与性观察法等方法对群体行为进行量化操作。此外，还有的研究者通过深入分析、纵向比较这些群体行为得出其发生过程及影响因素。

国内的研究方法多集中于比较分析方法、内容分析法等定性研究方法，缺乏定量研究。在定性研究中研究者主要是对群体现象的描述、相关文献的梳理和对理论的归纳和推演，或是以国外相关理论为基础，分析我国群体行为的成因、影响因素，或是建立一些理论模型，但模型都没有相应的数据支撑。只有少量的量化研究用于对网络群体行为基本特征的初步调查、网络群体行为内涵研究的文本聚类，在聚类分析的基础上讨论群体行为的特征、内涵与网民诉求等（董天策等，2011）。近几年也相继出现了通过实验法模拟群体行为，考察群体行为的影响因素。例如，张书维等人利用单因素被试间设计，考察相对剥夺与相对满意对群体行为的影响（张书维等，2010）；陈浩等（2012）通过实验室情景设计的方法，考察了跨情境下群体相对剥夺如何通过群体认同作用于群体行为，及群体愤怒和群体效能对群体行为的影响。而对群体行为的量化研究寥寥无几，对大学生群体行为参与意向的研究更是少见。

二、研究对象上的不足

正如上面提到的，由于国内对群体行为的研究方法相对欠缺，因而相关研究涉及的对象也较为有限，多数研究以网上较为轰动的热点事件为研究对象，来探索网民群体行为的特点、心理变化机制等或是以热点事件为基本切入点研究群体理论是否同样适用于网络环境下的群体事件。例如，王道勇（2007）以2006年五个具有代表性的群体行为为例，分析了这些群体行为中网民行为的基本特征；李婷玉（2011）以网络事件为例，剖析网络群体行动发生机制。而宛恬伊（2010）探索了基于虚拟社会这一特殊环境背景下的群体行为理论，即价值累加理论。然而，真正以网民（参与者或准参与者）为研究对象，考察其心理过程的量化研究是屈指可数的。也有一些研究以大学生为对象，但是其研究的主题多是大学生群体行为的特点、诱因以及预防、控制策略等，而不是心理因素的量化研究。

三、研究影响因素的不足

现有的研究从外在的因素考察了网络群体行为的影响，个人内在的心理因素较少涉及，而从群体层面心理因素考虑的研究更少见。因此，在基于个案和事件的基础上，应加强对网络群体行为形成前网民社会心理背景，事件形成中网民的参与心理，事件发展过程中网民的感染、模仿暗示和盲从等心理状态的调查研究。同时，可从群体理论的视角分析网络群体行为中网民的沟通等过程（胡圣方，2011）。

由于网络群体行为不同于一般的群体行为，因而影响网络群体行为的因素除了一般影响群体行为的因素之外，还有其他因素的作用，比如网络环境匿名性特点、网络传播特点等特殊情境下行为参与者的特点，同时更应注重群体心理层面的因素。

Klandermans 等（1997，2002）指出相对剥夺、群体认同和集体效能能够解释群体行为的心理机制。剥夺感的产生始于个体进行社会比较（个体与个体或群际间的比较）的结果，相对剥夺感理论过于强调个体相对剥夺仅导致个体行动，而群体相对剥夺导致集体行动。然而仅仅是具有高群体认同感的个体才会体验到群体相对剥夺感（Anuradha，2011）。大量社会心理学研究表明，相对剥夺能够导致群体行为，群体相对剥夺感比个体相对剥夺感更易导致群体行为，但是相对剥夺感只是群体行为产生的必要条件而非充分条件（张书维等，2011）。由此可知，相对剥夺感只能作为一个前因变量影响群体行为。

Van Zomeren 等（2012）的研究结果表明群体愤怒和群体效能能够预测群体意向，进一步证明了群体行为的社会认同模型（SIMCA）提到的集体效能对群体行为具有中等程度的正向预测作用（Van，et al.，2008）。而在 Cakal1 等（2011）的实证研究中也证明了社会认同通过群体效能的中介调节作用对群体行为具有正向预测作用。另外，张书维，王二平（2011）总结国外的研究得出这样的结论：群体认同对群体行为的预测作用已在诸多领域得到证实。

在特定情境下多数群体行为参与者的行为特征，有别于一般情境。在去个性化的情境下，个体的自我觉察和对评价的敏感性低于一般情境，其行为受到外部线索调节，有更强的群体一致感，此刻会选择更危险、违背习俗的行为（Diener，1969；Prentice-Dunn，Rogers，1982）。Le Bon 早先的研究指出匿名性、情绪和行为的感染性及易受暗示性使得个体的情感和观念发生转变，极易将他人的暗示变成实际行动。而匿名性是网络具有的特征之一，网络群体行为参与者在此情境下言行的表达或多或少会受到影响。更有研究证明了这一点，Coffey 和 Woolworth（2004）比较了在匿名的网上论坛和公开集会条件下，个体对罪犯的态度表达上的差异。结果显示，在匿名的网络论坛中，个体对罪犯表达了更多的偏见、憎恨和报复，但是在公开集会中，明显看不到这样的陈述。造成这种差异的原因可以用去个性化效应的社会认同模型（SIDE）来解释，因为网络论坛的规则支持个体表达憎恨、报复的态度，而网络中的匿名性又加强了人们对这一规则的遵守（张婍等，2010）。

就目前我国出现的网络群体行为来看，相当一部分都涉及了相关的政府机构，而且这些事件都是在政府做出某种行动后，才得以平息。个体对政府所持的是怎样的态度，信任或是不信任，或许在某种程度上会影响群体行为的发展，也可能会影响政府在政治活动中的决策。Sun 和 Wang（2012）发现公众对政府的信任与政府的行动密切相关，即积极的政府行动显著提高公众的信任度，反之亦然。Scholz 和 Lubell（1988）与 Hetherington（1999）指出高政治信任公众对政府相关要求表现出遵守和参与的行为。

网络群体行为的研究较群体行为而言更复杂，涉及的问题不仅是群体相对剥夺、群体认同和群体效能等这些常规的影响因素，而且包括网络与现实交互作用的新特点以及涉及的相关政府机构的作为对参与者的影响、心理健康教育效果等因素。本书拟将这些可能的影响因素都考虑在内，运用自编的调查问卷考察它们对网络群体行为的作用关系，证明它们对网络群体行为的影响作用，为网络群体行为的相关研究奠定基础。

四、忽略心理健康教育效果的评估

分析已有关于大学生网络群体行为的文献，我们发现在预防、控制大学生群体行为的策略建议中提到要注重对大学生的情绪进行疏导，化解不满情绪，为其提供合理的情绪宣泄方式并提供心理咨询服务，进行心理健康教育，开设大学生心理健康教育课，在平时的实践中培养大学生的心理适应能力，帮助大学生提高心理素质（吴泽俊，2000）。但是真正评估心理健康教育效果的研究还没有出现，即没有量化的研究来证实心理健康教育课程是否对大学生的群体行为产生了影响。

第五章

大学生群际关系的实证研究

第一节　群际关系的几点思考

一、社会认同

社会认同理论强调社会比较和社会类化过程。通过社会比较过程，个体将知觉对象分成两类：内群体和外群体。一旦个体区分出内群体或外群体，社会类化也就完成了（万明钢等，2007）。个体通过社会分类，对自己的群体产生认同，并产生内群体偏好和外群体偏见。特纳进一步提出了自我归类理论，他认为人们会自动区分内群体和外群体。因此，社会分类就成为一个重要的环节。社会表征是在群体日常生活世界的言行中建构起来的价值观、概念及实践系统，因此，群体社会表征的形成就成为一个关键的过程。研究者进一步提出了民族和种族社会化的概念。

二、民族和种族社会化

民族与种族社会化是指父母向孩子传递关于种族和民族特征信息的过程（Hughes，et al.，2009）。这些信息可能包括民族自豪感、民族历史和传统、歧视觉察、群际间的警惕和不信任等信息（Brown，Krishnakumar，2007）。研究发现了年龄、性别、受歧视经历、社会经济地位、社区环境等因素对民族和种族社会化的影响（Stevenson，et al.，2005）。

对于社会经济地位如何影响群际关系，研究者进一步提出了相对剥夺理论，认为存在两种剥夺：个体相对剥夺和群体相对剥夺，感知到个体相对剥夺的成员往往伴随着群体相对剥夺的体验，对所属群体的社会认同凸显时，人们更倾向于做群际比较，使得成员的个体相对剥夺感下降，群体相对剥夺感上升。一旦感知到的群体剥夺增强，很容易形成集群行为（Van Zomeren，2008；张书维等，2009），进而影响群际关系。

民族和种族社会化过程也容易导致种族偏见。偏见的概念主要来源于种族之间的排斥和敌对现象，群体偏见是具有普遍性的消极的群体态度，这种消极的群体态度会产生歧视、群际冲突等一系列后续的消极行为（Crandall，Eshieman，2003）。之所以产生群体偏见，是因为群际威胁的存在。一个群体所拥有的资源，群体成员的行为、信念和价值观等各种特征都有可能会威胁到另一个群体的存在、发展和目标。群际威胁主要分为三类：现实威胁、文化威胁和认同威胁（张婍等，2009）。

研究发现，对本民族认同高的被试更多表现出外群体歧视（Negy，et al.，2003）。也有研究者认为，并没有足够的证据支持内群体认同与外群体偏见之间具有一致的联系（Tarrant，et al.，2004）。发展取向的民族认同认为群体认同和群体间态度都随着时间的变化而变化，由不成熟逐渐走向成熟。成熟的民族认同被认为与积极群体间态度有关（Newman，2005）。随着年龄的增长，青年人可以发展一种多文化视野，而增加对群体间矛盾、群体间接纳，以及积极互动可能性的理解（张莹瑞等，2009）。

三、群体情绪

群体情绪对群际关系的影响作用开始受到研究者的关注。研究发现，个体感知剥夺往往也伴随着群体相对剥夺，群体剥夺感会导致群体情绪的产生，进而对群际关系产生影响。研究发现，相对剥夺的情感成分对后继行为的动机作用更强（Van Zomeren，2008），群体相对剥夺的情感成分对集群行为预测力更强（张书维等，2009）。群体认知通过群体情感的中介影响集群行为。

元分析表明，情绪因素在减少偏见的接触过程中起着重要作用，或者说是作为一种调节中介而存在的（Pettigrew，Tropp，2006）。研究发现，群际接触并不是直接对偏见产生作用，而是通过群际情绪的中介对群体态度和行为产生影响（米勒等，2004）。Dovidio 等（2003）也支持了群际情绪对降低群体偏见的中介作用，即感知到的共同威胁通过群际情绪减少种族偏见。

四、群体认知

总体满意度能够预测群体行为。Caro 和 Garcia 研究发现满意度受到态度认知成分和情感成分的共同影响，总体满意度与情感成分的一致性更高（Caro, et al., 2007）。Jackson 等发现态度情感成分对外群体态度的预测力好于认知成分，群际态度与其情感成分更加一致（Jackson, et al., 1996）。Esses 等也指出，基于情感的外种族态度对种族间接触行为具有更强的预测力（Esses, Dovidio, 2002）。Maio 等发现，群体水平的愤怒情绪会导致对外群体攻击和对抗的意向（Maio, et al., 2000）。因此，及时了解大众的群体情绪态势对于了解当前事件的影响及监控预警衍生事件的发生具有重要意义（曾大军等，2008）。

五、制度正当化

弱势群体成员中为什么经常表现出外群体偏好？为此，研究者提出了制度正当化理论（梁明明等，2010）。制度正当化是指个体将现存社会安排合法化的心理过程（有时甚至发生在个体利益和群体利益受到损害的情况下）。制度正当化能够增加人们对现状的满意度，维持积极情感，减少消极情感。因此，从某种意义上说，制度正当化对维持群际关系是有积极意义的。

六、群际接触

如何建立融洽、和谐的群际关系，研究者也进行了相关研究，群际接触理论是最有代表性的观点。研究发现，越多接触目标群体，越可能显著提高对该群体的喜爱程度（Lee, 2001）。即使是让被试想象与外群体的接触，也可以降低群际偏见。这种积极的群际互动能使群际接触双方以积极的态度面对整个外群体。

群际接触理论认为群体间的接触可以减少群体偏见和群际冲突，Forbes 则认为这个结论过于简单化，如果它要经得起考验，还必须对所涉及的变量、所显示的关系的强度以及态度与行为之间的差异做出解释，否则它会受到各种批评。"依据其发生的情境，更多的种族间的接触可能导致或者更多的偏见与对抗，或者更多的尊重与接纳。然而，基本问题是在接触过程中导致不信任的情境类型与那些导致信任的情境类型。"（刘毅，2007）。因此，仅仅创设接触环境并不一定导致民族关系的好转，关键是创设信任情境。为共同满意的目标共同工作，早就被社会心理学家认为是预防社区群体间暴力的一种有效策略。因此，从合作技能培养的角度进行民族关系质量的改善是一个更具操作性和实施性的方案。群体接触的研究更多是在实验室进行的，实验室和外部生态环境之间的相似程度很低，因此，需要进行现场实验来探索改善民族关系的有效措施。关于群际接触理论作用机制的阐述，多是在群体双方没有明确利益关系的前提下进行的，而群体双方存在竞争或合作关系时，群际接触如何影响民族关系，是一个重要的研究内容。将来的发展方向，是对群际接触的调节机制建立一个动态理论模型，进而明确群际接触的具体过程和作用。

第二节　民族院校大学生群际关系研究

民族关系的质量在很大程度上影响社会的稳定与发展，也直接影响到国家内部各民族的发展，因此，调控好民族关系的发展成为国家社会政策的重要组成部分（蒋立松，2004）。民族的运动变化呈现两个维度：民族发展和民族交往。民族关系是民族交往的表现形式（许春清，2008）。在动态社会变迁过程中，民族关系也呈动态变化趋势，所以，对一个地区民族关系的研究始终是一个全新的话题。

民族关系调控的最终目标是民族关系的和谐。从总体上看，平等、团结、互助、和谐成为当代中国民族关系的主流。在中国这样一个汉族人口占绝大多数的多民族国家，民族关系更多地表现为汉族与少数民族之间的关系。因此，研究汉族和少数民族的关系具有代表性，也具有推广性。汉族和少数民族之间的关系可以看作群体之间的关系，个体思维的复杂性决定很难直接从已知的个体信息预测其下一步的行为，而由个体行为组成的群体行为却有着很强的模式，基于群体行为的社会事件有着类似于物理变化的规律（曾大军等，2008）。因此，研究和谐民族关系的心理形成机制，从群体间关系即群际关系的角度出发是一条可行途径，它能够为建构平等、团结、互助、和谐的新型民族关系提供具有操作性的制度设计，推动民族关系和谐目标的实现。

胡锦涛同志曾指出，平等、团结、互助、和谐的社会主义民族关系，体现了中华民族多元一体的基本格局，体现了中华民族大家庭的根本利益。

"民族和谐是一个系统概念，是民族间各种关系和要素相互融洽的状态，它在构成上既包括了同一民族内部及不同民族间社会关系的和谐，也包括了各民族在人与自然关系上的和谐。"（蔡恒松，2008）。"尊重少数民族的感情、文化、风俗习惯和宗教信仰，使各民族消除隔阂，同心协力，共同为中华民族的振兴而奋斗。"（彭高成，2006）。

因此，民族关系可以看作群际关系的一种类型。

少数民族与汉族之间的关系一直是中国民族团结的核心之一。在由徐杰舜（2000）组织的一次新疆田野考察中，他们给新疆当地人做了入户的问卷调查，在一些民族关系问题中如"您认为维汉关系如何""您认为中国是各民族共同缔造的统一多民族的国家"等问题时，无论是维吾尔族人还是汉族人都给出了令人满意的回答，整份问卷也证明了"新疆维汉民族团结始终是新疆民族关系发展的主流"。他们还运用了多种研究方法，得到了可靠的数据和科学的结论。

除了维汉关系之外，受到学者重视的还有回汉关系和藏汉关系，并且在其民族聚集地区做了大量研究调查，也都得出民族团结是少数民族和汉族民族关系发展的主流的结论（张宗显，2004；王伏平，2000）。

民族关系问题与民族分布有一定的关联性，这使得少数民族之间关系的研究多集中于云南和广西两个地区，这两个地区是聚集了最多不同的少数民族的地区，因此各个少数民族之间的交往是很密切的。很多研究都显示，在云南和广西民族关系的主流是民族团结，平等、友好（潘春见，1997；郭家骥，2010）。但是毫无疑问，如此多个民族生活、交往在一起，必定会有摩擦。郭家骥（2010）就这样描述当前云南民族关系的矛盾，"少数民族和汉族之间、民族地区与全省一般地区之间的发展差距越拉越大，导致民族地区干部群众心理失衡，产生严重的不平等感；边境民族地区毒品、艾滋病危害严重；外来宗教渗透，民族分裂的隐患长期存在；资源开发、经济发展和城市化进程中少数民族失地农民数量增多、非自愿移民群体利益受损、生态环境破坏严重、生态补偿机制尚未建立；现代化进程中民族传统文化加速流失等具体问题都标志着云南民族关系已经进入矛盾和问题的多发时期"。因此，越来越多的专家学者开始关注民族关系和谐发展的影响因素，其中，民族认同、集体效能感的作用开始受到关注。

在解释群体认知对群际关系的影响时，有人提出了社会认同理论，它强调社会比较和社会类化过程。个体通过社会分类，对自己的群体产生认同，并产生内群体偏好和外群体偏见。那么在研究民族关系时，就有必要考虑民族认同的影响了。以往在民族认同的定义上有不同的说法，王希恩（1998）将其定义为"是社会成员对自己民族归属的认知和感情依附"。陈丽华（1999）指出民族认同"是指个人对某个族群团体的归属感觉，以及由此族群身份所产生的想法、知觉、感情和行为"。就其作用来说，唐胡浩（2007）在对土家族的民族认同感研究中指出，一方面民族认同对民族成员来说，有助于民族成员内部相互之间的了解和沟通，特别是与外民族交往过程中，民族认同使民族成员找到了情感归属；另一方面民族的强烈认同感往往过分强调本民族的利益，容易被人利用，被一些居心叵测的人作为实现其目的的工具。

而除了对自己的群体的认同外，对外部群体的认同也是很重要的。因此在本研究调查中，还考察了对外民族的民族接纳感，我们认为，民族接纳感是指个人对某一族群的思想、感情和行为的理解和允许，能在一定程度上与其进行交流的感觉。

集体效能是有班杜拉最早提出的自我效能慢慢发展出来的一个心理学概念，是指团体成员对团体能力的判断或对完成即将到来的工作的集体能力的评价，而这种评价的结果就是集体效能感（Bandura，1997）。集体效能对群体技能的影响在学校教育、企业组织、体育团体、群体暴力、犯罪活动和群体政治活动等领域得到了较为广泛的研究。如研究发现，集体效能的空间分布与杀人事件发生率的空间分布有高程度的重叠。杀人发生率低的街坊，往往伴随着邻里间高集体效能；同样，高杀人发生率的街坊，往往伴随着低集体效能。研究者将其解释为，集体效能高的群体能够形成高凝聚力和高社会控制性，增加了对犯罪行为的约束；反之亦然。

既然通过集体效能的研究和调节就可以预测和控制这些团体的行为，那么在一定程度上，我们可以通过测量各民族大学生的本民族集体效能感来预测他们今后发展本民族的意向以及发展和谐民族关系的愿望，故本书中放入了集体效能量表，尝试从中得到一些促进各民族关系和谐发展的方法。

调查对象包括中南民族大学、广西民族大学、西南民族大学和北方民族大学4所民族大学，包含了29个民族的大学生，其中男生有115人，女生有143人。

在查阅了前人的相关研究基础上，根据访谈的一些内容和目的，编成了《大学生民族关系问卷》。除了基本信息之外，问卷主要有三个部分。第一部分为对本民族的民族认同感和对本民族的社会距离量表；第二部分为对外民族的接纳感和对外民族的社会距离量表；第三部分为民族集体效能量表和集体民族观。社会距离量表是根据鲍格达斯的社会距离量表和国内一些学者翻译后的中文版修改而成，民族集体效能量表是根据社区集体效能量表修改而成。

认同感、接纳感量表和集体效能量表均为5点计分，分数越小认同感、接纳感和集体效能感越高；社会距离量表为 7 点计分，分数越小社会距离的程度越低。

　　问卷对象面向中南民族大学、广西民族大学、西南民族大学和北方民族大学 4 所民族大学。发出问卷共 270 份，收回有效问卷 267 份，男生有 115 人，女生有 143 人。回收的问卷包含了 29 个民族，具体情况见表 5-1。

表 5-1　调查的相关民族的人数统计

民族	人数/人
汉族	34
回族	34
维吾尔族	17
藏族	11
其他	171
总数	267

　　将问卷回收后，我们对数据进行了差异检验和线性回归分析。

一、接纳水平的特点

（一）对外民族的接纳在性别上差异显著。相对女生，男生接纳水平更低

　　表 5-2 显示对外民族的接纳在性别上差异显著。相对女生，男生更难以接纳外民族。

表 5-2　对外民族的接纳情况

	性别	人数	平均数	t	自由度	p
对外民族的接纳	男	113	23.58	4.26	25	0.00
	女	141	21.23			

　　在访谈中也发现了和表 5-2 相类似的情况，女生相对于男生表示愿意有更多外民族的朋友，更愿意分享有民族特色的东西还有学习一些简单的民族语言。以下列出访谈中的部分对话，为了方便，下面将访谈者表示为 A，被访谈的同学表示为 B。

　　A：有哪些民族的人给你的感觉比较亲近？

　　B（女）：亲近啊，我觉得大家都比较亲近，我们不能以貌取人，这里的回族人和维吾尔族人其实都是蛮好的。比如，回族有开斋节，然后她们就会叫我们到她们宿舍里吃东西。

　　A：哈哈，女生有喜欢吃的呀？

B：哎呀，人家邀请你过去，不好拒绝嘛。

A：哦，那有没有一些民族让你感觉不是那么亲近？

B：我觉得，都还好，这里的都还好！

……

A：当你和你的朋友在一起走路时，你的朋友与她的老乡用方言交谈，你也听不懂。你会不会觉得，恩，好像被晾在一边了。

B（女）：不会啊，我会让她教我说她们那里的话。我还会揣测她们在讲些什么，有时候虽然听不懂，但可以大概知道她们在讲什么，通过她们的手势表情啊什么的，呵呵！

对其他民族的女性要明显表现出高接纳，但在其他问题上我们找不到显著的性别差异。社会心理学家认为，在人际关系方面，女性虽然交际圈子小，但感情色彩浓；而男性虽然交际圈子大，但感情色彩很淡。从这个角度来看，女生可以进行更多的感情交流而不涉及民族问题，但男生则难以做到这一点，因此能更多地了解对方从而采取接纳的态度。

（二）在接纳水平上，不同民族表现出不同特点

回族、维吾尔族、藏族是中国较有影响力的三个少数民族，因此，我们对这几个民族与其他民族进行了比较，结果如表 5-3 所示。

表 5-3　代表性民族的比较

	民族	人数/人	M	t	df	p
对本民族的认同	维吾尔族	17	11.06	−4.39	173	0.00
	其他	158	15.37			
对本民族的社会距离	维吾尔族	14	7.93	−3.16	169	0.00
	其他	157	15.44			
我们认为必要时，可暂时忽略本民族的一些东西，团结其他民族解决问题	维吾尔族	16	3.31	3.76	177	0.00
	其他	163	2.25			

表 5-3 表明，相对于其他民族，维吾尔族大学生有着更高的本民族认同，更亲近本民族的人。这个情况和访谈的结果吻合，在访谈维吾尔族同学时，他们都表示在学校里的交往多限定在本民族中，其他民族的朋友也是班里的少数几个。并且在访谈非维吾尔族的同学时，大多也指出"他们（维吾尔族同学）整天都跟本民族同学在一起"。

A：有没有一些民族让你感觉与众不同？

B：维吾尔族吧。

A：能具体讲一讲吗？在哪些方面？

B：她们平时都是与老乡待在一起，上课也坐得离我们较远。

A：就是平时都跟他们（维吾尔族同学）接触很少？

B：是的，感觉很少有机会跟他们接触。

（三）社会经济地位对接纳水平有影响

调查中，我们设计了一道题"当家乡有重大事件时，我的家庭在当地是很有发言权的"，用这道题来考察大学生所处家庭的社会地位，并将结果分成高地位和低地位组，在进行检验时发现，拥有高地位的相对于低地位的大学生有更高的本民族认同感，但更疏远外民族（表 5-4）。

表 5-4　社会地位高低与本民族认同和对外民族社会距离的情况比较

	地位	人数	平均数	t	df	p
对本民族的认同	高地位	62	14.44	−3.22	146	0.00
	低地位	86	16.62			
对外民族的社会距离	高地位	56	18.39	2.37	139	0.02
	低地位	85	14.79			

二、民族认同、社会距离与集体效能感

（一）对本民族的认同和与本民族的社会距离之间存在着显著的正相关

表 5-5 显示对本民族的认同和与本民族的社会距离之间存在显著的正相关。表 5-6 表明对其他民族的接纳感分别和与其他民族的社会距离呈显著正相关。

本民族认同感与社会距离两者之间存在显著正相关，我们认为这和民族情感归属有关，有高民族认同感的大学生在与本民族的人交往时更能满足其情感需要，因为他们有共同的语言、民族风俗和宗教信仰，因此与本民族更亲近。

表 5-5　对本民族的认同和社会距离的关系

变量	对本民族的认同
与本民族的社会距离	0.32**

表 5-6　对其他民族的接纳和社会距离的关系

变量	对其他民族的接纳
与其他民族的社会距离	0.28**

（二）集体效能感越强，越同意民族关系和谐程度

表 5-7 显示了对本民族的认同感和对其他民族的接纳感与集体效能感之间的高正相关。

表 5-7　对本民族的认同和其他民族的接纳与集体效能感之间的相关性

变量	集体效能总分
对本民族的认同	0.16*
对外民族的接纳	0.19**

在对"我们认为各个民族的关系是和谐的"这个问题上，我们发现集体效能感与对这个问题的回答存在高正相关，即集体效能感越强越同意各个民族的关系是和谐的。

在考察两者之间有没有深层关系的同时，我们发现对其他民族的接纳感也和"我们认为各个民族的关系是和谐的"这个问题的回答存在正相关，即对外民族的接纳感越高越同意这个问题（表 5-8）。

表 5-8　对其他民族的接纳和"我们认为各个民族的关系是和谐的"问题的相关性

变量	我们认为各个民族间的关系是和谐的
集体效能总分	0.45**
对其他民族的接纳	0.34**

对本民族的认同和集体效能之间的相关关系，我们觉得符合之前的一个解释，即集体效能高的群体能够形成高凝聚力和高社会控制性，因此形成高的民族认同并相互影响。值得重视的是在对外民族的接纳、集体效能感和对"我们认为各个民族的关系是和谐的"三者之间的关系。高集体效能使得群体除了在内部形成较高的凝聚力和社会控制力之外，还增加了群体的亲社会行为，使得人们更倾向于和外民族形成和谐关系。

三、集体效能感在民族关系中扮演着重要角色

本民族的认同感、对外民族的接纳感和集体效能感之间的关系模型是什么？为此，我们对这些数据进行了回归分析。

（一）集体效能、对其他民族的接纳能够显著预测"我们认为各个民族之间的关系是和谐的"

以集体效能和对外民族的接纳为自变量，以"我们认为各个民族之间的关系是和谐的"为因变量，回归分析的结果如下。由表 5-9 可以看出，回归模型拟合比较好。多重相关系数 $R=0.52$，确定系数为 $R^2=0.27$，表 5-10 表明，方差分析的结果显著，回归方程有效，自变量与因变量存在真实的线性关系，（$F=43.41$，$p<0.001$）。

表 5-9　以集体效能和对外民族的接纳为自变量的回归模型

模型	相关系数	确定系数
1	0.52	0.27

表 5-10　回归模型分析

模型		平方和	df	均方	F	p
	回归	70.31	2	35.15	43.41	0.00
1	残差	194.36	240	0.81		
	总数	264.67	242			

表 5-11 表明，集体效能、对外民族的接纳能够显著预测"我们认为各个民族之间的关系是和谐的"（$t=7.24$，$p<0.001$；$t=4.39$，$p<0.01$）。并且集体效能的预测作用更大。

表 5-11　对集体效能和对其他民族接纳的分析

模型		标准化系数	t	p
1	集体效能	0.41	7.24	0.00
	对外民族的接纳	0.25	4.39	0.00

（二）集体效能总分能够显著预测"我们可以一致反对一切分裂势力"

以集体效能为自变量，以"我们可以一致反对一切分裂势力"为因变量，进行回归分析，结果如下。由表 5-12 可以看出，回归模型拟合比较好。多重相关系数 $R=0.47$，确定系数为 $R^2=0.22$，表 5-13 表明，回归方程有效，自变量与因变量存在真实的线性关系，（$F=67.48$，$p<0.001$）。

表 5-12　以集体效能为自变量的回归模型

模型	相关系数	确定系数
2	0.47	0.22

表 5-13　回归模型分析

模型		平方和	df	均方	F	p
2	回归	57.15	1	57.15	67.48	0.00
	残差	205.81	243	0.85		
	总数	262.96	244			

表 5-14 表明，集体效能总分能够显著预测"我们可以一致反对一切分裂势力"（$t=8.21$，$p<0.001$）。

表 5-14　对集体效能的分析

模型		系数	t	p
2	集体效能	0.47	8.21	0.00

（三）对本民族的认同、集体效能总分能够显著预测民族团结

以本民族的认同和集体效能为自变量，以"我们认为必要时，可暂时忽略本民族的一些东西，团结其他民族解决问题"为因变量，回归分析结果如下。由表 5-15 可以看出，回归模型拟合比较好。多重相关系数 $R=0.52$，确定系数为 $R^2=0.27$。表 5-16 表明，回归方程有效，自变量与因变量存在真实的线性关系（$F=27.72$，$p<0.01$）。

表 5-15　以本民族的认同和集体效能为自变量的回归模型

模型	相关系数	确定系数
3	0.52	0.27

表 5-16　回归模型分析

模型		平方和	df	均方	F	p
3	回归	76.02	3	25.34	27.72	0.00
	残差	208.40	228	0.91		
	总数	284.41	231			

表 5-17 表明，对本民族的认同、集体效能总分能够显著预测民族团结（$t=-2.75$，$p<0.05$；$t=8.81$，$p<0.01$）。对本民族的认同可以负向预测，集体效能可以正向预测，而且集体效能的预测作用更大。

表 5-17　对本民族的认同和集体效能的分析

模型		系数	t	p
3	对本民族的认同	−0.16	−2.75	0.01
	集体效能	0.51	8.81	0.00

四、采取有效措施，推动民族院校大学生群际关系积极良性发展

在民族关系和发展问题上，学者大多在国家或民族理论高度上给出解决问题的对策，由于这次调研活动的对象是大学生，为了突出其实践意义，我们从集体效能感的培养出发，结合有关理论，给出更多的是与大学生有关的、切实可行的对策。

（一）增加对本民族的认同感

1. 增加少数民族学生对本民族风俗的了解

在访谈中我们也了解到，越是民族风俗保留得好的同学，在讲到其民族时越是滔滔不绝，言语中流露出自豪感。因此，学校可以鼓励少数民族学生通过长辈、图书、网络等各种途径了解本民族作息，增加民族认同感。

2. 学校为学生展示本民族的正面信息，增加少数民族学生对本民族的喜爱程度和民族自豪感

（二）增强对其他民族的接纳

在访谈中我们了解到，许多民族分歧都是源于对其他少数民族习俗的不了解，因此增加对其他民族的了解有利于减少民族纠纷。

1. 增加各民族间的群际接触，增加对外部民族接纳感

在调查中我们得出"与外民族的社会距离"与"对外民族的接纳"呈显著正相关（相关系数为 0.28**），也有研究发现（Lee，2001），越多接触目标群体，越可能显著地提高对该群体的喜爱程度。既然如此，每逢国家重大节日或某些民族的特色节日，学校或学生团体就可以组织开展以民族特色为主题的活动，让大学生在活动中增加对这些民族的认识，并增加不同民族之间的交流，增进民族间的关系。在有关民族的课堂教学中，多以"互动"的形式进行，少数民族的学生展示和介绍自己民族特色，让课本的理论知识在"互动"中得到升华。

2. 有效利用榜样，提供积极替代信息

学校及相关政府部门应该通过各种媒体大力宣传参与民族友好交往的良好结果，并突出在民族交往中的一些先进人物和事迹，树立榜样，增加对其他民族的好感，减少一些"以偏概全"的行为（在访谈中有的同学提到，有些人因在电视

或报纸上看到有报道某民族人的不当行为，就以为这个民族的人都是这样的粗俗无礼，这让她很生气）。

另外，重视社会经济地位不同水平对外民族的认同感的影响，有意识增加一些互相接触的机会。

（三）培养集体效能感，提高关系质量

1. 集体效能感能有效预测各民族之间的和谐

学校可以通过测量学生的集体效能感，进而预测该校的民族学生间的和谐情况来采取相应的措施。

2. 帮助各民族大学生获得各民族的直接经验，提高集体效能感，促进各民族友好交往

"集体效能总分"与"对外民族的接纳""我们可以一致反对一切分裂势力"的回归拟合比较好。因此个体或团体参与民族交往所获得的直接经验，尤其是成败经验，直接反映了人们进行民族交往活动的能力水平，它是增进民族关系和增加集体效能感最基本的途径。大学生中间可以向同学学习其民族语言，学校根据情况开设民族语言类的公选课，教授一些简单的日常用语，都是简单易行的获得直接经验的方法。

（四）改善民族社会化过程

民族社会化是指父母向孩子传递关于种族和民族特征信息的过程。这些信息可能包括民族自豪感、民族历史和传统、歧视觉察、群际间的警惕和不信任等信息。父母在这个过程中起到重要作用，因此，需要关注少数民族大学生的家庭教育内容。作为少数民族大学生，需要学习有关本民族的特色及风俗，处理好适应社会发展与保持民族特色之间的关系。

第三节　大学生社会比较、嫉妒心理与族群认同的关系研究

社会比较充斥着人们生活的方方面面，它的踪影无处不在。人是社会性的动

物，生来就具有进行社会比较的倾向。从这点来看，社会比较是具有进化意义的。所谓的社会比较就是指人们总是喜欢将自己某些方面的能力或是观点与身边的人进行比较，并将这种比较作为自我评价的标准。在人们进行社会比较的过程中，若是被比较的对象比自己优秀个体会产生较低的自我评价，若是被比较的个体不如自己则个体会产生较高的自我评价。伴随着这两种比较过程中的情绪体验也是截然不同的，觉得自己比较优秀的个体会有愉悦的体验，产生较高的自尊感，而觉得自己不如别人优秀的个体会产生自卑、抑郁等体验，出现嫉妒感。从这点来看，嫉妒经常伴随着社会比较，并且是由于进行消极的社会比较而产生的。这种负面的情绪体验在大学生群体中普遍存在，会对大学生的人际交往、学业等产生极为负面的影响，严重的会引发报复行为，对社会危害极大。

本书试图从学业、爱情、经济、人际、就业、外表等与大学生相关的领域开展嫉妒心理研究。这是基于个体层面的嫉妒研究。我们作为社会生活中的一员，不仅仅是以个体的形式存在的，也是某个群体中的一员。社会比较将这个过于纷繁复杂的社会分成了各个类别，而我们则存在于各个不同的类别中，这就形成了群体。基于群体层面的社会比较对群际关系造成了比较负面的影响。研究表明内群体成员会不自觉地抬高本群体成员，贬斥外群体成员。

社会比较与嫉妒关系密切，两者可能存在预测与被预测的关系，在社会比较量表上的得分，可能是预测嫉妒情绪的有效指标，本书试图探明社会比较倾向与嫉妒之间的关系，以及社会比较倾向与群际关系之间的联系。因此，本书基于个体层面以及群体层面，希望能对此有更加全面的了解。

一、社会比较、嫉妒与族群认同

（一）社会比较

社会比较的界定很多，在《心理学大辞典》中社会比较被界定为个体把自己与具有相似生活情境的人进行比较，对自己的能力、行为水平及行为结果做出评价的过程（林崇德等，2003）。而我国学者则认为社会比较是将自己的能力、观点等方面与他人进行比较的过程，这一过程包括认知、情感和行为等不同成分（邢淑芬等，2005）。社会比较概念最早是由费斯廷格提出的，他认为所谓社会比较就是指人们在日常生活中总是喜欢将自己的能力以及观点与身边相似的他人进行比较，并且将这种比较作为自我评价的标准（Festinger，1954）。社会比较广泛存在于我们生活的方方面面，特别是在人与人之间的交往中，是难以避免的。在社会比较理论提出后，很多研究者对这个领域进行了不断的探索，现在的理论已经比较完善。如：将社会比较与情绪相结合，当个人处于一种全新的或者是比较模棱两可的状态时，他可能无法通过以往的经验来判断自己的情绪状态，这时他会倾向于将自己与他人进行比较从而做出评价（Schachter，1959）。还有研究者从归因理论出发来研究社会比较，认为在日常生活中人们总是试图将自己与周围相似的人作对比，从而获取最好的行为方式标准（Goethals，et al.，1977）。在实际生活中，社会比较都是无意识的发生，大多数学者都认为这是自动发生的、无须人的主观努力（Stapel，et al.，2001）。

按照对比的方向，社会比较可分为三种类型。与那些比自己优秀的人相比称为上行比较，与那些同自己相当的人作对比称为平行比较，与那些不如自己的人作对比称为下行比较。

费斯廷格于 1954 年提出了社会比较理论，其中涉及两个假说，一个是相似性假说，另一个是相关属性假说。相似性假说（similarity hypothesis）认为在人们的日常生活中有时没有客观的标准来衡量自己的观点是否正确，能力高或低，为了了解这些，人们往往倾向于将自己与身边相似的他人作对比以此获得自我评价的标准（Festinger，1954）。此领域的研究者经过不断探索，在此理论的基础上进行了延伸。若是既没有客观的准确的标准，又没有相似的他人与之进行比较，那么我们对自己的评价可能就是不稳定、不精确的。在这种情况下，研究者提出了相关属性假说（related attribute hypothesis），该假说认为个体并不是与行为表现相似的他人进行比较，而是与行为表现相关的特定属性相似的他人进行比较（Goethals ，et al.，1977），如男生倾向与于男生做比较，大学生倾向于与自己同年级的同学进行比较。这一假说比相似性假说更为准确，所阐述的内容也更加全面。在实际生活中，我们不是将自己的方方面面都与他人进行对比，只是将自己某些方面的相关属性与相似的他人进行对比，这种对比使个体更加准确地认识自我。Wheeler 和 Martin 等又在相关属性假说的基础上，提出了"代表比较模型"（proxy comparison model）。认为当个体想要进行某项行动或是计划时，会对行为或是计划的结果产生预期，但是当个体未曾经历过这些事情的时候，个体会将曾经完成过这个任务或是计划的个人作为代表，并对未来的结果做出预期。

上行比较是由 Wheeler 等人第一次提出，此理论认为人们喜欢与比自己更加优秀的他人作对比，以此来了解自己与他人之间的差距，促使自己不断进步。从这点来看上行比较具有可取之处。很多研究者也认为上行比较可能更加有助于个体的自我评价。但是这种上行比较是基于人们的预期的，如果个体的预期与将来要进行比较的目标不符，人们就会有一种对比效应，从而萌发自卑感，并且使个体的自我评价更加消极；从这点来看，上行的社会比较可能会带来消极的后果，研究表明，嫉妒这种消极的社会情绪往往来自消极的上行比较。若是个体的预期与将来要进行对比的目标一致，则会产生一种同化效应，并且使个体拥有较高的自我评价。

下行社会比较是由 Hakmiller 等人在 1962 年提出，该观点认为当个体与那些比自己优秀的人进行对比时自尊常常受到威胁，这时有的人会倾向于和比自己差的人进行比较，以维持自己的自尊这仅仅是下行社会比较观点初期的雏形。直到1981 年，Wills 等人在早期理论观点的基础上，提出了更加系统的下行比较理论，简称 DC 理论。该理论认为当人们在生活中遭遇不幸、挫折或者是经历痛苦等比较消极的事件时，个体会陷入痛苦的情绪中无法自拔。这时个人倾向于和比自己处境更差的人进行比较，这样个体会认为自己还未达到痛苦的最顶端，并且以此来维持个体的自尊和主观幸福感。

自从 Festinger 提出社会比较理论以来，关于社会比较动力机制的研究很多，已经比较完善。人们为何要进行社会比较，大多数研究者认为大概是出于以下三种动机：评价自我、自我完善以及带来满足感。

费斯廷格的理论认为，个体是为了获得准确的自我评价而进行社会比较的，并且进行比较的对象是与自己相似的他人，这样人们才能获取更加准确的自我评价。而 Tesse 则认为个体是为了维护良好的自我评价而进行社会比较，并不是为了获得对自身能力以及观点的准确评价，由此他提出了自我评价维护模型（即SEM 模型）。这个模型认为心理上的评价过程有亲近和鼓励两种即对比过程和反射过程（reflection process）。在对比过程中，人们往往会与亲近的人做比较由此会产生对比效应，从而导致个体积极的自我评价受到威胁；而在反射过程中，亲近的他人不是被看作评价自我的标准，而是对自我的表征，从而产生同化效果，个体便会被亲近他人的光环所笼罩，得到积极的自我评价。后来研究者发现，若是亲近的他人是个体的恋人、伴侣或是父母等，这些人所获得的成功对个体不会产生对比效应，反而使个体觉得荣耀（McFarland，et al.，2001）。

在现实生活中我们倾向于与比自己更强的人进行比较，使自己得到进步。有研究者做过这样的实验，通过等级评定法将被试分成高动机组与低动机组，研究发现在高动机组的被试总是倾向于与自己强的对手进行比较。由此，Wheeler 等人认为个体为了不断地完善自我而进行上行比较，希望通过不断比较缩小自己与他人之间的距离。通过不断的努力使自己不断进步，从这点来看，个体进行社会比较的动机是为了完善自我。在一项针对癌症病人的研究中发现，癌症病人会花较多时间阅读一些有关其他病人的积极内容，而且阅读的积极内容越多个体就会体验到较多的积极情绪，积极的榜样使病人得到鼓舞，缓解自身的紧张与焦虑（Vander, et al., 1999）。Lanton、Buunk 等在一项对初中一年级学生的调查中发现，大多数一年级的学生会主动选择与自己同性别并且学习成绩比自己稍好一点的学生做比较。这种选择会使被试的学生成绩得到提高，由此看来社会比较水平可能对学业成绩具有一定程度的预测性。但是 LockWood 和 Kunda（1999）研究则发现上行比较对自我的影响不一定都是积极的，这依赖于个体对自己的预期即自己未来是否可以达到他人的成就目标，当个体觉得自己可以取得与他人同样的成就时，才会产生积极作用；而当个体觉得即使自己拼尽全力也无法成功时，则上行比较会让人产生挫败感。

从适应性来看，Wills 认为个体为了维护自尊提高自己的主观幸福感，通常会采取下行比较即与那些能力比自己差的人进行比较。个体为了使自己获得良好的自我评价，往往会贬低从前的自我，赞扬现在的自我。也就是说，个体进行下行比较，是为了达到自我满足的目的。从这点来看，下行比较提供了一种应对压力事件的机制。Buunk 等（2001）的研究发现，下行比较可以提高人们对于恋爱关系的满意度和个人的主观幸福感。但是 Lockwood 的研究则发现下行比较所带来的影响并非都是积极的，取决于个体对比较对象的知觉。若是与不幸的对象进行比较，个体感觉自己比较幸运则下行比较会提高个体的自我评价；若是个体认为自己也会像下行比较对象一样不幸时，进行下行比较会威胁其个体的自我概念，同时也会提高个体警惕性，个体会采取各种策略来避免。在一项中学生的考试研究中发现，考试失败的学生与那些成绩比自己更差的学生进行比较，会暂时缓解痛苦的情绪，但是长期的下行比较则会使个体的成就动机降低，并且不会有良好结果的预期，使人意志消沉，停滞不前（Gibbons, et al., 2000）。

（二）嫉妒

嫉妒是指在与他人（或群体）进行对比时，他人拥有一些自己也想拥有却不可能得到的东西时，表现出的一种自卑、敌意和怨恨的混合感受（Salovey, Rodin, 1984）。由于它是一种不被社会认可的情绪，人们往往不愿意表达自己的嫉妒感受，所以嫉妒具有很强的内隐性。这种内隐性给嫉妒研究的实证研究带来了难题，使研究结果失真。虽然这样，还是有非常多的学者孜孜不倦地关注这一领域，为解开嫉妒的神秘面纱做出了巨大的努力。对于嫉妒已有的相关理论与研究的探讨，有助于我们总结经验与不足，以促进嫉妒的进一步研究。多数心理学家认为嫉妒是在社会比较中，个体因为意识到别人拥有自己试图拥有但却缺乏的东西时体验到的一种令人不快的感受，表现为自卑、敌意和怨恨的一种混合情绪（Parrot，Smith，1993；Takahashi，2009）。

从进化心理学视角来看嫉妒是具有适应性的，最早是起源于达尔文的进化论，用于解释男女之间的冲突。策略冲突理论有两个假设：第一，当男女中的某一方希望通过某种方法达成目标，而另外一方却百般阻挠，从而导致双方冲突。第二，该理论假设消极的情绪具有适应性，是产生某些心理问题的解决方法，且由进化得来。大多数研究者认为嫉妒的情绪只是发信号，是个体面对竞争失败所采取的适应性行为。当他人占有个体想得到却无法得到的资源或是优势时，个体会有强烈的怨恨感，随着他人的优势增加，这种感受更加强烈（Hill，Buss，2006）。根据此理论，Hill 等人认为嫉妒体验会使个体去关注他们所觊觎的资源，并采取行动促使自己去获得竞争对手所拥有的资源，且使竞争对手失去这些资源使自己受益。

对于嫉妒的测量通常采用自我描述法，早期的自我报告法倾向于让被试描述自己的感受，但是由于嫉妒是一种不被社会认可的负性情绪，被试由于受到设计赞许的影响，往往会导致实验结果失真。后来研究大多采用量表或是问卷，以减少误差。测量的方法大致上分为两种，一种是自我描述法，即让被试对应的反应倾向的项目上进行作答来研究不同的嫉妒现象；另一种则采用情境嫉妒的研究方法（situational jealousy test），即将被试置于多个可能会引起嫉妒的情境中进行研究。这种研究方法的广泛性，拓宽了嫉妒研究的领域，提高了嫉妒研究的科学性。这种方法使嫉妒的研究不仅仅停留在描述上，是嫉妒研究的数据可以用于高级统计。可进行高级统计的数据必须满足正态分布的特点，而人类的嫉妒情绪又具有普遍性和模糊性，在一定程度上是可以满足这一要求的。高级统计的出现，弥补了嫉妒研究思辨上的不足，使嫉妒研究结果更加真实可信。许多心理学家根据自己对嫉妒概念的理解，进行了不断的探索，每种概念都衍生了不同的问卷。其中比较成熟的量表和问卷有：人际嫉妒量表包含 28 个条目（Mathes，1981），自我报告嫉妒量表包含 20 个条目（Bringle, et al.，1979），投射嫉妒量表包含 18 个条目（Bringle，1979），恋情嫉妒量表包含 27 个条目（Hupka，1984），Bunk 嫉妒量表包含 20 个条目（Bunk，1981），White 习惯性和关系嫉妒量表包含 12 个条目（White，1981）。这是目前几种非常主流的嫉妒量表，具有很高的信效度。

（三）族群认同

族群认同是指"个人对自己所在族群的信念、态度，以及对自己族群身份的承认"（Carla，1998）。我国学者陈枝烈认为族群认同，是关于个人的思维方式、个体知觉、情绪情感归与某一族群成员一致的情形。而陈丽华则认为族群认同是指"个人对某个族群的归属感，以及这个族群中成员的身份所产生的想法、知觉、感情和行为"。也有人从文化的角度将族群认同定义为"以文化来区分不同族群，即社会中的个体对自己所在的团体的归属感其中包括认知方面与情感方面对所在族群的依附"。从这个定义来看，族群认同与个人对人或是事物的看法密切相关即与个体的态度和价值观密切相关，同时也涉及个人对内、外群体的看法。目前族群认同一词的外延正在逐渐扩大，不仅包括个体对自己所在族群即内群体的态度和信念，而且还包括对其他族群即外群体的态度与信念。族群认同是一个动态的过程，包括认知、情感，以及行为我国是个多民族国家，由于各族群有强弱之分，加之个体在对待本族群和其他族群态度上的差异，导致了积极的族群认同与消极的族群认同。大多数研究者觉得族群认同包括以下几个要素：族群知觉，是指个体对本族群的特征、历史、习俗的了解以及对其他族群间的了解，主要集中在差异方面。族群态度，是指回应族群内成员以及族群外成员的方式，可能是积极或是消极的。族群行为，指个体的行为方式是否与族群内部规范相符（Rotheram，Phinney，1987）。

（四）社会比较与嫉妒

嫉妒这种具有社会危害性的情绪产生的根源是社会比较，人们通常在消极的上行比较中产生嫉妒体验。在现实生活中，人们常常通过与他人进行比较来评价自己的观点以及行为。嫉妒情绪通常产生于处于劣势的比较情境中，特别是与相似的个人或是群体进行比较，这时个体体验到的嫉妒情绪最为强烈（Feather，1995）。Schaubroeck 和 Lam 的一项研究发现，个体只要发现与自己相似的其他人获得了成功，就会产生一种潜在的嫉妒情绪，且这种情绪个体有时也未察觉。这使得一些研究者将嫉妒的研究拓展到社会比较的内隐层面，大多研究都是采用社会认知的方法。Staple 和 Blanton 等的研究发现，阈下启动社会比较目标会潜在影响个体的自我评价。在一项研究中给被试阈下启动吸引力和无吸引力两种体型，然后让被试阅读一篇与嫉妒有关的文章，使被试产生嫉妒情绪。结果表明，相对于无吸引力体型，被试在无意识里唤起了对有吸引力体型的嫉妒（Karlijn, et al., 2000）。

（五）嫉妒与群际关系

嫉妒作为一种消极的情绪，不仅损害人际关系，还对群际关系构成威胁。当个体心理上认为自己是某一群体的成员，把自己作为内群体的一部分时，往往产生与群体利益相一致的情绪体验。在群体相关领域的比较中，若是外群体的表现或成绩优于内群体成员时，会引发内群体成员对这个外群体产生嫉妒心理。在一项有关嫉妒的研究中，为了避免社会赞许性的影响研究者首先告诉被试这是关于个人态度与价值观的研究，并且要求被试根据不同的问题进行分类，由此形成两个不同的群体。由实验操控，引入社会支持因素将每个群体再分成两个小群体，即每一组都有强内群组——内群体成员优于外群体，弱内群组——内群体成员弱于外群体。最后，测量个体对于外群体成员的情绪反应有何变化以及行为方式是否有所变化。研究表明，对于自己所在群体处于优势的来说，个体所在群体处于劣势的成员报告了较强的对处于优势外群体的焦虑、担忧、恐惧等消极情绪，并伴随了一定程度的否定、对抗、反对、敌对的行为倾向（Mackie，et al.，2000）。Leach 等人的研究结果表明，把德国足球视为自己竞争对手且在足球领域有着自卑感并且对德国足球有着嫉妒心的荷兰被试，对德国足球队的失败表达了强烈的幸灾乐祸的情绪（Leach，et al.，2003）。而幸灾乐祸是嫉妒的敌意本质的表现之一（Smith，et al.，1996）。因此，嫉妒影响了群际关系的和谐发展。

社会比较广泛地存在于人们的生活之中，特别是人际交往中，几乎不可避免。在大学生群体中，由社会比较引发嫉妒情绪从而导致危害社会的悲剧比比皆是。基于个体层面的社会比较往往会引发嫉妒体验，对大学生的心理健康造成极大危害。

从已有的研究来看，嫉妒的情感体验多发生于上行的社会比较情境，在大学生中也非常普遍。嫉妒是人类的天性 Schoeck（1969），它是否具有文化差异呢？目前，嫉妒研究的大多被试具有相同的文化背景（如 Smith et al.，1996；van Dijk，et al.，2006），对于嫉妒的跨文化研究很少。由于本校是民族院校，少数民族学生很多，所以研究可以同时在汉族与少数民族学生中进行，以探究具有文化背景差异的学生在嫉妒的表现上是否有所不同。在群际关系方面的研究，鲜有群体层面的嫉妒研究，大多集中在群际比较，对比较之后的情绪较少涉及，而比较之后的情绪体验可能是导致对外群体偏见的重要来源。

采用随机抽样法，选择某民族大学各个年级、民族、专业的学生，其中大一年级学生 35 人，大二年级学生 39 人，大三年级学生 78 人，大四年级学生 59 人，其中汉族学生 96 人，少数民族学生 115 人，男生 47 人，女生 164 人，年龄在 18～

24 岁。发放问卷 250 份，回收有效问卷 211 份。

问卷主要包含《社会比较倾向量表》《大学生嫉妒心理问卷》《群体关系问卷》。所有被试均需完成这三个部分的测试。

社会比较倾向量表一共有 11 个项目，包括 2 个维度：能力和观点，此量表主要是用来评价个体在能力和观点的社会比较过程中的个体差异，是由 Gibbons 和 Buunk 在 1999 年编制的。在生活中倾向于进行社会比较的个体，在此量表上会有较高的得分。曾有国内学者对此量表的信效度进行检验，对 1023 名被试进行问卷调查，研究得出此量表的内部一致性信度系数为 0.88，经过 4 个星期以后的重测信度为 0.89。

大学生嫉妒心理量表，此量表由刘玲玲等人编制，问卷共有 33 道题目，由 6 个维度构成，分别是学业维度、爱情维度、人际维度、经济维度、就业维度、外表维度。其中除了就业维度与学业维度的信度在 0.58～0.6，其余的均在 0.73～0.89。且此量表与社会比较量表具有很高的相关性。在效度方面，此量表均达到 0.56 以上。其中 1、27、31 题是针对学业维度设计的，在此维度上得分高的被试，会在学业相关领域产生较强烈的嫉妒体验。2、9、15、20、24、33 则是测量被试的爱情维度，得分高的被试容易在涉及恋爱关系的事件上体验到嫉妒。3、6、8、13、16、18、23、25、29 是测量经济维度，而 4、7、11、14、19、28、32 是测量人际嫉妒，5、12、21 是测量就业维度，10、17、22、26、30 是测量外表维度，此量表中均无反向计分。

本研究选取了较具代表性的因素来进行研究，分别采用了民族认同问卷与群际关系问卷。民族认同问卷有六道题目，用于测量被试对自己所在民族的认同感，群际关系问卷用于测量被试对外群体的态度，两者均具有较高的信效度。其中在民族认同上得分高的被试，对本民族的认同感、归属感强。而在群际态度问卷上得分高的被试则会对外群体产生偏见，偏好内群体成员，贬斥外群体成员。

二、大学生嫉妒心理、社会比较与族群认同

（一）大学生嫉妒心理：性别差异不明显，年级差异显著

表 5-18、表 5-19 的数据结果表明，不同性别大学生的嫉妒心理特点。结果显示在学业、爱情、经济、人际、就业、外表等嫉妒维度上，男生与女生的差异不显著。

表 5-18 大学生嫉妒心理特点得分（*N*=211）

特点	*M*±*SD*
学业嫉妒	2.6±0.9
爱情嫉妒	2.8±1.0
经济嫉妒	2.2±0.7
人际嫉妒	2.7±0.7
就业嫉妒	3.0±0.8
外表嫉妒	2.3±0.9

表 5-19 大学生嫉妒心理特点的性别差异比较

特点	男（*n*=47）	女（*n*=164）	*t*
学业嫉妒	2.3±0.8	2.6±1.0	−1.892
爱情嫉妒	2.6±0.9	2.8±1.0	−1.228
经济嫉妒	2.3±0.8	2.2±0.7	0.823
人际嫉妒	2.7±0.6	2.7±0.7	0.043
就业嫉妒	2.9±0.7	3.0±0.8	−0.119
外表嫉妒	2.4±0.9	2.3±0.9	0.554

各个年级大学生嫉妒心理特点见表 5-20。结果表明在人际、就业等嫉妒维度上，四个年级的差异显著，在学业、爱情、经济、外表等嫉妒维度上差异不显著。事后检验结果显示，在人际维度上大二年级学生的得分显著高于大三学生的得分，在就业维度上大二年级的学生高于大三年级的学生且达到显著水平。

表 5-20 各个年级大学生嫉妒心理特点比较

特点	大一（*n*=35）	大二（*n*=39）	大三（*n*=78）	大四（*n*=59）	*F*	事后检验
学业嫉妒	2.5±0.9	2.7±0.9	2.5±1.0	2.6±0.8	0.514	
爱情嫉妒	2.7±1.0	3.0±0.9	2.6±1.0	2.9±1.0	1.543	
经济嫉妒	2.2±0.7	2.4±0.8	2.1±0.8	2.2±0.7	2.224	
人际嫉妒	2.7±0.7	3.0±0.6	2.6±0.7	2.7±0.6	2.704*	2>3
就业嫉妒	3.0±0.9	3.1±0.8	2.8±0.7	2.9±0.7	2.726*	2>3
外表嫉妒	2.1±0.8	2.6±0.9	2.3±0.9	2.4±0.9	2.283	

少数民族学生与汉族学生嫉妒心理特点比较结果见表 5-21。结果显示，少数民族大学生与汉族大学生在人际嫉妒维度与爱情嫉妒维度上的得分差异显著，在其余维度上差异均不显著。

表 5-21 少数民族大学生与汉族大学生嫉妒心理特点比较

特点	汉族（*n*=96）	少数民族（*n*=115）	*t*
学业嫉妒	2.6±1.0	2.6±0.9	0.147
爱情嫉妒	3.0±1.0	2.6±1.0	−1.971*
经济嫉妒	2.2±0.7	2.2±0.7	−0.721

续表

特点	汉族（n=96）	少数民族（n=115）	t
人际嫉妒	2.9±0.6	2.6±0.7	−2.148*
就业嫉妒	3.9±0.8	3.9±0.8	−0.626
外表嫉妒	2.4±0.8	2.3±1.0	−0.569

由于本研究中，民族分布比较分散不宜每个民族特点都进行比较（表 5-22），这里选取维吾尔族、回族、土家族、壮族等几个被试较多的民族进行研究分析。结果显示，在学业、爱情、人际、就业等维度上民族差异不显著，而在经济嫉妒与外表嫉妒上差异显著。壮族学生在经济维度上的得分显著高于回族学生，壮族学生在外表维度上的得分也显著高于其他民族学生得分。

表 5-22　维吾尔族、壮族、土家族、回族大学生与汉族大学生嫉妒心理特点比较

特点	维吾尔族（n=36）	壮族（n=21）	土家族（n=17）	回族（n=16）	F
学业嫉妒	2.7±0.9	2.8±0.6	2.6±1.0	2.3±0.9	1.351
爱情嫉妒	2.6±1.0	3.0±0.6	2.7±0.9	2.8±1.1	1.284
经济嫉妒	2.2±1.1	2.6±0.6	2.2±0.7	1.9±0.7	3.513*
人际嫉妒	2.9±0.7	2.8±0.5	2.7±0.7	2.6±0.5	0.605
就业嫉妒	3.0±0.9	2.9±0.6	2.9±0.7	2.8±0.7	0.369
外表嫉妒	2.2±1.0	2.9±0.6	2.1±0.9	2.3±1.0	3.125*

不同来源的大学生嫉妒心理特点情况比较结果见表 5-23。结果显示，在经济嫉妒与外表嫉妒维度上城乡大学生差异显著，在学业、爱情、人际、就业等嫉妒维度上差异均不显著。

表 5-23　不同来源大学生嫉妒心理特点比较

特点	农村（n=91）	城镇（n=57）	城市（n=58）	其他地方（n=5）	F
学业嫉妒	2.6±1.0	2.6±0.8	2.5±0.9	2.9±1.2	0.406
爱情嫉妒	2.7±1.0	3.0±1.0	2.6±1.0	3.2±1.2	2.553
经济嫉妒	2.3±0.7	2.3±0.8	2.0±0.6	2.2±0.7	3.575*
人际嫉妒	2.8±0.6	2.8±0.7	2.5±0.6	3.0±1.0	2.525
就业嫉妒	2.9±0.7	3.0±0.8	2.9±0.8	3.0±1.4	0.209
外表嫉妒	2.4±0.9	2.5±1.0	2.1±0.8	2.1±1.2	2.749*

从总体来看，男生与女生在嫉妒的六个维度上的得分没有显著差异。男生在嫉妒上的总体得分高于女生，这与我们的传统观点相悖。在一项关于嫉妒的研究中发现，不管是男性还是女性都会对经济富有的同伴产生较强的嫉妒感，不过在外表方面，一般长相的女性显示出了对长相美貌同伴更加强烈的嫉妒（Hill, et al, 2011）。但是女生在学业嫉妒与爱情嫉妒上的得分略高于男生，在这两个相关领域女生更加容易有嫉妒体验。这说明嫉妒的性别差异只是体现在某些特点领域。男

生与女生在就业嫉妒维度上的得分都比较高，而这个领域是男、女生都比较关注的方面，所以在这方面，两者在面对优秀的个体时，都容易产生嫉妒体验。

各个年级大学生在人际嫉妒与就业嫉妒维度上差异显著。大二年级的学生在人际嫉妒与就业嫉妒上得分最高，而大三年级的学生在这两个维度上的得分则有下降的趋势。在经济嫉妒与爱情嫉妒维度上，各个年级的学生得分都较低。总体来看，大一年级学生在各个嫉妒维度上的得分处于中等水平，大二学生达到最高值，大三、大四开始下降。这说明我们常常会嫉妒发生在身边较熟悉的与相似的优秀个体，由于大一年级刚进学校所有的一切都是新鲜的。到了大二对同学们逐渐熟悉，某些情况下会引发嫉妒情绪。而到了大三、大四同学们逐渐成熟，并且即将分离，这种嫉妒情绪有所缓解。

少数民族学生与汉族学生在爱情嫉妒与人际嫉妒维度上的得分差异显著。汉族学生在爱情嫉妒、人际嫉妒维度上的得分均高于少数民族学生，说明在这两个领域，汉族学生会产生更多的嫉妒体验。这说明文化的差异性，对嫉妒有一定的影响。Mosquera 等（2010）指出文化的差异性可能会影响个体的嫉妒体验方。比如，纵向个人主义（vertical individualism）和横向集体主义（horizontal collectivism）这两者强调的是不同的文化，一种强调竞争，而另一种则强调合作。由此看来，强调竞争的文化势必会强化嫉妒反应，强调合作的集体主义则会弱化嫉妒体验。在一项研究中证实了文化差异对嫉妒的影响，此研究由 Rodriguez 等（2010）开展，被试为西班牙人和美国人。结果表明纵向主义文化的美国人相对于集体主义文化的西班牙人体验到了更加强烈的嫉妒。这说明嫉妒与文化因素有关，也与本研究结果一致。

在经济嫉妒与外表嫉妒维度上，不同来源的大学生差异显著。来自农村的学生在经济嫉妒上的得分高于来自其他地方的学生，可能是来自农村的学生经济条件比较差所以比较关注经济方面。在与经济相关的情境中，来自农村的学生会体验到更强烈的嫉妒情绪。在外表嫉妒维度上来自城镇学生的得分最高。在就业嫉妒维度上，来自不同地方的学生得分趋于一致，这可能是由于来自不同地方的学生，均有面临毕业找工作的压力，这是普遍受到关注的方面。

（二）大学生社会比较倾向：男生更容易产生社会比较意识，不同来源地的大学生社会比较倾向存在显著不同

对不同性别的大学生社会比较倾向特点做独立样本 T 检验。结果见表 5-24，说明男女生在社会比较倾向上差异显著，男生社会比较得分高于女生。

表 5-24　不同性别大学生社会比较倾向得分

	男（n=47）	女（n=164）	t
社会比较	3.1±1.0	2.9±0.5	1.87*

对各个年级大学生在社会比较倾向量表上的得分进行单因素方差分析，结果见表 5-25。从结果来看，各个年级学生在社会比较倾向方面差异不显著。

表 5-25　各个年级大学生社会比较倾向特点

	大一（n=35）	大二（n=39）	大三（n=78）	大四（n=59）	F
社会比较	3.0±0.5	3.1±0.5	2.9±0.8	3.0±0.7	1.203

对不同民族大学生社会比较倾向得分进行独立样本 T 检验，结果见表 5-26。从结果来看，各民族大学生在社会比较倾向量表上得分差异不显著。

表 5-26　少数民族大学生与汉族大学生社会比较倾向特点

	少数民族（n=115）	汉族（n=96）	t
社会比较	2.8±0.6	3.0±0.8	−2.505

由于本书中民族分布比较分散，不宜对每个民族特点都进行比较，这里选取维吾尔族、回族、土家族、壮族等几个被试较多的民族进行研究分析。表 5-27 的结果表明，维吾尔族、壮族、土家族、回族等几个少数民族学生在社会比较倾向上的差异不显著。

表 5-27　维吾尔族、壮族、土家族、回族大学生与汉族大学生社会比较倾向特点

	维吾尔族（n=36）	壮族（n=21）	土家族（n=17）	回族（n=16）	F
社会比较	2.8±0.1	3.0±0.4	2.8±0.6	2.8±0.7	0.864

对不同来源大学生的社会比较倾向得分进行单因素的方差分析，结果见表 5-28，说明不同来源大学生社会比较倾向有显著差异。

表 5-28　不同来源大学生的社会比较倾向特点

	农村（n=91）	城镇（n=57）	城市（n=58）	其他地方（n=5）	F
社会比较	2.9±0.6	3.2±0.9	2.9±0.6	3.0±0.7	2.855*

男生在社会比较倾向上的得分与女生在社会比较倾向上的得分差异显著，且得分显著高于女生。这个结论与传统的观点相悖，传统观点认为女生总是倾向于与别人进行比较。造成差异的原因可能跟社会有关，现代社会赋予了男生更大的责任，这意味着更大的压力、更多的付出。在一项关于青少年社会比较的实证研究中，发现男生在社会比较中会采取适应性策略来改变自己在社会比较中的不利地位，而女生则差别不大（Gibbons，2001）。

各个年级学生在社会比较得分上差异不显著。从大一到大二，得分呈现上升趋势，到大三开始下降，大四又有稍稍上升，总体较为平缓，变化不大。这说明社会比较倾向可能与年级无关。Dumas 的一项研究发现，在社会比较可能与年龄有一定的联系。比如，在学业水平的比较上大多数学生往往会与那些学习成绩比自己好的学生进行比较，但是 Dumas 认为此结论不能一概而论，不同年级的学生会呈现不同的趋势。一项针对中学生的研究发现，五、六年级的学生并没有学业上的向上比较，七、八年级的学生只会在某些科目上进行向上比较，到了九年级所有的学生则都会倾向于向上的社会比较。

少数民族学生与汉族学生在社会比较倾向量表上的得分差异不显著。汉族学生的得分总体上高于少数民族学生，说明汉族学生社会比较倾向较高，由于社会比较与嫉妒心理具有较高的相关性，可得汉族学生在嫉妒上的得分也会高于少数民族学生，这与前面的研究结果一致。

来自不同地方的学生在社会比较维度上的得分差异明显。其中来自城镇的学生得分最高，来自农村与来自城市的学生得分大体相同。从这点来看，似乎处于中等水平的个体更倾向于做社会比较。

（三）大学生族群认同的特点

1. 在族群态度和民族认同上性别差异不显著，年级差异显著

大一年级学生的民族认同感的分最高，大三学生的民族认同感最低。大二学生族群态度得分整体最低，大四学生族群态度得分最高（表 5-29）。

表 5-29　大学生在民族认同与族群态度上的得分情况

$M \pm SD$	
民族认同	3.3±0.9
族群态度	1.8±0.4

对不同性别大学生民族认同情况进行独立样本 T 检验，结果显示，男女大学生在民族认同维度上差异不显著。对不同性别大学生族群态度情况进行独立样本 T 检验，结果显示，男女大学生在族群态度维度上差异不显著（表 5-30）。

表 5-30　不同性别的大学生民族认同情况

	男（$n=47$）	女（$n=164$）	t
民族认同	3.2±0.8	3.3±0.9	−0.41
族群态度	1.9±0.5	1.8±0.4	1.546

对各个年级大学生民族认同情况进行单因素方差分析（表 5-31），结果显示，各个年级的大学生在民族认同维度上差异显著。大一年级学生的民族认同感得分最高，大三学生的民族认同感得分最低。事后检验分析发现，大三年级学生的民族认同感低于大一、大四年级学生，且达到了统计上的显著水平。大二年级学生得分与大一、大三、大四年级学生的差异均不显著。

表 5-31　各个年级的大学生民族认同情况

	大一（$n=35$）	大二（$n=39$）	大三（$n=78$）	大四（$n=59$）	F	事后检验
民族认同	3.5±0.8	3.4±0.8	3.0±0.8	3.3±1.0	5.055*	1>3，4>3

对各个年级大学生族群态度情况进行单因素方差分析（表 5-32），结果显示，各个年级的大学生在族群态度上差异显著。大二学生族群态度得分整体最低，大四学生族群态度得分高于大一、大二、大三年级的学生。事后检验分析发现，大一、大二、大三年级学生的族群态度得分差异不显著，但都显著高于大四年级学生，即大四学生的族群态度得分最高。

表 5-32　各个年级大学生族群态度情况

	大一（$n=35$）	大二（$n=39$）	大三（$n=78$）	大四（$n=59$）	F	事后检验
族群态度	1.8±0.5	1.7±0.3	1.8±0.3	2.0±0.5	4.906*	4>1，4>2，4>3

2. 大学生族群认同的民族特点

少数民族大学生在民族认同维度上的得分显著高于汉族大学生，维吾尔族学生的民族认同得分最高。少数民族大学生与汉族大学生在族群态度上差异不显著。

对不同民族大学生民族认同情况进行独立样本 T 检验（表 5-33），结果显示少数民族大学生与汉族大学生在民族认同维度上差异显著。少数民族大学生在民族认同维度上的得分显著高于汉族大学生。

表 5-33　不同民族的大学生民族认同情况

	少数民族（$n=115$）	汉族（$n=96$）	t
民族认同	3.5±0.9	3.0±0.7	4.153*

本书选取维吾尔族、回族、土家族、壮族等几个被试较多的民族进行研究分析（表 5-34）。结果显示，这几个少数民族学生的民族认同存在显著性差异，维吾尔族学生的民族认同得分最高。

表 5-34　维吾尔族、壮族、土家族、回族大学生民族认同情况

	维吾尔族（$n=36$）	壮族（$n=16$）	土家族（$n=14$）	回族（$n=13$）	F
民族认同	4.1±0.8	2.8±0.6	2.9±0.5	3.3±0.9	20.712*

对不同民族大学生族群态度情况进行独立样本 T 检验（表 5-35），结果显示，少数民族大学生与汉族大学生在族群态度维度上差异不显著。

表 5-35　不同民族大学生族群态度情况

	少数民族（n=115）	汉族（n=96）	t
族群态度	1.8±0.4	1.9±0.4	−1.596

3. 不同来源地大学生族群认同特点

不同来源大学生在民族认同上有显著差异，从低到高依次为农村、城镇、城市和其他地方，在一定程度上说明经济因素对于民族认同有着不可忽视的影响；在族群态度上，不同来源大学生差异不显著。

对不同来源大学生的民族认同得分进行单因素的方差分析（表 5-36），其结果说明不同来源大学生在民族认同维度上有显著差异。在族群态度上，单因素的方差分析结果表明，不同来源大学生在族群态度维度上差异不显著。

表 5-36　不同来源大学生的族群认同情况

	农村（n=91）	城镇（n=57）	城市（n=58）	其他地方（n=5）	F
民族认同	3.1±0.8	3.3±0.8	3.4±1.0	4.1±0.3	3.972*
族群态度	1.8±0.4	1.9±0.4	1.8±0.4	1.7±0.4	0.413

不同性别的大学生在民族认同维度与族群态度维度上的得分均不显著。从总体上看，男生在民族认同维度上的得分稍低于女生，而在族群态度维度上，男生的得分稍高于女生。民族认同是指对本民族的正性情绪，族群态度则是指对外群体的负性情绪。从这个结果来看，两者可能没有相关性，也就是说，民族认同感强的学生不一定会排斥外群体成员。

各个年级的大学生在民族认同维度上差异显著。大一年级学生的民族认同感得分最高，大二、大三年级的学生民族认同感呈现下降趋势，到了大四又开始回升。这可能由于大一年级的学生刚刚离家对本民族的风俗、文化等有着强烈的认同感。从入学到大二，身边有很多来自不同民族的学生经过一段时间的接触，逐渐对本民族的认同感弱化，与同学们在各方面更趋于一致。而到了大四，面临就业问题，很多同学会回到自己的家乡，所以这一时期的民族认同感又逐渐回升。在族群态度维度上的趋势与民族认同的变化大致趋势一致。不过群体态度维度上大二学生得分最低，大四学生得分最高。

少数民族大学生与汉族学生在民族认同维度上的得分有显著的差异性，少数民族学生的民族认同感强于汉族学生，并且具有显著性。这可能是由于，汉族人口是所有民族中最多的，并且汉族文化是社会的主流文化，大多数汉族学生很少有机会接触到其他的民族文化，所以没有那么强烈的民族认同感。而少数民族学生，由于从自己的家乡——少数民族聚居地来到了一个以汉族文化为主流的地方，可能会感到自己的文化受到了威胁，所以民族认同感比较强烈。而在群际态度维度上，汉族学生与少数民族学生差异不显著。这说明强烈的民族认同感并不会导致对外群体偏见的增加。

来自不同地方的学生，在民族认同维度上有显著差异。来自农村的学生民族认同感最低，其次是城镇、城市、其他地方。而在族群态度维度上，各个来源的大学生差异均不显著。说明族群态度的考察上不具有地域性。

（四）大学生社会比较、嫉妒感与族群认同的关系

1. 社会比较倾向与嫉妒的各个维度都存在显著的相关性

社会比较倾向与人际嫉妒维度、外表嫉妒维度、爱情嫉妒维度上的相关性较高。

为了解大学生社会比较倾向与嫉妒感的关系，将社会比较与嫉妒的各个维度做皮亚逊积差相关研究，结果见表 5-37。社会比较倾向与嫉妒的各个维度都存在显著的相关性。社会比较倾向与人际嫉妒维度、外表嫉妒维度、爱情嫉妒维度上相关性较高。

表 5-37　大学生社会比较与嫉妒相关结果

项目	社会比较
学业嫉妒	0.275**
爱情嫉妒	0.342**
经济嫉妒	0.334**
人际嫉妒	0.394**
就业嫉妒	0.304**
外表嫉妒	0.373**

2. 社会比较与民族认同、族群态度均无显著相关；嫉妒心理与民族认同、族群态度均无显著相关

为了解大学生社会比较倾向与族群认同的关系，将社会比较与族群认同的两个维度进行皮亚逊积差相关研究，结果见表 5-38。社会比较与民族认同、族群态度均无显著相关。

表 5-38　大学生社会比较与族群认同

项目	社会比较
民族认同	0.062
族群态度	0.072

为了了解大学生嫉妒心理的特点与族群认同的关系，将嫉妒心理特点与族群

认同的两个维度进行皮亚逊积差相关研究（表 5-39）。其结果显示嫉妒心理与民族认同、族群态度均无显著相关。

表 5-39　大学生嫉妒心理特点与族群认同

项目	民族认同	族群态度
学业嫉妒	0.051	0.052
爱情嫉妒	0.015	0.108
经济嫉妒	0.013	0.110
人际嫉妒	0.031	0.038
就业嫉妒	0.028	0.041
外表嫉妒	0.061	0.132

社会比较与学业、爱情、经济、人际、就业、外表六个嫉妒维度均存在显著的相关性。倾向做社会比较的学生，在嫉妒问卷上的得分高，两者具有正相关，这说明社会比较是嫉妒的来源。社会比较倾向是预测个体嫉妒情绪的一个良好效标。

社会比较与民族认同、群际态度不具有显著相关性。这说明外群体偏见，可能不是来自社会比较，而是来自内群体对外群体的偏见，这种偏见不是由比较得来的。对外群体有偏见的学生，不是通过社会比较的方式认识本群体与外群体的差异的，而是认为两者存在着本质的区别。这种区别是生来就有的，后天是无法改变的。这也许是引起民族间冲突与矛盾的根本原因。

（五）大学生社会比较的回归模型：嫉妒心理能够有效预测社会比较，族群认同对社会比较的预测效果不显著

将大学生社会比较、嫉妒心理与族群认同进行回归分析，结果见表 5-40。从表 5-40 中可知，嫉妒心理对社会比较总体解释度在 18.5%，回归系数显著，族群认同未能进入回归方程。

表 5-40　大学生社会比较与嫉妒心理的回归分析

项目	R	R^2	β	t	p
嫉妒心理	0.430	0.185	0.421	6.715	0.000

第四节　"扶不起"的信任：新闻报道冲击下的群体信任问题研究

新闻报道常常聚焦于社会问题，客观上反映了现实矛盾。改革开放以前的很长一段时间，我国媒体一贯坚持"以正面报道为主，坚持正确的舆论导向"的报道方针，负面新闻基本是禁止报道的，甚至在学术界大多也不可以涉及的。改革开放后，随着社会经济的迅速发展和民主政治制度的不断完善，我们的政府和新闻媒体已经逐渐认识到负面新闻报道的重要性，也意识到"瞒报""不报"负面新闻信息所带来的不良后果。

同时，由于我国社会环境和政治、经济的变革，负面新闻报道的数量激增。一方面，现阶段我国正处于社会转型的关键时期，经济快速增长，利益群体日益分化，社会急剧变迁，社会各群体的经济地位不同，思想意识不同，价值观念不同，人们对权欲、物欲、名欲的追求，势必会产生各种矛盾冲突，而这些矛盾冲突，势必产生大量负面题材报道。另一方面，我国发展媒体的市场化经营及民主制度给负面新闻报道的生长带来了机会。与改革开放前相比，我国传媒舆论环境变得相对宽松，致使我国新闻传播事业迅速发展。随着网络媒体及信息技术的飞速发展，新媒体上负面新闻报道量激增。

虽然我国负面新闻报道已经发展到一个新阶段，取得了一定的成效，受到人们的肯定，但还存在一些亟须解决的问题。近年来从南京"彭宇案"到各地的"彭宇案"，再到"小悦悦事件"和"扶老人事件"，媒体争相对其展开报道，并常常冠上"道德滑坡""道德冷漠""社会信任危机"等字眼。从食品安全到某公司13连跳，再到各地的官员腐败等新闻事件，负面新闻也渐渐进入人们的视线。

媒体报道方式不得当，很容易无形中影响受众的态度行为及对于社会道德的整体认知，从而诱发负面情绪，产生消极的社会影响。而且，有些媒体为追逐利益吸人眼球，不仅夸大歪曲事件的事实真相，甚至对同一类事件标签化地连环报道，导致公众对于道德和人性的探讨日渐增多，"道德焦虑"和"道德恐慌"日益产生并积聚，社会信任感严重下降。

目前，国内外学者的研究主要集中于负面新闻的现状、报道方式以及负面新闻的正负面效果等方面，特别是由近年的小悦悦事件、扶老人事件引发众多学者的关注和研究，而且对负面新闻引发的各类道德思考比较深入，但与此同时由负面新闻引发的社会信任下降的问题，负面新闻引发的道德问题与社会信任下降的关系，以及负面新闻影响道德、社会信任的心理机制，都缺乏系统的研究。

大学生是网民的一个重要组成部分，也是新闻报道的关注者，他们如何解读新闻报道，这些新闻报道的理解如何影响他们的人际信任情况，学校文化在其中是否扮演了不同的角色？这是一个值得关注的话题。

一、新闻报道

负面新闻是指网络新闻中对社会负面题材事件的报道，即与现行的社会秩序和道德标准相冲突的新闻事件。

国内外学者对负面新闻的研究范围涉及负面新闻的报道方式、负面新闻现状、负面新闻的影响和如何发挥负面新闻的正面效应等方面。对于负面新闻涉及的领域，包括政府机构、医疗机构、企业、食品安全、品牌和各类道德事件等领域。对于研究负面新闻的学科主要有新闻学、社会学、心理学、伦理学、哲学等学科。而对于已有负面新闻研究的对象，主要是传者和受众。其中，传者包括新闻媒体和新闻传播者，主要研究负面新闻的传播途径和方式的影响。受众主要包括网民，而大学生作为最大的网民，是负面新闻最大的受众。

（一）负面新闻影响受众的价值观

大学生关于社会的基本认识以及他们的人生观、价值观的形成，大部分内容是由媒体给予的。可以说，媒体语言影响并干预他们的文化观念、思维方式、价值观以及对事物的判断，媒体语言暴力误导着青少年的言语习惯和思考方式（段芳燕等，2012）。从心理特征来看，大学生的价值观尚处于形成和发展时期，网络负面新闻对大学生的价值取向有不可小觑的影响。网络负面新闻的传播能对大学生行为模式及价值取向产生积极、正面的效果成为新形势下的紧迫任务，也有着重要的现实意义（段芳燕等，2012；王丽萍，2011）。

（二）负面新闻影响受众的情绪

虚假新闻传播会对受众的心理产生不同程度的危害，导致受众的厌恶、愤怒、轻蔑等负性情绪的产生，负性情绪会对受众的思维或行为判断产生负面影响。同时虚假新闻传播还会产生消极的社会情绪，如恐慌等（王丽萍，2011）。

（三）负面新闻影响受众的认知

主要包括认知加工过程、归因与刻板印象、认知图式、认知偏差几个方面。

1）受众在新闻解读的过程中，必然伴随一系列对新闻认知加工整合产生重要影响的心理活动现象，使其对信息的加工和判断出现误读甚至异化，产生定势心理、投射心理、期望心理、联想心理等心理现象（赵岭梅，2005）。

2）Iyengar 在 1991 的研究中，认为受众对责任归因的判断取决于媒体对社会事实的描述方式，在不同类型的新闻框架下，受众对新闻事件责任归因有不同取向。而且人们往往会对其行为进行内部因素归因，同类事件的归因一致便会导致人们对此类人员和机构产生负面的刻板印象。

3）胡衬春在新闻报道的负面影响时，发现传者在认知新闻事实的过程中，其头脑中形成的事件图式、行动图式、观念图式早已存在（胡衬春，2004）。

4）受众对新闻信息的认知偏差是指受众在接受新闻信息时，头脑中不自觉地形成的对传者或对新闻信息的误解，从而导致其对传者宣传意图的偏离。

二、人际信任

对人际信任的研究在国内外都是热点，被社会学、伦理学、经济学、心理学广泛关注。如从社会学角度和文化的根源出发，试图建立一个理解现代中国人人际信任的研究构架，并进行具有明确方向性的实证研究。20 世纪 80 年代，信任问题已经成为西方学者研究的热门话题。直到 20 世纪 90 年代末，我国学术界才开始对信任，尤其是人际信任进行系统研究。

（一）人际信任的定义

国外学者主要有三种观点：Rotter、Wrightsman、Sabel 等认为人际信任是个体的态度或者行为倾向，并不是实际行动；Deutsch、Barber、Hosmer 等认为人际信任是一种行为；Barber、Fukuyama 等认为人际信任是社会结构、制度和文化规范的产物，是一种社会现象，会随着社会的变化而变化。而我国学者薛天山和翟学伟认为人际信任包含四层不同含义：人际信任是指对另一个个体或者一个群体的信任，其本质是一种心理状态，是个体的态度或者行为倾向，具有不可预期性和可选择性。

（二）人际信任的分类

有代表性的主要有两种方法：Webe 将人际信任分为普遍信任（universalistic trust）和特殊信任（particularistic trust）；Lewis 和 weigert 将人际信任分为认知性的信任和情感性的信任。

（三）人际信任的对象

主要有政府、企业、组织团体、创业团队以及大学生等群体。其中，我国学者对大学生人际信任的研究主要集中在熟人的信任度、人际信任与前因变量和后果变量相关关系的研究上。大学生人际信任影响因素比较多，最关键的还是大学生自身的人格特点、挫折应对方式等内部因素。姚春在研究中证实，人际信任与合理化应对方式呈显著正相关，而与自责、退避等应对方式呈显著负相关（姚春，2013）。而且刘金平、郭志峰对大学生的心理控制源与人际信任的相互关系进行研究发现，心理控制源与人际信任呈显著相关，内控型大学生比外控型大学生的人际信任水平低（李雪峰，2005）。

（四）人际信任的影响因素

王霞在 2008 年发现，从信任个体及引起信任的事件进行探讨，具体包括信任个体、双方的关系以及信任所针对的事件三个方面。跨文化研究发现，文化影响人际信任（Fukuyama，1995）。而且多伊奇，Lewicki 等认为信任随人际交往的场合和情景以及进程的改变而改变。另外，家庭背景、社会阶层等因素影响着对他人的人际信任，并造成人际信任的差异，但在对性别这一因素的测量上，未发现人际信任的区别。

2005 年，丁道群和沈模卫研究发现，影响人际信任的内在原因，主要有人格特质，如移情、情绪、归因等心理变量。人格特质和网络社会支持对网络人际信任具有直接影响。Fenga 研究发现共情能显著预测在线信任。内外控归因方式和移情关注能显著预测人际信任总分。即个体越外倾，移情关注的能力越强，对他的人际信任水平越高（郑信军等，2009；古婷，2011）。情绪状态是人际信任的影响因素之一。情绪可以通过直接或间接的方式影响人际信任（何晓丽等，2011）。归因方式显著影响其人际信任的水平，内外控归因与人际信任水平负相关，即越内控人际信任水平越高（孔繁昌等，2008）。

（五）负面新闻对人际信任的影响

以往缺乏负面新闻影响人际信任的研究，仅有少量文献涉及两者之间的关系，例如，周瑞在 2011 年研究发现负面新闻会产生负面效果，而大量报道负面新闻会使民众对这个社会的某一个方面失去信心（周瑞，2011）。汤景泰和张曦认为从长期来看，泛道德化报道在维护道德的名义下，却给社会造成更大的道德创伤，影响社会互信状况。从媒介建构论的观点来看，媒体的报道参与构建人们的主观现实，影响着人们对社会道德水平的认知，进而改变着人们的社会道德行为。泛道德化报道因为过多的泛道德化批判，可能会降低社会的道德水平（汤景泰等，

2012）。曹爱民、张正其和张雪梅在自己的一项研究中提到负面新闻报道影响社会公信力（曹爱民等，2012）。

三、对已有研究的反思性认识

（一）缺少新闻量化标准和负面新闻影响人际信任的量化研究

在负面新闻方面，研究主要集中在负面新闻的影响，并从传者负面新闻的编写形式、传播方式和负面新闻对受众的影响等角度加以研究，特别是在影响方面取得一定研究成果。然而，缺少新闻量化标准和负面新闻影响人际信任的量化研究，研究仍待加强和完善，从心理学的角度出发，结合新闻学、社会学的研究视角，研究负面新闻发生的心理机制和个体差异。

（二）研究变量的相对单一化

在人际信任方面，综合回顾文献，对于人际信任的影响因素多从单个变量加以研究，缺少多个变量间的交互研究。研究对象方面，主要研究了大学生的人际信任、企业高管团队的人际信任、政府的信任、品牌的信任、乡村社会的人际信任、医患信任、企业员工间的信任、网络人际信任、青少年的网络人际信任等对象；影响因素包括情绪、移情、归因、认知偏差、刻板印象、控制信念、情境性、学科专业、儒家伦理道德、互联网的虚拟性与匿名性等因素。

（三）需要进一步探讨负面新闻对人际信任影响的内在机制

在负面新闻与人际信任的关系方面，仅有少量研究。但是，近年来，负面新闻带来的消极影响愈加突出，人际信任水平持续下降，人与人之间的关系愈发淡漠，因此研究负面新闻对人际信任影响，特别是对一般人际信任影响的心理机制尤为重要，也是需要进一步探讨的问题。

因此，针对以上问题，我们进行了如下设计。

1）综合当今社会负面新闻泛滥、社会信任水平持续下降的社会问题，负面新闻和人际信任两方面的相关文献，进行现象分析和文献的归纳整理，探索量化负面新闻的标准，并从新闻学、心理学和社会学等角度了解导致负面新闻使人际信任水平下降的原因、作用过程以及内在机制。

2）利用访谈法，对大学生进行结构化访谈，挑选出分别能诱发出正性道德情绪、负性道德情绪和中性道德情绪的三则负面新闻。

3）运用问卷法，结合随机抽样的方式对武汉的 A 大学、B 大学和 C 学院的近 1200 名大学生进行问卷调查，获得量化数据，分析负面新闻影响人际信任的心理机制和作用过程。

4）运用比较分析法，比较 3 所不同性质大学间的区别，建立负面新闻影响人际信任的理论模型，提供建议、对策。

访谈研究对象：

按照便利取样和随机取样的抽样原则，对湖北、湖南、贵州、河北的 23 名大学生进行结构化访谈，挑选负面新闻材料。

问卷法研究对象：

本书以武汉市为例，研究负面新闻对武汉大学生人际信任的影响。因此，挑选武汉市的 A 大学、B 大学和 C 学院三所典型的大学，并采用随机取样的方式进行抽样调查。

由图 5-1、表 5-41 的人口学特征可以看出，问卷调查共收回 1189 份有效问卷，其中 A 大学回收 348 份，B 大学回收 488 份，C 学院回收 353 份。男女比例较平衡，男生略多于女生。在文理科分布中，理科学生居多；在家庭住址分布方面，农村和城镇的分布较平均，而在大学生的年级分布中，以大一、大二、大三的学生为主。

A 大学创建于 1952 年，是教育部直属全国重点大学和国家"211 工程"，也是教育部"优势学科创新平台"项目建设的大学。学校以地球科学为主要特色，拥有"学士—硕士—博士"完整的人才培养体系，有学生 6.4 万余人。

表 5-41　样本基本特征统计

	类别	人数/人	百分比/%
学校	A 大学	348	29.3
	B 大学	488	41.0
	C 学院	353	29.7
性别	男	667	56.4
	女	515	44.6
专业	文科	296	26.0
	理工科	836	73.0
年级	大一	409	34.7
	大二	276	23.4
	大三	385	32.7
	大四	102	8.7
	研究生及以上	6	.5

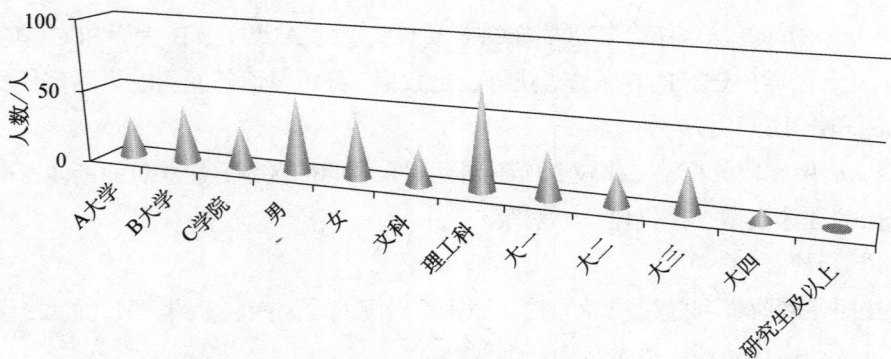

图 5-1　样本基本特征柱状图

　　B 大学创建于 1951 年,是一所直属国家民族事务委员会的综合性普通高等院校。学校始终坚持"面向少数民族和少数民族地区,为党和国家的民族工作服务、为少数民族和民族地区的经济与社会发展服务"的办学宗旨,开设了 10 大学科门类的 79 个本科专业。现有 56 个民族的全日制博士、硕士、本科、预科等各类学生 26 000 余人。

　　C 学院的前身是 1931 年创立的湖北省立教育学院,是一所以教师教育为主要特色,教育学、文学、理学等学科为主要支撑的省属普通本科院校,是湖北省教师教育的重要基地之一。建校 80 多年来,学校培养了近 15 万名优秀毕业生。

　　综上所述,三所大学各具特色,能很好地代表武汉市的大学生。其中 A 大学是教育部直属的理工科类 211 工程大学,B 大学是国家民委直属的民族类文科大学,而 C 学院则是省属的师范类大学。

四、新闻影响的现状

（一）受众形成了负面事件的内隐印象,影响了对社会的信任程度

　　由表 5-42 可以看出,新闻一、新闻二、新闻三和新闻七大部分受访者都不太熟悉;对于是否见过很多同类的新闻,除了新闻七和新闻六,其他七则新闻都见过很多次。从访谈结果可以看出,受访谈者,对新闻一的那则酒驾时间不熟悉,但认为自己见过很多这类酒驾的新闻事件。同样,对于新闻二宰杀死猪,新闻三奔驰大叔先拍照再救人,新闻七香港暂排除埃博拉疑似病例也是一样的。而对于新闻四的小悦悦这一热点事件,新闻五的汶川大地震,新闻八的中共中央对周永康严重违纪问题立案审查和新闻九的李代沫涉毒被捕这四则新闻,受访者不仅对这则新闻事件本身很熟悉,而且认为见过很多这类新闻事件。

168

表 5-42　不熟悉本则负面新闻和对这类负面新闻熟悉度的次数统计　　（单位：次）

熟悉度	新闻一	新闻二	新闻三	新闻四	新闻五	新闻六	新闻七	新闻八	新闻九
不熟悉这则新闻	11	10	12	0	3	5	11	2	4
见过很多这类新闻	17	15	13	16	12	10	4	18	16

那么，就存在两种情况，一种情况是受众并未了解一则新闻，但是在内隐认知里面，觉得发生过很多同类的新闻；另一种情况是受众，不仅很了解一则新闻，而且还知道有很多同类新闻报道。此外，从是否见过很多这类新闻的统计结果可以看出，九则新闻中只有新闻七这类的新闻很少见过，这充分说明现在的受众都接触到各种各样的负面新闻，可能会给受众现在的社会有很多负面事件发生的内隐印象，从而对社会失去信心。

给受访者看九篇新闻，然后让其给负面新闻分类，并说明分类的标准是道德情绪：正性、负性和中性，其中，正性情绪的标识词为感动和崇高，负性情绪的标识词是愤怒和无耻。

由表 5-43 可以得出，多数受访者认为新闻一、新闻二和新闻四能较好地诱发负性道德情绪，而认为新闻五能较好地诱发中性道德情绪。而对于新闻三、新闻七和新闻九诱发正性道德情绪和中性道德情绪的区分度不高，对于新闻五、新闻六诱发负性道德情绪和中性道德情绪的区分度不高，而对于新闻八诱发正性、负性和中性道德情绪的区分度不高。因此，我们可以选择酒驾、宰杀死猪、小悦悦等事件作为能诱发负面道德情绪的负面新闻，也可以选择地震等自然灾害类事件作为能诱发中性道德情绪的负面新闻，而且，虽然没有直接找出能诱发出正性道德情绪的负面新闻，但是通过此次访谈，可以发现助人类事件可以较好地诱发正性道德情绪。

在控制被试对新闻的熟悉度、对新闻存在的认知偏差、对新闻报道的固有认知等额外变量的影响后，我们最终挑选出大家并不了解的三则负面新闻。其中，少女救人而溺水身亡的新闻，能较好地诱发正性道德情绪；宰杀死猪的新闻能较好地诱发负性道德情绪；汶川地震使云南部分地区房屋倒损的新闻能较好地诱发中性道德情绪。

表 5-43　新闻熟悉度和新闻分类的人数统计

变量	正性			中性			负性		
	新闻三	新闻七	新闻八	新闻五	新闻六	新闻九	新闻一	新闻二	新闻四
这类新闻不常见	10	19	5	11	16	7	6	15	7
正性道德情绪	9	14	10	3	5	15	0	0	0
负性道德情绪	2	2	7	6	8	0	21	23	22
中性道德情绪	12	6	8	14	16	8	2	0	1

（二）负面新闻诱发道德情绪的效果评估

道德情绪的反应量表，采用六点计分从无到非常强，计分 0～5，因此得分大于3 则表示感受到的强度在中等以上。如表 5-44 的结果显示第一则新闻正诱发的崇高（M=3.84，SD=1.05），感动（M=3.86，SD=1.08），得分大于 3，则第一则负面新闻较好地诱发出正性道德情绪。同理，第二则负面新闻较好地诱发出负性道德情绪。而第三则新闻的崇高（M=1.18，SD=1.45），感动（M=1.48，SD=1.54），愤怒（M=1.17，SD=1.53），无耻（M=.79，SD=1.38），得分均远远低于 3 分，则感受到四个情绪的程度非常低，则第三则负面新闻诱发中性道德情绪的效果非常好（表 5-44）。

表 5-44　负面新闻的诱发情绪评定（n=1004）

	正性情绪负面新闻（n=300）		中性情绪负面新闻（n=332）				负性情绪负面新闻（n=372）	
	崇高	感动	崇高	感动	愤怒	无耻	愤怒	无耻
$M \pm SD$	3.84±1.05	3.86±1.08	1.18±1.45	1.48±1.54	1.17±1.53	0.79±1.38	3.79±1.27	3.82±1.21

（三）负面新闻对人际信任的影响

由表 5-45 方差分析的结果可以看出，负面新闻诱发出的正性、负性和中性道德情绪与被试的人际信任之间的差异显著（F=4.743，p<0.01），道德情绪的主效应显著。

表 5-45　负面新闻与人际信任的方差分析（n=1189）

变量	平方和	df	均方	F	p
组间	1.47	2	0.73	4.743	0.009
组内	183.42	1186	0.16		
总数	184.89	1188			

在表 5-46 中，负面新闻 1、负面新闻 2、负面新闻 3 分别表示诱发正性、负性和中性道德情绪的负面新闻。如表 5-46 的多重比较显示，负面新闻 1 与负面新闻 3，负面新闻 2 与负面新闻 3 各组均值之间的差异显著。

表 5-46　三则材料的多重比较

（I）材料	（J）材料	平均数差异（$I-J$）
一	二	0.02
	三	0.08*
二	一	−0.02
	三	0.07*
三	一	−0.08*
	二	−0.07*

（四）负面新闻影响效果的缘由

负面新闻报道中的新闻事件一般具有负面性、敏感性、突发性、冲突性和复杂性，与一般的正面新闻事件相比，它能在短时间内把人们的视线集中到某类问题上来。从社会现状来看，媒体对负面新闻的大肆报道，其负面影响已远远超过正面影响，特别是媒体对同一类事件标签化的连续报道，而且常常从道德批判的视角切入，使民众的道德感下降，并觉得社会的信任现状已大不如前。负面新闻影响人际信任的过程，也是一个影响受众心理的过程。对于负面新闻为什么影响人际信任水平，以及负面新闻影响人际信任水平的心理机制，受哪些因素制约等问题，我们将结合访谈和问卷调查的结果，从新闻学、心理学和社会学等视角加以论述。

1. 道德焦虑和过度的道德评价导致信任感下降

从南京"彭宇案"，到全国各地的"彭宇案"，从"扶老人"事件，到 2014 年春晚的《扶不扶》小品，一方面同类事件频繁发生，另一方面对同类事件的新闻报道多以负面报道为主，有些媒体为追逐利益吸人眼球，不仅夸大歪曲事件的事实真相，还对同一类事件标签化地连环报道，导致公众对于道德和人性的探讨日渐增多，"道德焦虑"和"道德恐慌"日益产生并积聚，社会信任感严重下降。同时受众也深受负面情绪的影响，开始对社会的道德产生担忧和焦虑，致使社会信任危机出现并且加重（张欢，2014）。

所谓泛道德化，又称为"道德主义泛化"，就是道德意识在社会文化系统中占据主要地位，道德评价被无限拔高，无限度地涵盖和渗透到政治、法律、科技等其他评价话语体系中，使其他的评价体系都沦为道德的附庸。以"小悦悦"事件为例，当时的新闻报道主要从道德批判的视角切入，完全以道德评价主导舆论对新闻事件的评价，这样不仅使新闻报道的视角变狭隘，无法真正披露事件发生的深层次原因，引发民众过度的社会焦虑，诱导不良的情绪宣泄。而且从长期来看，泛道德化报道在维护道德的名义下，反而会给社会造成更大的道德创伤，影响社会互信状况。（汤景泰等，2012）。

2. 强烈的道德情绪冲昏了头脑

负面新闻常常容易诱发受众的道德情绪，限制受众的深层思考，片面地进行批判，而因为局部的负面事件而认为整个社会道德沦丧，失去对社会、对陌生人的信任。负面新闻事件报道本来是披露社会的阴暗面，让人民的知情权得以体现，猎奇心理得以满足，但是在报道负面新闻的过程中，受受众关注点和媒体报道角度的影响，负面新闻常常产生反向作用，引起消极影响。比如，在"小悦悦事件"的报道中，媒体抓住路人见死不救的问题，予以强烈的道德批判，媒体矛头直指无情的路人，愤怒等负面的道德情绪充满当事人和广大新闻受众的头脑，其后广大社会人士的社会救援，却完全淹没在对路人道德的批判中，而且在报道捡破烂阿姨救小悦悦时，也过分夸大其助人行为，冠以"高尚"的道德光环，试图引导受众崇高、感动等正性的道德情绪，但是这反面反映了当今社会道德沦丧的现状。

由前面表 5-46 负面新闻诱发的道德情绪与人际信任的方差分析结果可看出，诱发的正性、负性和中性道德情绪与人际信任的方差分析结果显著（F=4.743，p<0.01），说明诱发的正性、负性和中性道德情绪与人际信任之间存在差异，与前人"扶老人事件"和"小悦悦事件"的研究结果较一致，充分说明负面新闻通过诱发的道德情绪影响人际信任水平。

五、新闻报道对人际信任影响的内在机制

（一）移情水平、归因方式与人际信任的相关关系

由表 5-47 的相关矩阵结果可以看出，移情水平与人际信任呈显著的正相关（r=0.27，p<0.01），移情水平得分越高人际信任水平得分越高，而归因方式与人际信任呈显著的负相关（r=-0.11，p<0.01），外控性归因得分越高人际信任水平得分反而更低，也就是说越把负面新闻发生的原因归类为由外在因素造成的，认为自身不能改变，则阅读负面新闻受众的人际信任水平越低。移情水平与归因方式呈显著的负相关（r=-0.17，p<0.01），即移情水平得分越高，越倾向于对负面新闻发生的原因做内控性归因。也就是说，移情水平越高的人，越认为负面新闻事件的发生是自身可以控制的原因造成的。因此，移情水平越高，归因方式越偏向于做内控性归因，则人际信任水平越高。

由表 5-47 的相关矩阵可以看出，归因方式与人际信任呈显著的负相关（r=-0.11，p<0.01），说明受众在阅读负面新闻时，越倾向于把负面新闻发生的原因做外控性归因，越觉得新闻事件的发生是因为运气和情景因素，则人际信任水平越低。霍夫曼认为道德情绪中的一种虚拟内疚是移情性悲伤与认知归因相结合的产物，主要受个体已有的既往经验（previous experience）、移情能力（empathy related capacity）、道德水平（level of morality）和关系程度（degree of relationship）等的影响（乔建中等，2003）。而且，孔繁昌和周宗奎（2008）在研究中证实，青

少年的归因方式显著地影响其人际信任的水平，主要表现为个体的归因方式越内控，其人际信任的水平越高，归因方式越外控，其人际信任的水平越低。蒲少华和李晓华在研究中证实，运气归因和情境归因能够显著预测大学生的人际信任水平（蒲少华等，2013）。本书结论与以往研究较一致。

表 5-47　移情水平、归因方式与人际信任的相关矩阵（n=1189）

变量	移情水平	归因方式	人际信任
移情水平	1		
归因方式	−0.17**	1	
人际信任	0.27**	−0.11**	1

因此，受众在自身移情水平的中介作用基础上对新闻做出归因，进而影响人际信任水平。阅读负面新闻时，受众越倾向于把新闻事件发生做运气归因和情景归因等外控性归因，对新闻的情感移情、认知移情和行为移情越低，则人际信任水平越低。特别值得注意的是移情引起的受众认知偏差，受众在接受一些新闻信息时，会不自觉地进入对方角色，设身处地去体验被报道者的感受和心情，从而造成对新闻信息的认知偏差，对传播者的意图理解走形变样，甚至产生负效应。

（二）新闻报道对人际信任影响的理论模型

1. 三所学校的理论模型

（1）A 大学如图 5-2 所示，内控性归因对正向人际信任产生显著的正向影响（r=0.82，p<0.01），如图 5-3 所示，在加入移情变量以后，移情在内控性归因影响正向人际信任上起到部分的中介作用，即在阅读负面新闻时，倾向于作内控性归因的受众，通过高移情水平的作用，使人际信任上升；如图 5-2 所示，外控性归因对正向人际信任的影响不显著（r=−0.42，p>0.05）。如图 5-3 所示，在加入移情变量以后，移情在外控性归因影响正向人际信任上起完全的中介作用，即在阅读负面新闻时，倾向于做外控性归因的受众，通过低移情水平的作用，使人际信任水平下降。

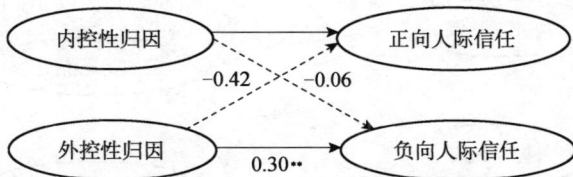

图 5-2　由 A 大学数据建立的模型（未加入移情变量）

χ^2=38.443，$NNFI$=0.92，IFI=0.96，CFI=0.96，$RMSEA$=0.067
本书中的实线表示显著，虚线表示不显著

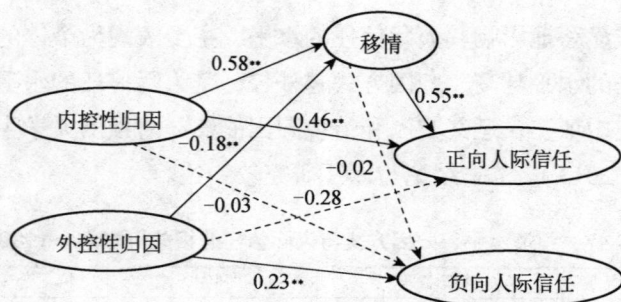

图 5-3 由 A 大学数据建立的模型

χ^2=73.24，*NNFI*=0.94，*IFI*=0.96，*CFI*=0.96，*RMSEA*=0.066

（2）B 大学如图 5-4 所示，内控性归因对正向人际信任产生显著的正向影响（r=0.69，p<0.01），如图 5-5 所示，在加入移情变量以后，移情在内控性归因影响正向人际信任上起到部分的中介作用，即在阅读负面新闻时，倾向于做内控性归因的受众，通过高移情水平的作用，使人际信任水平上升；如图 5-4 所示，外控性归因对正向人际信任产生显著的负向影响（r=−0.38，p<0.01），在加入移情变量以后，如图 5-5 所示，移情在内控性归因和外控性归因影响正向人际信任上均起部分的中介作用，即在阅读负面新闻时，倾向于做外控性归因的受众，通过低移情水平的作用，使人际信任水平下降。

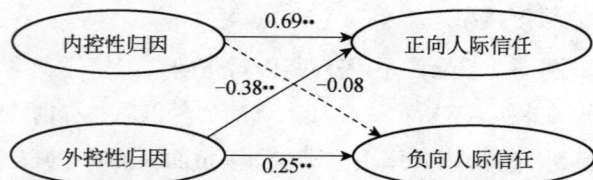

图 5-4 由 B 大学数据建立的模型（未加入移情变量）

χ^2=62.164，*NNFI*=0.89，*IFI*=0.94，*CFI*=0.94，*RMSEA*=0.080

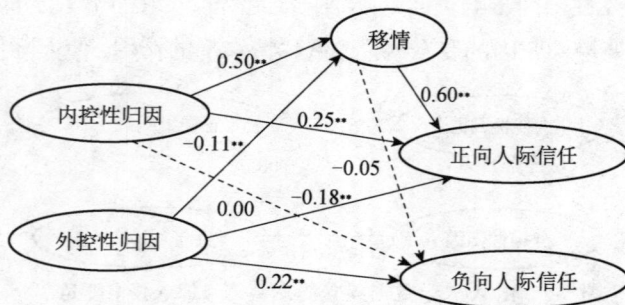

图 5-5 由 B 大学数据建立的模型

χ^2=110.0，*NNFI*=0.93，*IFI*=0.96，*CFI*=0.96，*RMSEA*=0.066

（3）C学院如图5-6模型所示，外控性归因对负向人际信任产生显著的正向影响（$r=0.44$，$p<0.01$）。在加入移情变量以后，如图5-7模型所示，虽然外控性归因对负向人际信任产生显著的正向影响（$r=0.36$，$p<0.01$），但移情对正向人际信任和负向人际信任的影响均不显著。因此，移情在归因方式对人际信任影响上并不存在中介作用。

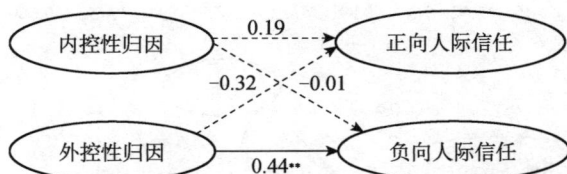

图 5-6　由 C 学院数据建立的模型（未加入移情变量）

$\chi^2=44.754$，$NNFI=0.86$，$IFI=0.93$，$CFI=0.93$，$RMSEA=0.075$

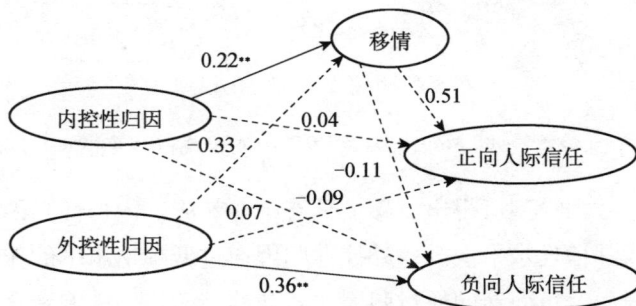

图 5-7　由 C 学院数据建立的模型

$\chi^2=80.3$，$NNFI=0.93$，$IFI=0.95$，$CFI=0.96$，$RMSEA=0.061$

（4）总数据模型图5-8和图5-9两个模型都是由三所大学的全部数据分析而成。如图5-8模型所示，内控性归因对正向人际信任产生显著的正向影响（$r=0.60$，$p<0.01$），外控性归因对正向人际信任产生显著的负向影响（$r=-0.36$，$p<0.01$），外控性归因对负向人际信任产生显著的正向影响（$r=0.29$，$p<0.01$）。在加入移情变量以后，如图5-9模型所示，移情在内控性归因和外控性归因影响正向人际信任上均起部分的中介作用；移情在内控性归因影响负向人际信任上起完全的中介作用，在外控性归因影响负向人际信任时起部分的中介作用。

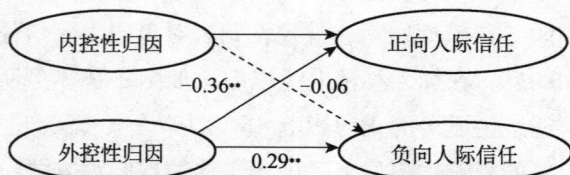

图 5-8　由总数据建立的模型（未加入移情变量）

χ^2=115.62，*NNFI*=0.89，*IFI*=0.94，*CFI*=0.94，*RMSEA*=0.066

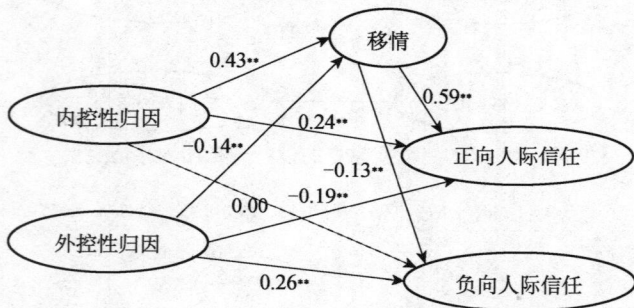

图 5-9　由总数据建立的模型

χ^2=215.68，*NNFI*=0.93，*IFI*=0.95，*CFI*=0.95，*RMSEA*=0.066

因此，由总数据模型可得出，移情具有中介效应。内控性归因通过高移情水平的作用，使人际信任水平上升；外控性归因通过低移情水平的作用，使人际信任水平下降。因而，负面新闻通过归因方式和移情的作用影响受众的人际信任水平。阅读负面新闻时，习惯于把事情发生的原因归结于努力和能力等内在因素的受众，往往对负面新闻产生更高的移情水平、更多的感同身受，就越能对负面新闻进行深层感知，进而提升自身的人际信任水平。相反，对于习惯于把事情发生原因归结于运气、情景等外在因素的受众，在阅读负面新闻时，往往缺乏对新闻的深入体悟，形成较低的移情水平，进而降低自身的人际信任水平。但在阅读负面新闻时，如果倾向于做外控性归因的受众，自身的外控性归因倾向减弱，就能更深入地了解新闻事件，产生更高的移情水平，减弱外控性归因对人际信任水平的消极影响，甚至使自身的人际信任水平得以提升。

内控性归因通过移情部分的中介作用，促进正向人际信任水平，而外控性归因通过移情的部分中介作用使正向人际信任水平下降，却提高负向人际信任水平。对于归因方式与人际信任的关系，与孔繁昌和周宗奎的研究结果相一致。个体的归因方式越内控，其人际信任的水平越高，归因方式越外控，其人际信任的水平越低。一方面，内控者倾向于将事件归因于内在、可控的因素上，并认为自己可以控制事件的发展。在人际交往过程中，他们就会积极主动地展露自我，并希望从交往中来获得信息和情感支持，因此其人际信任的水平会比较高；另一方面，外控者常倾向于将事件归因于外在、不可控的因素，长久以来可能会形成消极的态度，在与人交往过程中可能会通过减少与人交往的次数或降低与人交往的深度来保全自己，因此其人际信任的水平可能会较低（孔繁昌等，2008）。但是归因方式并不直接影响人际信任，受众对新闻做出归因判断时，还受移情水平的影响。在接受一些新闻信息时，受众会不自觉地扮演对方角色，设身处地去体验被报道者的感受和心情。

2. 新闻影响人还是人影响新闻：负面新闻影响人际信任的心理机制

由结构方程模型可以看出，尽管不同学校之间有一定差异，但每所学校和总体数据的模型都显示，移情水平是归因方式影响人际信任水平的中介变量。负面新闻对人际信任水平的影响，不是通过归因方式影响人际信任水平，而是在移情水平的中介作用下影响人际信任。以总数据建立的模型为例，内控性归因通过移情的中介作用影响正向人际信任，即阅读负面新闻时，如果受众把新闻事件发生的原因归结为内在因素，认为结果能通过努力得到改变，并且对新闻事件产生较高的移情水平，则阅读负面新闻会使人际信任的水平得以提升。而移情在外控性归因影响负向人际信任时，受众产生的高移情水平会降低人际信任水平，这与一般情况相一致。我们可以看到，负面新闻对人际信任的影响，是通过影响人的归因方式、移情水平等内在机制而发生作用的。

因此，如果受众在阅读负面新闻时，被诱发的道德情绪所控制，那么是负面新闻影响人，道德情绪限制到归因、移情的作用；相反，如果受众能理性地看待负面新闻，克服敏感的道德情绪，那么就能发挥移情的中介作用，做出正确的归因判断，而不被负面新闻导向所左右，就能发出不同的新闻声音，促进负面新闻报道的正确导向。此时，可以说是人影响到负面新闻。

六、新闻媒体、受众、社会和政府的联动

负面新闻信息的传播具有积极与消极的双重功能。但负面新闻的消极功能尤为突出，会产生很大的负面影响。如它会造成人精神松懈、意志涣散；它会败坏情绪，瓦解人的心理防线，甚至使受众精神崩溃，等等。媒体频繁传播负面新闻信息，会使受众对现实社会逐渐产生怀疑，改变观念，产生刻板印象，失去对人和社会的信任感，甚至使道德发生倾斜。

由于新闻报道要为受众描绘真实、全面的社会图景，从宏观上保证反映社会生活的完整性和真实性。因此，负面新闻的传播是必不可少，也是新闻报道不可忽略的领域。所以要想减少负面新闻对人际信任的消极影响，并不是减少、杜绝负面新闻信息的传播，而是从新闻媒体、受众、社会和政府等方面进行正确的引导。

（一）媒体确立负面新闻报道的正确方式

坚持"平衡报道"的原则，引导负面新闻的发展导向和受众的认知、判断、评价，使受众能理性认识负面新闻，探寻深层原因，尽量在负面新闻的传播过程中降低乃至抵消那些消极影响，彰显积极影响。并在彰显积极影响的同时，将这些消极影响向积极方面转化。

1. 改善媒体对负面新闻的报道方式，以客观代替主观

坚持对负面新闻平衡、客观、公正的报道。立足于新闻事实和新闻本质，注意报道倾向和报道手法，正确引导新闻发展导向和舆论导向，并注重规避引发受众强烈的情绪反应，避免带有个人道德情绪，客观地报道事件，力争把事件的真相报道出来，充分考虑到新闻报道后对受众的影响和产生的社会效益。

如前文所述，在媒体对于负面新闻的报道中，有些媒体为追逐利益吸人眼球，不仅夸大歪曲事件的真实真相，甚至对同一类事件标签化的连续报道，并常常冠以道德批判的名号。这样不仅使新闻报道视角变狭隘，无法真正披露事件发生的深层次原因，引发民众过度的社会焦虑，诱导不良的情绪宣泄，而且从长期来看，泛道德化报道在维护道德的名义下，反而会给社会造成更大的道德创伤，蚕食社会互信状况。

2. 在尊重客观事实的前提下，对负面新闻进行积极的倾向性传播

要把握好负面新闻正面报道的度，发掘负面新闻的正面细节，引导正面情感，调动广大受众的正面阅读情绪。对信息进行重新组合或解释，把自己的观点和立场通过对事实的阐释、评论性的文字来表达。倾向性传播可以从两方面入手：其一，从正确的立场出发，从积极的方面下笔，讲求客观报道方法。传媒可以根据需要从现实环境中"选择"重要的部分或方面进行加工整理，赋予一定的结构秩序，然后以"报道事实"的方式提供给受众。在负面新闻信息报道中，媒介选择积极的方面作为"议题"，告诉人们去想灾害中积极向上的方面，如各方救援、灾后重建、建立防御机制等，这样就能够产生积极的社会影响。其二，通过言论加以引导。有时候尽管媒体考虑了负面新闻信息的消极影响，从积极的角度进行报道，但是还是会产生副作用。这种情况下就需要用言论来引导传播。

3. 警惕"刻板成见"，引导受众公正、客观归因

媒体首先应帮助受众形成正确的归因态度，着眼于宏观角度，展开多维度的归因视角，消除受众刻板印象，引导受众公正客观归因。以"扶老人"事件为例，媒体采取"标签化"的报道，有的新闻甚至严重失实，并毫无节制地传达好人难做、道德伦理的负面信息，使受众对此类事件形成惯性思维，其潜在的"类型化""脸谱化"威胁很可能造成认知偏差，对此类新闻主观地做出错误归因。本研究的结果也证实，内控性归因提高人际信任水平，外控性归因降低人际信任水平。而且在当前社会转型的大背景下，某件负面社会新闻的表象下往往隐藏着各种复杂的深层社会原因，再以传统养成的刻板成见分析此类问题，往往会走入误区。因此，这要求媒体在理性思辨的基础上具备多元视角，在报道中应尽力避免"以点概面""以偏概全"的评价倾向。

4. 转变负面新闻报道角度：注意转化报道和建设性报道

对于负面新闻报道，一方面，要让受众看到社会是朝着好的方向发展。事物都是变化发展的，因此，对负面新闻信息的传播是一个变化发展的过程，要在连续的负面新闻报道中让受众看到事态正在向好的方向发展，不能用铺天盖地的负面信息，让受众看不到希望，失去信任感。在负面新闻信息报道中，要让受众看到人们在努力减少负面事件的破坏，在与其抗争。并且人们会做好预防保护措施。另一方面，要有利于问题的解决，能够提出建设性建议，而不是恶化事件和局势。要求报道站在党和人民的立场上，从改进工作、解决问题、扶正祛邪、激浊扬清、维护稳定、服务大局出发，密切配合党和政府的中心工作，向积极的方面引导，力求达到的结果。要发挥建设性作用，媒体就不应限于新闻事件本身，而应继续深究事实发生的根源，并对人们将来的生存问题有所建言与帮助。

5. 融入人文关怀，在事实准确的基础上追求本质

负面新闻信息报道中融入人文关怀，既是时代要求，更是媒体职责所在。"人文关怀"核心是强调人的价值。它体现了对人的生存状况的关注、对人的尊严的肯定和对人类明天的思考。在报道中关心人、爱护人、尊重人，把人作为观察一切事物的中心的价值取向，并在事实准确的基础上追求对于弱者的关怀。如果事实准确但本质失实也会强化其他人对他们的敌视，一个单独的事件会被当成群体行动的样本。在各类扶老人事件中，我们应该在尊重客观事实的基础上，倡导公众对社会美德的追求，探求背后的本质原因，而不是一味地对当事人进行道德批判。

（二）受众的心理干预与新闻素养培养

1. 进行归因方式的干预训练，消除归因偏差

在前文的研究结果中显示，归因方式对人际信任呈产生显著的影响，内控性归因方式增进正向人际信任，促进人际水平提高，而外控性归因方式增进负向人际信任，使人际信任水平下降。所以，我们可以通过改变个体的归因方式来对低人际信任个体进行干预，使个体习得科学合理的归因方式，增强正常个体的人际信任水平，改善或优化个体的人际交往倾向。

对于阅读负面新闻的归因训练，针对不同的群体，适宜采取不同的归因训练方法。在干预训练实施前后，分别运用多维度—多归因量表测量受训后儿童的归因方式，检验归因训练的效果。

针对儿童，适宜采取强化矫正。挑选适合儿童阅读的负面新闻，让儿童思考和表达新闻事件发生的原因，对于儿童所做出的内控性归因及时给予鼓励或奖励等正强化，而针对做出错误归因的学生给予指导与暗示，促使他们形成比较正确的归因风格（刘敏岚等，1999）。

针对青少年则适宜采取团体发展法。挑选用于归因训练的负面新闻，以团体讨论的方式进行，小组成员在一起讨论和分析负面新闻的原因，并由一名心理学家或受过一定训练的教师对个人及整个小组的情况做出比较全面的分析，引导他们做出正确的归因。然后每个人填写归因量表，要求从一些备选原因中选出与新闻事件最有关系的因素，并对几种主要因素所起作用的程度做出评定。心理学家或教师对这些自我评定和归因结果进行统计分析，并及时对小组成员做出反馈，指出归因偏差，鼓励比较符合实际的、积极的归因（韩仁生等，2008）。

2. 进行移情的干预训练，提高移情水平

前文总数据建立的模型显示，高移情水平能调节外控性归因对正向人际信任的负向影响。所以对受众移情的干预训练，提高移情水平，能增进内控性归因者的人际信任，并能缓解外控性归因者的人际信任问题，从而提高人际信任水平。

对于阅读负面新闻的移情训练，采用情景讨论法和角色扮演法。在干预训练前后，运用赵会清2010年自编的移情量表进行前测和后测，检验移情训练的效果。

情景讨论法，适宜以团体讨论的方式进行。先挑选出存在争议的或者有两难情景的负面新闻，让参与者自由挑选一名新闻当事人，然后为其辩护。通过讨论，让参与者从不同角度去思考当事人的处境、情绪、认识等方面，并学会分析细节和探索当事人行为背后的原因，提高参与者的情感移情、认知移情和行为移情，

最终提高移情能力。

角色扮演法，适宜以小组扮演的形式进行。挑选出存在多个当事人和对立矛盾的负面新闻。随机分配角色给小组成员，使其暂时置身于所扮演者的社会位置和事件情景，并按这一位置和情景所要求的方式和态度行事，以增进人们对他人社会角色及自身原有角色的理解。通过扮演他人的角色，能更好地理解他人的处境，体验不同情景下的内心情感，从而提高自身移情能力。

3. 提升受众的媒介素养

使受众正确领会传播者的意图和观点，判定信息的真伪、导向和价值标准，从而减少负面新闻带来的消极影响，以更加客观、理性、明智的态度对待社会上的各种重大事件，树立正确的世界观、人生观、价值观。在看负面新闻时，不仅需要对事实的本身进行了解，还需要对事实进行分析、思索和预测。学生是一个比较大的新闻受众群体，学校、家庭在教育学生方面要注意给予学生这方面的教育，向学生传授独立思考、辨别真伪的思想。

（三）加强新闻工作者的职业道德和工作素养教育，引导负面新闻的正确传播

1. 从报道者角度看，要注重培养报道者的专业素养和道德修养

近些年来，新闻行业道德滑坡的现象经常发生，部分媒体由于工薪微薄或者同行的竞争压力，为了博取点击率、收视率或发行量，不惜将虚假新闻作为卖点，或者添油加醋，使受众惊慌从而降低信任度。故要对新闻报道者进行职业道德素质的培养，营造一个健康的媒体环境。

因此，新闻报道者要认真学习人本主义心理学、传播心理学等理论知识，以"人本主义"的意识服务受众；要尊重自己的工作，尊重受访者人格尊严和受众的知情权，以负责任的态度报道新闻，认真履行社会监督的职能，传播正确的价值观、人生观；要站在大局高度考虑问题，增强责任感，看到问题的本质，不应该为了吸引受众的眼球而进行夸张甚至失实的报道；要把握好尺度，用事实说话，不要添加主观评判和戏剧化的表述，以免诱导受众（张帅，2013）。

2. 从传播者角度看，必须使信息透明公开，避免传播失真

这需要政府相关部门组织信息源，将负面新闻信息进行正规、统一的发布，保证信息的公开和透明，要重点体现信息源的权威性，在帮助公众了解事件的同时，挖掘真相和进行适当的危机处理。要及时快速地采集恐慌信息，在事件发生的第一时间向社会通报，以期将恐慌情绪降至最低。追踪后续报道，要注意保证

信息的完整性，观察报道对社会造成的影响，以点扩面，将与新闻事件相关的各种信息都传达给受众，提供解决问题的方法与途径，弱化人们的恐慌情绪，避免恐慌氛围进一步扩大（张帅，2013）。

（四）政府部门加强负面新闻传播的法制建设，社会各界应加强对新闻媒体的监督

负面新闻信息的传播若要畅通，发挥、扩大它的积极功能，仅仅靠改善新闻的传播方式还远远不够，负面新闻信息传播还必须借助政治、经济、法律、社会、文化、道德等方面的引导，才能保证负面新闻信息发挥最大的正面效应。

1. 政府制定法律法规，加强对媒体报道的监督

法律是国家制定或认可的，由国家强制力保证实施的，以规定当事人权利和义务为内容的具有普遍约束力的社会规范。建立建成法治社会，健全社会主义法制体系，首先应该加强立法工作。媒体对于负面新闻的报道在社会上发挥着巨大的作用，一旦报道不当，就会对社会人际信任等产生负面影响，因此可以通过一部新闻界和与新闻界相关社会领域的法律，赋予新闻界采访、报道、评论等权利，同时让新闻界承担一定的义务，对负面新闻的报道要有所规范，监督广大媒体对新闻的误报、作假、散布谣言等现象，防止它对社会和公民个人造成损害。

2. 政府信息公开透明，遏制虚假消息和谣言的蔓延

社会信息越公开透明，也就意味着信息的真实程度越高，虚假消息和谣言就越有很少的人相信，所以，政府对于重大新闻信息，特别是负面新闻，首先要通过官方媒体进行发表，并公开正确报道的媒体。

3. 设立民间媒体监督组织，对媒体进行监管

美国媒体监督组织 FAIR（Fairness & Accuracy in Reporting），它的监督机制由杂志、广播、网站、媒介监督行动者、媒介监督人员组成，美国媒体的舆论监督不再局限于话语监督和文本监督，还有具有行动力的行为监督（马妍妍，2010）。要想真正保障公众的利益、替公众发声，我们应该借鉴西方国家的经验，在社会中设立力度大、效率高的媒体监督组织，监管媒体新闻报道的行为，对于媒体在报道时出现的言辞过激、偏离事实、越权审判、侵犯隐私等行为及时给予批评和纠正，同时要防止政府对媒体施加过大压力，导致媒体对新闻报道限于表面而缺乏应有的作用。

参考文献

布朗. 2007. 群体过程. 胡鑫、庆小飞译. 北京：中国轻工业出版社.

蔡恒松. 2008. 论民族和谐的内在要求. 黑龙江民族丛刊，（4）：45-48.

蔡恒松. 2009. 民族和谐的法治之维. 法制与社会，（2）：26-27.

曹爱民，张正其，张雪梅. 2012. 负面题材报道影响力增强解析——以近期热点新闻事件为例. 声屏世界，（11）：10-12.

曹科岩，龙君伟. 2007. 教师组织公民行为：结构与影响因素的研究. 心理发展与教育，23（1）：87-92.

陈浩，薛婷，乐国安. 2010. 集群行为诸相关概念分类新框架. 广西民族大学学报（哲学社会科学版），（6）：56-60.

陈浩，薛婷，乐国安. 2012. 工具理性、社会认同与群体愤怒——集体行动的社会心理学研究. 心理科学进展，20（1）：127-136.

陈浩，赖凯声，董颖红. 2013. 社交网络（SNS）中的自我呈现及其影响因素. 心理学探新，33（6）：541-553.

陈丽华. 1999. 台北市阿美"族"学童族群认同发展之研究.国家科学委员会研究专刊：人文社会科学，（9）：3.

陈满琪. 2013. 群体情绪及其测量. 社会科学战线，（2）：174-179.

戴维·迈尔斯. 2016. 社会心理学. 北京：人民邮电出版社，186-192.

董天策，王君玲. 2011. 网络群体性事件研究的进路、议题与视角. 现代传播-中国传媒大学学报，（8）：23-28.

段芳燕，罗忆. 2012. 网络负面新闻对大学生的影响. 新闻世界，（7）：137-138.

方文. 2007. 宗教群体资格简论. 上海大学学报（社会科学版），14（3）：106-110.

冯国栋. 2011. 基于群体心理的大学生网络群聚行为研究. 西安科技大学.

冯克利. 2013. "伟人"身后的群众. 中国新闻周刊，（41）：91.

傅宏波. 2005. 生命，哪有跨不过去的坎-访中国心理卫生协会常务理事赵国秋. 观察与思考，（8）：28-29.

高文珺，陈浩.2014. 网络集体行动认同情绪模型的理论构想. 华中师范大学学报（人文社会科学版），53（2）：167-176.

古斯塔夫·勒庞. 2015. 乌合之众：大众心理研究. 桂林：广西师范大学出版社.

古婷. 2011. 大学生人际信任相关因素的调查与实验研究. 山东师范大学.

郭本禹，姜飞月. 2008. 自我效能理论及其应用. 上海：上海教育出版社.

郭家骥. 2010. 云南藏区稳定发展的基本经验. 学术探索，（4）：35-40.

韩仁生，李传银. 2008. 教育心理学（教育学专业基础综合学习丛书）. 济南：山东人民出版社.

何晓丽，王振宏，王克静. 2011. 积极情绪对人际信任影响的线索效应. 心理学报，43（12）：1408-1417.

宏远，龙湘涛. 2013.《情绪正能量》个人实践版. 武汉：武汉出版社.

胡衬春. 2004. 论传者的认知偏差. 广西大学博士学位论文.

胡圣方. 2011. 网络群体事件舆论场中的网民互动实证分析. 丝绸之路，（24）：61-62.

吉仁泽. 2006. 适应性思维. 上海：上海教育出版社.

贾留战，马红宇. 2011. 群体性事件的社会抗争模型及其研究展望. 管理现代化，（4）：32-34.

蒋立松. 2004. 中国西南地区民族关系基础结构及影响因素分析. 中央民族大学博士学位论文.

金盛华，郑建君，丁洁. 2008. 组织创新气氛的概念、测量及相关研究热点. 心理学探新，28（3）：67-72.

卡尔·古斯塔夫·荣格，顾良. 1982. 心理学与文学. 文艺理论研究，（1）：145-154.

孔繁昌，周宗奎. 2008. 青少年归因方式与人际信任的关系. 中国健康心理学杂志，16（12）：1371-1372.

孔繁昌，周宗奎. 2008. 青少年人际信任发展的影响因素研究述评. 社会心理科学，（Z1）：44-49.

乐国安. 2009. 社会心理学理论新编. 天津：天津人民出版社.

乐国安，薛婷，陈浩. 2010. 网络集群行为的定义和分类框架初探. 中国人民公安大学学报（社会科学版），（6）：99-104.

黎岳庭，刘力. 2010. 社会认知：了解自己和他人. 北京：北京师范大学出版社.

李春，宫秀丽. 2006. 自我分类理论概述. 山东师范大学学报（人文社会科学版），51（3）：157-160.

李红艳. 2011. 大众社会与人的大众化. 江苏行政学院学报，（6）：67-72.

李婷玉. 2011. 网络集体行动发生机制的探索性研究——以 2008 年网络事件为例. 上海行政学院学报，12（2）：89-96.

李雪峰. 2005. 当代大学生信仰状况及其与人际信任的相关研究. 湖南师范大学.

林崇德，杨忠良，黄希庭. 2003. 心理学大辞典. 上海：上海教育出版社.

梁明明，李晔，李薇娜. 2010. 制度正当化理论述评. 心理科学进展，18（11）：1771-1781.

林绚晖，卞冉，朱睿，等. 2008. 团队人格组成、团队过程对团队有效性的作用. 心理学报，40（4）：437-447.

刘能. 2008. 当代中国群体性集体行动的几点理论思考——建立在经验案例之上的观察. 开放时代，（3）：110-123.

刘毅. 2007. 化解民族冲突的策略——民族接触与相互依存. 心理科学进展，15（1）：179-184.

刘红云，孟庆茂，张雷. 2005. 教师集体效能和自我效能对工作压力影响作用的调节——多水平分析研究. 心理科学，27（5）：1073-1076.

刘红云，张雷. 2005. 追踪数据分析方法及其应用. 北京：教育科学出版社.

刘敏岚，梁宁建. 1999. 中学生学业成败归因的社会认知比较研究. 心理科学，（6）：561-562.

罗树杰，徐杰舜. 2000. 磐石：广西民族团结研究报告. 桂林：广西人民出版社.

马妍妍. 2010. Web2.0 时代网络定向广告研究. 东南传播，（8）：92-94.

马羽赫，武秀娥. 2012. 浅谈提高学生群体凝聚力的心理策略. 华人时刊旬刊，（1）：45-46.

潘春见. 1997. 论当前广西民族关系的主流与问题的主要表现. 广西民族研究，（3）：33-38.

彭高成. 2006. 民族和谐与民族工作. 上海市社会主义学院学报，（6）：37-40.

彭凯平. 2009. 跨文化沟通心理学. 北京：北京师范大学出版社：95.

彭凯平. 2010. 大国心态：中国社会经济转型期间社会心理问题及对策的心理学浅议. 经济界，（4）：21-23.

时勘. 2010. 灾难心理学. 北京：科学出版社.

时勘，范红霞，贾建民，等. 2003. 我国民众对 SARS 信息的风险认知及心理行为. 心理学报，35（4）：546-554.

斯蒂芬·P. 罗宾斯，蒂莫西·A. 贾奇. 2008. 组织行为学. 李原、孙健敏译. 北京：中国人民大学出版社.

宋益乔. 2005. 梁实秋评传. 北京：中国社会出版社.

苏铭鑫. 2012. 关于国内外社会比较的研究综述. 经济技术协作信息，（29）：4-5.

汤景泰，张曦. 2012. 论负面社会新闻报道中的泛道德化——以"小悦悦事件"为例. 新闻与写作，（1）：45-48.

唐安平，贾新生，倪红，等. 1995. 暗示性的测量及其对学习成绩的影响. 中国心理卫生杂志，（1）：21，43.

唐胡浩. 2007. 社会变迁中的民族认同研究. 中南民族大学.

宛恬伊. 2008. 虚拟社会的集合行为：基于四个网络事件的分析. 北京师范大学.

宛恬伊. 2010. 新生代农民工的居住水平与住房消费——基于代际视角的比较分析. 中国青年研究，（5）：47-51.

万明钢，王舟. 2007. 族群认同、族群认同的发展及测定与研究方法. 世界民族，（3）：1-9.

王道勇. 2007. 匿名的狂欢与人性的显现——对 2006 年若干网络集群事件中网民行为的分析. 当代青年研究，（3）：33-39.

王飞跃，曾大军，曹志冬. 2009. 应急 2.0：万维社会媒体及群体态势建模与分析. 中国应急管理，（1）：21-25.

王伏平. 2000. 明清文献中有关西北地区回族的记述. 北方民族大学学报，（3）：56-59.

王国猛，郑全全，黎建新，等. 2010. 团队心理授权、组织公民行为与团队主动性关系的实证研究. 科学学与科学技术管理，31（1）：157-161.

王俊秀，杨宜音. 2011. 2011 年中国社会心态研究报告. 上海：社会科学文献出版社.

王磊. 2011. 个体与群体视角下的合作倾向性研究. 武汉：华中师范大学出版社.

王丽萍. 2011. 负面新闻与情绪管理：政府管理的一个新问题. 民主与科学，（5）：52-56.

王莉萍. 2008. 小组合作学习在高中英语教学中的实验研究. 陕西教育：高教，（2）：106.

王希恩. 1998. 民族过程与国家. 兰州：甘肃人民出版社.

王潇，李文忠，杜建刚. 2010. 情绪感染理论研究述评. 心理科学进展，18（8）：1236-1245.

吴小勇，黄希庭. 2011. 身份凸显性：启动自我的开关. 心理科学进展，19（5）：712-722.

吴小勇，黄希庭，毕重增，等. 2008. 身份及其相关研究进展. 西南大学学报（社会科学版），34（3）：8-13.

吴泽俊. 2000. 大学生集群行为的分析和对策. 中国青年政治学院学报，19（5）：18-21.

西格蒙德·弗洛伊德. 2000. 群体心理学与自我的分析. 徐洋，何桂全，张敦福，译. 北京：国际文化出版公司.

邢淑芬，俞国良. 2005. 社会比较研究的现状与发展趋势. 心理科学进展，13（1）：78-84.

徐杰舜. 2000. 论汉族民间信仰的原始性. 云南民族大学学报（哲学社会科学版），17（1）：55-57.

许春清. 2008. 新型民族关系论——以"改革开放以来的西部"为视域. 兰州大学博士学位论文.

许靖. 2010. 偏见心理学. 北京：北京理工大学出版社.

严磊，胡修银. 2012. 集群行为的西方社会心理学理论述评. 贵州师范学院学报，28（3）：64-68.

姚春. 2013. 大学生人际信任状况及影响因素研究. 廊坊师范学院学报（自然科学版），13（5）：67-70.

俞国良. 2006. 社会心理学. 北京：北京师范大学出版社.

臧伟玲. 2009. 莫斯科维奇的社会表征理论——试论社会表征对集体表征的超越. 才智，（18）：203-204.

臧伟玲. 2010. 改革开放 30 年科技工作者的社会地位变迁研究. 南开大学.

詹启生. 2000. 大学生受暗示性的测量及其与人格的关系. 中国临床心理学杂志，8（3）：163-164.

曾大军，王飞跃，曹志冬. 2008. 开源信息在突发事件应急管理中的应用. 科技导报，26（16）：27-33.

张欢. 2014. "扶老人"报道的舆论引导研究. 河北大学.

张静. 2007. 中学教师教学效能、组织承诺和组织公民行为的关系研究. 天津师范大学.

张丽娟，张静. 2007. 硕士研究生学习生活现状调查. 教育理论与实践，（s2）：122-123.

张婍，冯江平，王二平. 2009. 群际威胁的分类及其对群体偏见的影响. 心理科学进展，17（2）：473-480.

张婍，王二平. 2010. 社会困境下政治信任对公众态度和合作行为的影响. 心理科学进展，18（10）：1620-1627.

张书维，王二平. 2011. 群体性事件集群行为的动员与组织机制. 心理科学进展，19（12）：1730-1740.

张书维，王二平，周洁. 2010. 相对剥夺与相对满意：群体性事件的动因分析. 公共管理学报，07（3）：95-102.

张书维，王二平，周洁，等. 2012. 跨情境下集群行为的动因机制. 心理学报，44（4）：524-545.

张书维，周洁，王二平. 2009. 群体相对剥夺前因及对集群行为的影响——基于汶川地震灾区民众调查的实证研究. 公共管理学报，6（4）：69-77.

张帅. 2013. 浅谈媒介负面报道的社会效果. 新闻世界，（1）：148-149.

张文俊. 2001. 谈群体动力理论在班级管理中的运用. 教书育人，（8）.

张莹瑞，徐海波，阳毅. 2009. 民族认同在民族间态度中的积极作用. 心理科学进展，17（6）：1344-1348.

张宗显. 2004. 西藏民俗. 兰州：甘肃人民出版社.

赵鼎新. 2006. 集体行动、搭便车理论与形式社会学方法. 社会学研究，（1）：1-21.

赵鼎新. 2006. 社会与政治运动理论：框架与反思. 学海，（2）：20-25.

赵鼎新. 2012. 社会与政治运动讲义. 北京：社会科学文献出版社.

赵岭梅. 2005. 受众认知心理现象与新闻传播效果异化. 学术交流，（7）：181-183.

赵树雕. 2008. 中小学教师组织公民行为与组织支持感的相关研究. 西南大学.

郑欣. 2000. 集群行为：要素分析及其形成机制. 青年研究，（12）：33-37.

郑信军，何佳娉. 2011. 诱发道德情绪对大学生人际信任的影响. 中国临床心理学杂志，19（4）：508-511.

周洁，王二平. 2009. 群体态度和情绪对群体攻击行为的影响. 北京市社会心理学会 2009 年学术年会论文摘要集.

周瑞. 2011. 浅谈负面新闻及其正面操作. 今传媒，（9）：55-56.

Ajzen I，Fishbein M. 1978. Use and misuse of Bayes' theorum in causal attribution：Don't attribute it to Ajzen and Fishbein either. Psychological Bulletin，85（2）：244-246.

Ajzen I，Fishbein M. 1980. Understanding attitudes and predicting social behavior. Englewood Cliffs，NJ：Prentice-Hall，Inc.

Amiot C E，Bourhis R Y. 2005. Discrimination between dominant and subordinate groups：The positive-negative asymmetry effect and normative processes. The British Journal of Social Psychology，44（2）：289-308.

Anuradha M V. 2011. Unionism as Collective Action：Revisiting Klandermans' Theory. Indian Journal of Industrial Relations，46（3）：412-422.

Arnold K A，Turner N，Barling J，et al. 2007. Transformational leadership and psychological well-being：the mediating role of meaningful work. Journal of Occupational Health Psychology，12（3）：193-203.

Bales R F. 1950. A Set of Categories for the Analysis of Small Group Interaction. American Sociological Review，15（2）：257-263.

Bandura A.1997. Self-Efficacy：The Exercise of Control. New York：W H Freemon and Company：477-525.

Baron R，Kenny D. 1986. Journal of Personality and Social Psychology，51：1173-1182.

Barreto M，Ellemers N. 2002. The impact of respect versus neglect of self-identities on identification and group loyalty. Personality & Social Psychology Bulletin，28（5）：629-639.

Bass B M. 1960. Leadership，psychology，and organizational behavior. Oxford：Harper.

Bazemore G. 2000. Community justice and a vision of collective efficacy：The case of restorative conferencing. // Horney J（Ed.）. Criminal justice 2000：Policies，processes，and decisions of the criminal justice system （Vol. 3：225-298）. Washington，DC：National Institute of Justice.

Bouchard C，Shephard，R. J.，& Stephens，T. 1993. Physical activity，fitness，and health：Consensus statement.

Champaign, IL: Human Kinetics.

Bringle R B, Evenbeck S. 1979. The study of jealousy as a dispositional characteristic. // Cook M, Wilson G (eds.). Love and attraction (201-204). Oxford: Pergamon Press.

Bronfenbrenner U. 1980. Developmental Psychology. (Book Reviews: The Ecology of Human Development). Science, 207: 634-635.

Brown T L, Krishnakumar A.2007. Development and validation of the adolescent racial and ethnic socialization scale (ARESS) in African American families. Journal of Youth and Adolescence, 36 (8): 1072-1085.

Buunk B P, Oldersma F L, Dreu C K W D. 2001.Enhancing Satisfaction through Downward Comparison: The Role of Relational Discontent and Individual Differences in Social Comparison Orientation. Journal of Experimental Social Psychology, 37 (6): 452-467.

Buys C J. 1978. Humans would do better without groups. Personality & Social Psychology Bulletin, 4(1): 123-125.

Cakal H, Sebastian P, Hewstone M, et al. 2011. A Multilevel Study of Out-group Trust and Perspective Taking as Mediators of Intergroup Contact, Ingroup Identification and Collective Action. ISPP 34th Annual Scientific Meeting, Bilgi University, Istanbul, Turkey.

Coffey B, Woolworth S. 2004. Destroy the scum, and then neuter their families: The web forum as a vehicle for community discourse? The Social Science Journal, 41 (1): 1-14.

Covello V T, Sandman P M. 2001. Risk communication: evolution and revolution. // Wolbarst A. Solutions to an Environment in Peril. Baltimore, MD: John Hopkins University Press. 164-178.

Crandall C S, Eshleman A. 2003. A justification-suppression model of the expression and experience of prejudice. Psychology Bulletin, 129 (3): 414.

Dennis A R, Valacich J S, Nunamaker J F. An experimental investigation of the effects of group size in an electronic meeting environment. IEEE Transactions on Systems Man & Cybernetics, 1990, 20(5): 1049-1057.

Deutsch M. 1949. An experimental study of the effects of co-operation and competition upon group process. Human Relations, 2 (3): 199-231.

Diener E. 1969. Deindividuation, self-awareness and disinhibition. Journal of Personality & Social Psychology, 37 (7): 1160-1171.

Dovidio J F, Gaertner S L, Kawakami K. 2003.Intergroup contact: the past, present, and the future. Group Processes & Intergroup Relations, 6 (1): 5-21.

Dubrin A. 1978. Leadership styles—fundamentals of organizational behavior (second edition). Fundamentals of Organizational Behavior, 6 (2): 233-268.

Ellemers N, Spears R, Doosje B. 2002. Self and social identity. Annual Review of Psychology, 53 (1): 161-186.

Esses V M, Dovidio J F. 2002. The role of emotions in determining willingness to engage in intergroup contact. Personality and Social Psychology Bulletin, 28, 1202-1214.

Feather N T. 1995. Values, valences, and choice: the influences of values on the perceived attractiveness and choice of alternatives. Journal of Personality & Social Psychology, 68 (6): 1135-1151.

Feldman D C. 1976. A contingency theory of socialization. Administrative Science Quarterly, 21 (3): 433-452.

Festinger L.1954. A theory of social comparison. Human Relations, 40.

Fiedler F E. 1967. A Theory of Leadership Effectiveness. New York: McGraw-Hill.

Fuller J B, Barnett T, Hester K, et al. 2006. An exploratory examination of voice behavior from an impression management perspective. Journal of Managerial Issues, 19 (1): 134-151.

Gibbons F X. 2001. Social comparison and depression: company's effect on misery. Journal of Personality & Social Psychology, 51（1）: 140.

Gibbons F X, Blanton H, Gerrard M, et al. 2000. Does social comparison make a difference?. Annals of the New York Academy of Sciences, 131（1）: 507-518.

Goethals L, Debucquoy A, Perneel C, et al. 1977. Hypoxia in human colorectal adenocarcinoma: comparison between extrinsic and potential intrinsic hypoxia markers. International Journal of Radiation Oncology Biology Physics, 65（1）: 246-254.

Guimond S, Dambrun M. 2002. When prosperity breeds intergroup hostility: The effects of relative deprivation and relative gratification on prejudice. Personality and Social Psychology Bulletin, 28（7）: 900-912.

Heit B, Robbins S M, Downey C M, et al. 2008. PTEN functions to 'prioritize' chemotactic cues and prevent 'distraction' in migrating neutrophils. Nature Immunology, 9（7）: 743.

Hetherington M J. 1999. The effect of political trust on the presidential vote, 1968-96. The American Political Science Review, 93（2）: 311-326.

Hill S E, Buss D M. 2006. Envy and positional bias in the evolutionary psychology of management. Managerial & Decision Economics, 27（2-3）: 131-143.

Hill S E, Delpriore D J, Vaughan P W. 2011. The cognitive consequences of envy: attention, memory, and self-regulatory depletion. Journal of Personality & Social Psychology, 101（4）: 653.

Hoegl M, Parboteeah K P, Munson C L. 2003. Team - level antecedents of individuals' knowledge networks. Decision Sciences, 34（4）: 741-770.

Hughes D, Hagelskamp C, Way N, et al. 2009. The role of mothers' and adolescents' perceptions of ethnic-racial socialization in shaping ethnic-racial identity among early adolescent boys and girls. Journal of Youth Adolescence, 38（5）: 605-626.

Hupka R B. 1984. Jealousy: Compound emotion or label for a particular situation? Motion-and-Emotion, 8（2）: 141.

Hutchinson J M, Gigerenzer G. 2005. Simple heuristics and rules of thumb: where psychologists and behavioural biologists might meet. Behavioural Processes, 69（2）: 97-124.

Iyer A, Ryan M K. 2009. Why do men and women challenge gender discrimination in the workplace? The role of group status and in-group identification in predicting pathways to collective action. Journal of Social Issues, 65（4）: 791-814.

Jackson L A, Hodge C N, Gerard D A, et al. 1996. Cognition, affect, and behavior in the prediction of group attitudes. Personality and Social Psychology Bulletin, 22（3）: 306-316.

Karlijn M. 2000. The effect of a subliminally primed context on intrasexual competition depends on individual differences in sex drive. Journal of Research in Personality, 43（4）: 691-694.

Kelloway E K, Francis L, Catano V M, et al. 2007. Predicting protest. Basic and Applied Social Psychology, 29（1）: 13-22.

Klandermans B. 1997. The Social Psychology of Protest. Oxford: Blackwell.

Klandermans B. 2002. How group identification helps to overcome the dilemma of collective action. American Behavioral Scientist, 45（5）: 887-900.

Krause M R, Serlin R C, Ward S E, et al. 2010. Testing Mediation in Nursing Research: Beyond Baron and Kenny. Nursing Research, 59（4）: 288.

Leach C W, Spears R, Branscombe N R, et al. 2003. Malicious pleasure: schadenfreude at the suffering of another group. Journal of Personality & Social Psychology, 84（5）: 932-943.

Leach C W, Van Zomeren M, Zebel S, et al. 2008. Group-level self-definition and self-investment: A hierarchical（multicomponent） model of in-group identification. Journal of Personality & Social Psychology, 95（1）: 144-165.

Lee A Y. 2001.The Mere Exposure Effect: An uncertainty reduction explanation revisited. Personality & Social Psychology Bulletin, 27（10）: 1255-1266.

Levine J M, Moreland R L. 1994. Group Socialization: Theory and Research. European Review of Social Psychology, 5（1）: 305-336.

Lockwood P, Kunda Z.1999. Increasing the salience of ones best selves can undermine inspiration by outstanding role models. Journal of Personality & social psychology, 76（2）: 214-228.

Mackie D M, Devos T, Smith E R. 2000. Intergroup emotions: explaining offensive action tendencies in an intergroup context. Journal of Personality & Social Psychology, 79（4）: 602-616.

Maio G R, Esses V M, Bell D W. 2000. Examining conflict between components of attitudes: ambivalence and inconsistency are distinct constructs. Canadian Journal of Behavioural Science, 32（2）: 71-83.

Mark M M, Folger R. 1984. Response to relative deprivation: a conceptual framework. Review of Personality and Social Psychology, （5）: 192-218.

Mathes E W. 1981. Jealousy: The psychological Data. University Press of America, Inc: 5-65.

Mccowan C J, Alston R J. 1998. Racial Identity, African self - consciousness, and career decision making in African American college women. Journal of Multicultural Counseling & Development, 26（1）: 28-38.

Mcdavid J W, Harari H. 1968. Social Psychology Individuals, Groups, Societies. New York: Harper and Row.

Mcfarland C, Buehler R, Mackay L. 2001. Affective responses to social comparisons with extremely close others. Social Cognition, 19（5）: 547-586.

Moorman R H. 1991. Relationship between organizational justice and organizational citizenship behaviors: do fairness perceptions influence employee citizenship?. Journal of Applied Psychology, 76（6）: 845-855.

Mosquera R P M, Parrott W G, Hurtadod M A. 2010. I fear your envy, I rejoice in your coveting: on the ambivalent experience of being envied by others. Journal of Personality & Social Psychology, 99（5）: 842.

Mount M K, Barrick M R, Stewart G L. 1998. Five-factor model of personality and performance in jobs involving interpersonal interactions. Human Performance, 11: 145-165.

Negy C, Shrev T L, Jensen B J, et al. 2003. Ethnic identity, self-esteem, and ethnocentrism: a study of social identity versus multicultural theory of development. Cultural Diversity and Ethnic Minority Psychology; Cultural Diversity and Ethnic Minority Psychology, 9（4）: 333.

Newman D. 2005. Ego development and ethnic identity formation in rural American Indian adolescents. Child Development, 76（3）: 734-746.

Parrott W G, Smith R H. 1993. Distinguishing the experiences of envy and jealousy. J Pers Soc Psychol, 64（6）: 906-920.

Pettigrew T F, Tropp L R. 2006. A meta-analytic test of intergroup contact theory. Journal of Personality & Social Psychology, 90（5）: 751-783.

Phinney J S, Rotheram M J. 1987. Children's ethnic socialization: pluralism and development. Newbury Park? CA: Sage Publications.

Prentice-Dunn S, Rogers R W. 1982. Effects of public and private self-awareness on deindividuation and aggression.

Journal of Personality & Social Psychology, 43（3）: 503-513.

Rydell R J, Mcconnell A R, Mackie D M. 2008. Consequences of discrepant explicit and implicit attitudes: cognitive dissonance and increased information processing. Journal of Experimental Social Psychology, 44（6）: 1526-1532.

Salovey P, Rodin J. 1984. Some antecedents and consequences of social- comparison jealousy. Journal of Personality & Social Psychology, 47（4）: 780-792.

SCHACHTER. 1959. Critical examination of & contribution to the study of suicide, suicide attempts & suicidal states of mind; psychopathological & psychodiagnostic aspects. Journal De Médecine De Lyon, 40（940）: 211.

Schoeck H. 1969. Envy: a theory of social behavior. Southern Economic Journal, 56（7370）: 454-455.

Scholz J T, Lubell M.1998. Trust and taxpaying: testing the heuristic approach to collective action. American Journal of Political Science, 42（2）: 398-417.

Shaw A J. 1981. Ecological diversification among nine species of Pohlia （Musci） in western North America. Canadian Journal of Botany, 59（12）: 2359-2378.

Sherif M. 1956. An outline of social psychology. American Sociological Review, 9（2）: 83-102.

Simon B, Loewy M, Sturmer S, et al. 1998. Collective identification and social movement participation. Journal of Personality & Social Psycology, 74（3）: 646-658.

Simon B, Stürmer S. 2003. Respect for group members: intragroup determinants of collective identification and group-serving behavior. Personality & Social Psychology Bulletin, 29（2）: 183-193.

Smith H J, Cronin T, Kessler T. 2008. Anger, fear, or sadness: faculty members' emotional reactions to collective pay disadvantage. Political Psychology, 29（2）: 221-246.

Smith R, Horton R . 1996. Time to redefine authorship. British Medical Journal, 312: 723.

Stevenson H C, McNeil J D, Herrero-Taylor T, et al. 2005. Influence of perceived neighborhood diversity and racism experience on the racial socialization of Black youth. Journal of Black Psychology, 31（3）: 273-290.

Stouffer S A, Suchman E A, Devinney L C, et al. 1949. The American soldier: adjustment during army life. （Studies in social psychology in World War II, Vol.1.）. Social Service Review, 1（4）: 557-559.

Sun W, Wang X. 2012. Do government actions affect social trust? Cross-city evidence in China. Social Science Journal, 49（4）: 447-457.

Sun W, Wang X, Zhou Y. 2012. How free do people feel to express their opinions? A study in urban China. Applied Economics Letters, 19（12）: 1165-1169.

Tajfel H. 1982. Social psychology of intergroup relations. Annual Review of Psychology, 33（1）: 1-39.

Tajfel H, Turner J C. 1986. An integrative theory of intergroup relations.// Worchel S, Austin W G. Psychology of Intergroup Relations （7-24）. Chicago, IL: Nelson-Hall.

Takahashi B. 2009. Social Marketing for the Environment: An assessment of theory and practice. Applied Environmental Education & Communication, 8（2）: 135-145.

Tarrant M, North A, Hargreaves D. 2004. Adolescents intergroup attributions: a comparison of two social identities. Journal of Youth and Adolescence, 33（3）: 177-185.

Thorell L B. 2008. Rydell A M. Behaviour problems and social competence deficits associated with symptoms of attention-deficit/hyperactivity disorder: effects of age and gender. Child: Care, Health and Development, 34(5): 584-595.

Turner R H, Killian L M.1987. Collective behavior. Prentice-Hall.

Tversky A, Kahneman D. 1992. Advances in prospect theory: cumulative representation of uncertainty. Journal of Risk & Uncertainty, 5（4）: 297-323.

van Dijk W W, Ouwerkerk J W, Goslinga S, et al.2006. When people fall from grace: reconsidering the role of envy in Schadenfreude. Emotion, 6（1）: 156-160.

Van Z M, Postmes T, Spears R. 2008. Toward an integrative social identity model of collective action: A quantitative research synthesis of three socio-psychological perspectives. Psychological Bulletin, 134（4）: 504-535.

Van Zomeren M, Spears R, Fischer A H, et al. 2004. Put your money where your mouth is! Explaining collective action tendencies through group-based anger and group efficacy. Journal of Personality & Social Psychology, 87（5）: 649-664.

Van Zomeren M, Spears R, Leach C W. 2008. Exploring psychological mechanisms of collective action: does relevance of group identity influence how people cope with collective disadvantage? British Journal of Social Psychology, 47（2）: 353-372.

Vander zee K, Oldersma F, Buunk B P, et al. 1999. Social comparison preferences among cancer patients as related to neuroticism and social comparison orientation. Journal of Personality & social psychology, 75（3）: 801-810.

White G L. 1981. A model of romantic jealousy. Motivation and Emotion, 5（4）: 295.

后　记

　　不知不觉已经博士毕业 7 年，我作为一名心理学高校教师也已有 13 年。这么多年的心理学研究生涯也让我重新审视自己：自己的研究兴趣是什么？什么样的研究会对社会发展有更大的意义，也能显示心理学的学科价值？感谢我的硕士生导师北京师范大学寇彧教授，感谢我的博士生导师华中师范大学周宗奎教授，他们的包容让我的兴趣得到延续，才有了《群体过程：理论解析与实证研究》一书的出版。感谢华中师范大学谷传华教授、武汉体育学院熊明生教授为本书提出的各种建议。

　　近几年，我的研究兴趣主要集中在群体心理和心理健康教育两个方面。延续之前的亲社会行为研究领域，我开始关注青少年群体的心理规律，并一直坚信群体具有个体不能替代的作用，群体环境中的个体心理具有其独特性。2016 年，我的课题"中学生校园群体暴力的心理生成机制及干预研究"获得国家社科基金资助，进一步推动了我对群体心理的研究，使我对网络环境和现实环境如何影响群体发展产生了浓厚的兴趣。

　　心理学研究分为四个层面：个人层面、关系层面、群体层面和社会层面。群体层面是其中一个重要的研究领域，这一领域存在很多我们忽略的内容。探索、挖掘群体心理特征，掌握群体行为规律，成为我乐此不疲开展研究的一大缘由。

　　感谢中南民族大学中央高校基本科研业务费专项资金项目（CSZ16003）对本书的资助，也感谢我的研究团队"三人行""我们都爱学习"在群体过程这一领域的付出，人数众多，这里就不一一鸣谢；感谢我的研究生邢诗怡，很多细节性的校对工作都由她完成；感谢科学出版社崔文燕编辑，本书的出版是我

192

们合作的成果，也感谢科学出版社教育与心理分社付艳分社长、乔宇尚和袁玲等编辑，与她们的沟通让我更深刻地理解了群体的功效。最后感谢我的家人，他们的耐心与支持也促成了本书的顺利出版。

王　磊

2017 年 11 月 15 日